문경민속지
민속신앙 편

문경민속지 - 민속신앙 편

2007년 2월 5일 초판 1쇄 인쇄
2007년 2월 15일 초판 1쇄 발행

엮은이　문경새재박물관
　　　　경북 문경시 문경읍 상초리 242-1
　　　　전화 054-572-4000, 전송 054-550-6527, www.mgsj.go.kr
펴낸이　홍기원
펴낸곳　민속원
　　　　서울 금천구 시흥5동 220-33 한광빌딩 B-1
　　　　제 18-1호
　　　　02-805-3320, 02-806-3320(전화), 02-802-3346(팩스)
　　　　minsok1@chollian.net(이메일)

ⓒ 문경새재박물관, 2007
정가　　25,000원

ISBN　978-89-5638-428-3　93380

※ 잘못된 책은 바꾸어 드립니다.

문경민속지
민속신앙 편

문경새재박물관

민속원

‖ 머리말 ‖

    민속신앙은 전통사회로부터 오늘날에 이르기까지 면면히 전승되어 온 믿음의 형태를 말합니다. 마을단위로 전승되어 온 동제洞祭와 별신굿, 기우제祈雨祭를 비롯하여, 각각의 집안에서 전승되어 온 가정신앙家庭信仰, 그리고 무속신앙巫俗信仰에 이르기까지 그 모습은 매우 다채롭습니다.

    이러한 모습들은 종교나 신앙의 개념에서만 이해할 것이 아니라, 전통문화 전반에 걸친 생활문화로서 인식되어야 합니다. 우리의 선조와 어르신들은 이를 통해 마을과 가정의 화합과 안녕을 지켜왔습니다. 그러므로 이 속에는 우리 지역의 전통문화가 고스란히 묻어나 있습니다.

    아직도 우리지역 200여 개 마을에서는 각 마을마다 정해진 날짜에 마을 주민들의 평안과 풍년을 기원하는 동제를 모시고 있습니다. 서너 개의 마을에서는 10년마다 한 번씩 별신굿을 통해 큰 축제의 장을 아직도 열고 있습니다. 이는 우리지역에서만 전승되고 있는 독특한 민속문화입니다. 정화수 떠 놓고 아들·딸·손자·손녀 잘 되기를 바라는 어머님·할머님들의 마음과 기원은 아직도 여전합니다. 자연과 조물주에 대한 경건한 믿음이 그곳을 지키게 하는 힘이 되고 있습니다.

    문경은 농촌을 기반으로 하는 고장입니다. 오늘날 농촌사회는 급격한 해체의 국면에 놓여 있습니다. 침체되어 있는 농촌을 일으켜 세우는 데에는 물질적인 부분과 더불어 정신적인 부분도 함께 하여야 합니다. 누구나 살고 싶고, 이미 살고 있는 사람들에게는 살맛나는 농촌이 되어야 합니다. 이 책에는 민속문화를 마을의 젊은이가 주도하는 모습도 기록되어 있습니다.

　이 책은 급속한 변화로 인해 사라지고 있는 민속신앙을 놓치지 않고 기록함으로써 우리 지역의 문화를 창조적으로 계승발전 시키는 기초로 활용될 수 있습니다. 아무쪼록 우리 지역의 전통문화를 잘 이해하고, 현재에 맞게 잘 계승될 수 있는 밑거름이 되었으면 좋겠습니다. 어려운 여건 속에서도 여러 마을을 조사하고 정리한 집필자 여러분, 무엇보다도 우리고장의 민속을 구술해 주신 시민여러분께 깊은 감사의 말씀을 드립니다.

2007. 2.

문 경 시 장

‖ 차례 ‖

머리말　　　4
일러두기　　8

문경의 마을공동체신앙 ‖ 안태현 ……………………………………………… 9

Ⅰ. 마을공동체신앙의 사례　10
Ⅱ. 마을공동체신앙 관련 고문서와 축문　49

- 축문 영인자료_89
- 상량문 영인자료_96
- 마을공동체신앙 관련 화보_100
- 문경지역 마을공동체신앙 일람표_113

문경의 별신굿 ‖ 윤동환 …………………………………………………… 165

Ⅰ. 호계면 부곡리 와얏골별신굿　166
Ⅱ. 산북면 내화리 화장별신제　176
Ⅲ. 산북면 김용리 별신굿　185
Ⅳ. 산북면 석봉리 샛골 별신굿　189
Ⅴ. 동로면 적성리 벌재큰마 별신굿　193

- 별신굿 화보_198

문경의 기우제 ‖ 김재호 · 227

    Ⅰ. 서론　228
    Ⅱ. 고문헌에 전하는 기우제　231
    Ⅲ. 민간에 전하는 기우제　244
    Ⅳ. 문경지역 기우제의 특징　262
       ■ 기우제 화보_270

문경의 가정신앙 ‖ 오선화 · 273

    Ⅰ. 문경의 가정신앙　274
    Ⅱ. 가정신앙의 사례　275
    Ⅲ. 문경 가정신앙의 특징　306
       ■ 가정신앙 화보_309

문경의 무속신앙 ‖ 윤동환 · 315

    Ⅰ. 무속인　316
    Ⅱ. 무속신앙의 종류　327
    Ⅲ. 굿의 내용과 절차　334
       ■ 무속 화보_346

일러두기

-. 이 책은 2006년 문경새재박물관 조사연구총서 발간 계획으로 출판되었다.
-. 연차적으로 출간될 『문경민속지』 시리즈의 둘째 권에 해당한다.
-. 조사기간은 2006년 3월부터 2007년 1월까지 수시로 이루어졌다.
-. 민속신앙 중 '마을공동체신앙', '별신굿', '기우제', '가정신앙'에 대하여 조사·집필하였고 주민들이 사용하는 용어를 최대한 살려 기술하고자 하였다.
-. 이 책의 총괄 기획은 전흥석(전 문경새재관리사무소장), 신동칠(문경새재관리사무소장), 편집 및 행정지원은 홍종길, 안태현, 이재식(이상 문경새재박물관)이 담당하였다.
-. 이 책의 조사·집필자와 조사항목은 다음과 같다.
　안태현(문경시 문경새재박물관 학예연구사, 안동대학교 강사) - 마을공동체신앙(동제)
　윤동환(고려대학교 민속학연구소 연구원, 경기대학교 강사) - 별신굿, 무속신앙
　김재호(안동대학교 강사, 문학박사<민속학>) - 기우제
　오선화(안동대학교 문학석사<민속학>) - 가정신앙

문경의 마을공동체 신앙

안래현

문경의 마을공동체신앙

Ⅰ. 마을공동체신앙의 사례

1. 문경읍 상리의 공동체신앙

1) 상리 신당의 규모와 성격

　상리 신당은 문경읍 상리 주흘산 자락에 자리 잡고 있다. 신당은 정면 세 칸, 측면 한칸 규모의 팔작 와가 건물로서 면적은 4.5평 정도이다. 신당의 출입구는 건물의 왼 쪽 전면에 있는데 문을 열고 들어가면 첫 번째 칸은 콘크리트 바닥이 깔려 있다. 이 칸과 제사공간으로 쓰는 나머지 칸은 분리되어 있고 출입구를 통해 드나들 수 있도록 하였다. 제사공간에는 마루가 깔려 있으며 실내의 맨 안 쪽(건물의 오른 쪽 벽면)에 제단이 마련되어 있다. 제단 위에는 감실이 있고 그 안에는 '성황지신城隍之神'과 '토지지신위土地之神位'의 위패가 각각 좌우에 놓여 있다.
　신당의 전면 처마 아래로는 얕은 둔덕이 자리 잡고 있으며 장방형의 콘크리트 기둥이 서 있다. 신당 후면에는 한 칸 규모의 건물터 두 개가 남아 있으며 신당에서 보아 우측방으로 길게 건물터가 남아 있다.

전통사회에서 신당의 규모가 어떠했는지 정확하게 알기는 어렵다. 다만, 주민들 가운데 옛 신당의 모습을 기억하는 이들의 이야기와 밖으로 노출된 옛 건물의 자취를 감안하여 판단해 볼 수 있다. 우선 신당과 부속건물의 배치와 규모이다. 신당은 현재처럼 경내 출입구에서 보았을 때 정면에 자리 잡고 있었다. 건물의 규모는 지금처럼 정면 세 칸, 측면 1칸이었지만 칸살이 넓어 "지금 보다 반 정도 더 컸다."고 한다.

　이 신당은 읍치의 성황사임이 분명하다. 성황사는 일반적으로 세 칸 규모의 건물로서 정면에 출입구가 있고, 문을 들어서면 바로 제단이 설치되어 있다. 현재의 신당은 당을 재건하는 과정에서 새롭게 평면을 구성한 건물로 파악된다. 제보자들은 현재 신당의 첫 번째 칸(콘크리트 바닥)에서 제사에 올릴 메를 짓고 기타 음식을 장만하였다고 하는데 이는 새 신당이 제사의 공간일 뿐만 아니라 주방廚房과 전사청, 제기고 등 제사 준비의 공간 및 도구 수납의 공간을 겸한 복합적 용도의 건물이었음을 말해준다. 이처럼 하나의 건물을 다용도로 사용하는 것은 상례에 어긋나는 것이다. 따라서 이와 같은 평면구성은 신당의 부속건물들이 없어지면서, 부속건물들이 하던 역할을 최소공간에 수렴하는 과정에서 불가피하게 선택한 것으로 보인다. 결론적으로 말하자면 원래의 신당 건물은 세 칸 규모로서 제사공간으로만 사용하였고 정면의 가운데에 출입구가 있었으며 신위도 가운데 칸을 중심으로 자리 잡았을 것으로 판단된다.

　다음으로 부속건물들이다. 현재 신당의 뒤쪽으로는 건물터로 보이는 두 개의 자취가 남아 있다. 주민들은 이 가운데 우측의 것은 '삼신당三神堂', 좌측의 것은 '마방(마당)'이라고 말한다. 둘 다 초가 한 칸 건물로서 상대적으로 넓이가 작은 삼신당에는 쪽을 진 젊은 여인의 영정이 모셔져 있었다고 한다. 한편 마방에서는 제사에 쓸 짐승을 보관하거나 고기를 장만하였다고 한다. 일부 제보자는 마방을 '공주당'이라 하고 여기에 아리따운 공주의 화상이 걸려 있었으며, 문 앞에는 늘 신발 한 켤레가 놓여 있었다고 하지만 삼신당을 마방으로 착각한 데서 비롯된 것으로 보인다. 한편 우측 건물에 모신 신을 산신山神이라고 하는 제보자들도 있으나, 여러 정황으로 미루어 일단 삼신당으로 보는 게 옳을 성 싶다.

　다른 부속 건물로는 주사廚舍 또는 고직사庫直舍라고 할 만한 건물이 신당에서 보아 오른편에 정면 세 칸, 측면 한 칸의 규모로 늘어서 있었다. 이 건물은 초가였고 그 옆으로 디딜

방앗간이 자리 잡고 있었다. 한편 신당 앞으로는 40여 cm 정도 높이의 자연석 축대를 쌓은 방형의 넓은 평지가 조성되어 있다. 일종의 단처럼 보이는 이 공간은 신당에서 제사를 지낼 때 참제자들이 배례하는 공간이었을 가능성과 함께 그 자체로 하나의 제단 구실을 하였을 가능성을 상정할 수 있다.

마지막으로 신당의 경내는 아니지만 신당의 후측방 100여m 지점에 주민들이 '여지단'이라고 부르는 곳이 있다. 현재 건물터와 돌담, 기와조각들이 남아 있다. 30여 년 전까지만 해도 한 칸 규모의 와가가 남아 있었다고 하며, 예전에는 많은 나무조각(위패)들이 꼽혀 있었고 선비들이 와서 제사를 지냈다고 한다.

지리지와 고지도 등 문헌기록들을 보면 한결같이 현의 북쪽 2리 지점에 성황사가 있음을 적고 있다. 위치상 현재의 상리신당이 문경현의 읍치 성황사였을 가능성이 매우 높다. 주민들은 원래 이 신당의 제수를 관에서 장만하고 신당에 딸린 위토도 "나라에서 내려준 것"이라고 말한다.

또한 지방관이 부임하면 가장 먼저 이 곳에 고하였고 제사를 올릴 때도 현감이 제관을 맡았다고 한다. 또 주목해야 할 사실은 문경 읍치의 각 마을들이 이 신당 제사가 끝나야만 제를 올릴 수 있었다는 점이다. 주민들은 이 제사가 '읍제사邑祭祀'로서 가장 서열이 높기 때문에 이 제사를 올린 연후에야 각 마을의 제사를 올릴 수 있다고 믿었다. 지난 세기 동안 이 제사를 주관해온 상리 주민들은 이 제사를 상리 마을의 제사로 인식하지 않고 문경고을의 제사로 인식하였으며, 자기 마을의 제사는 신당제사를 마친 다음에 별도로, 마을 앞에 있던 고목古木에 주과포를 차리고 봉행하였다. 주민들은 이 제사를 '읍제사'인 '신당제사神堂祭祀'와 다른 '동고사洞告祀'로 인식하였기 때문에 제수장만에 필요한 경비와 제관을 별도로 설정하였다. 주민들에 따르면, 신당제사의 경비는 위토에서 나온 소출로 하고 동고사의 경비는 갹출해서 마련했으며, 신당제사와 동고사의 제관도 달리했다는 것이다.

원래 문경현에서 주관하는 공동체제의였음에도 부구하고 현재처럼 상리 주민들이 제사집단이 된 것은 1905년에 전통적 행정제도가 해체되고, 의례의 주체였던 향리집단이 행정일선에서 물러난 것과 관계 깊다. 읍치의 성황제는 원칙적으로 지방관이 치제하는 것이었지만 조선 중기 이후, 대개 '수리首吏'라고 불렀던 호장戶長 또는 이방吏房이 제사를 주관하고 민이 이에 호응하는 형식으로 진행되게 마련이었다. 이런 경향은 후기로 갈수록 심화하여 지방관은 읍치의 성황제에 별다른 관심을 기울이지 않게 됨으로써 성황제의 지역의례적 성격이 점차 짙어졌다. 이런 상황에서 전통적 지방행정제도가 해체됨에 따라 읍치 성황사는 주재집단이 공백인 상태를 맞게 되었고 그 공백을 메운 것이 성황사에 모셔진 인물의 후손들 또는 성황사 인근 마을의 주민들이었다. 상리 주민들이 제사집단화한 것도 이와 같은 맥락에서 이해할 수 있는 것이다.

한편 성황사에 모시는 신격과 관련해서 짚고 넘어가야할 점이 있다. 우선 신위의 문제이다. 감실에는 '성황지신'과 '토지지신'의 위패가 각각 좌우에 봉안되어 있다. 그런데 위패의 뒤쪽을 보면 다른 양상이 나타난다. 토지지신의 신위 뒤편에는 '위인주偉人主'라고 음각되어 있고 그 위에 붓으로 쓴 '공민주왕전하恭愍主王殿下'라는 글자가 적혀 있으며, 오른 쪽 하단으로 '기수신위祈守神位'라는 글자가 적혀 있다. 한편 성황지신의 신위 뒤편에는 '공민주恭愍主'라고 적은 뒤에 오른 쪽 하단에 역시 '기수신위'라고 적어 놓았다. 이와 같은 사실은 이 성황사의 대상신이 원래 인물신으로서 공민왕이었을 가능성을 보여준다. 홍건적의 2차 침입 당시 이 지역과 일정한 연관을 맺은 공민왕이 토착세력들에 의해 신으로 채택되었을 가능성이 없지 않다. 위패의 뒤에 굳이 공민왕을 적어 둔 것도 이런 맥락에서 이해할 수 있을 것이다.

2) 제의 절차와 내용

이 곳에서는 해마다 정월 초하루에 '신당제사'를 올려왔다. 제관은 음력 11월 하순경에 '깨끗한 사람'으로 다섯 명을 뽑는다. 제관의 구성을 보면 제관 2명, 축관 1명, 집사 1명, 유사 1명이다. 유사는 제사 경비를 관리하고 제물 장만하는 일을 맡는다. 제사 경비는 원래 '신당위토神堂位土'의 소출로 감당하였고 위토의 규모가 축소된 뒤에는 주민들이 갹출하여 마련하였지만 2003년부터는 문경시의 보조금(70만원)으로 제물을 장만하고 있다.

제사에 쓰는 음식은 집안의 제사와 크게 다를 바 없으나 절차에는 약간의 차이가 있다. 위패는 두 위位지만 주민들은 천신天神, 산신山神, 지신地神의 삼위三位를 의식하여 메와 탕,

그리고 나물을 각각 세 벌씩 차린다. 그리고 헌작도 천신, 산신, 지신의 순서로 한다. 헌작이 끝나면 소지를 올리는데, 문경 고을의 번영과 주민의 건강을 축수하고 가축의 무사안녕도 기원한다.

제사가 끝나면 동사로 와서 제관들끼리 간단히 음복을 하고 날이 밝으면 노인회관을 찾아가서 어른들이 음복하도록 한다.

3) 축문

南岳崒峨 屹立造天 含靈蓄氣 玄造洪延 今何閔惠
龜圻我田 積稜卒庠 魃虐如燃 烝庶何辜
諒德微愆 責己瀝誠 庶臨祇筵 釀陰霈■ 與苗勃然
海州 吟守堂 崔有海

남악의 우뚝하고 높음이여
우뚝히 서서 하늘을 지으셨다
신령함을 머금고 기운을 쌓아
심오하게 지어 널리 퍼져서
이제 무엇 은혜로움을 근심하겠습니까
신령한 언덕 우리 밭에
쌓인 곡식이 상하여 죽는 일에는
가뭄이 가혹하여 타는 것과 같으니
거의가 타는 것은 무슨 죄입니까
조그마한 허물은 덕으로 헤아려서
내몸을 꾸짖으며 정성을 일구오니
여기 공경하는 자리에 임하셔서
몰래 장마비를 담아 내리셔서

싹들이 일어나 힘차게 하옵소서
해주 음수당 최유해

<1993년 개정된 상리 축문>
서기 1993년 2월 23일 음력 1월 1일
희망찬 계유 새해 아침이 밝아 있습니다.
임신년 지난 한해를 도리켜 보건데
"천지신명 주흘산신령"님의 보호와 은덕으로 저희 리동
동민 상호간해는 서로 화목을 주축으로 해서 어려운 일을
서로 나누고 기쁜일을 서로 함께하여 모든 동민 사람들이
아이들로부터 어른 노인들에게 이르기까지 남녀노소를
막론하고 서로가 서로를 아끼고 사랑하며 건강한 정신과
마음으로 올바른 삶을 지속하며, 어려운 일은 서로서로
나누고, 기쁜일은 서로 화목하고 무병하며 평화롭게
살아가며 집집마다 기러고 있는 가축들도 탈없이
잘 자라서 가정에 보탬이 되고 동민 모두가 한덩어리가
되어서 동리를 위해 참되게 봉사하고 평화롭고
질서있게 유대를 한층더 강화하는 계유 희망찬 새
한해가 되도록 "주흘산신령"님과 "천지신명"께서 잘 보살펴
주옵시기를 간절히 원하오며 비옵나이다.
그리고 저희 동민을 대리해서 잔을 올리는 저희
일동도 위의 사항을 실천할 수 있도록 노력
할 것을 "주흘산신령"님과 "천지신명"께
맹서 하옵나이다.
백의 하나라도 혹이나 어리석고 미흡하고
미천한 생각과 행동으로 인해서 "주흘산신령"님과

"천지신명"의 뜻과 계율에 위배되는 말과 행동이
있을 때 꿈에라도 선몽하여 주서서 스스로가
깨닫게 되도록 하여 주시며, "악"의 생각과
행동이 "선"의 기쁜 마음으로 변해서 각개
가정은 가정대로 동민과 동민은 스스로를 위하여
아끼고 존중하며 화목하고 평화롭게 발전되는
명랑한 희망에 찬 계유년 새해가 되게 하여
주옵시기 그듭 원하옵니다.
서기 1993년 2월 23일 음 1월 1일 계유년 새아침
동리를 대리하여 제관 일동이 올리 옵니다.

1998년 · 2005년 조사 및 한양명, 「聞慶 上里神堂 調査報告」(미간행) 참조

2. 문경읍 하초리의 마을신앙

1) 당의 위치와 형태

하초리의 동제가 언제부터 시작되었다는 구전자료나 기록은 찾아 볼 수가 없다. 그러나 현재 마을에서 사용되고 있는 축문이 약 400여 년 전의 것으로 추정되고 있다는 제보자의 주장과 축문의 내용은 하초리 동제의 전통과 역사를 말해주는 귀중한 단서가 된다. 상당과 하당으로 구성되어진 제당은, 마을사람들이 부르기를 상당은 '산제당'이라 하고 하당은 '동구신당'이라고 한다.

제를 올리는 시기는 두 제당 모두 매년 음력 정월 보름과 9월 보름으로 년 2회에 걸쳐서 제를 지냈지만, 현재는 정월 보름에 한번만 지내고 있다. 과거 상당인 산제당은 주흘산 중턱의 깊숙한 산중에 위치해 있었고 신체의 형태는 자연암석이었다. 그 암석 사이에 흐르는 계곡 밑에 제단이 놓여져 있어 그곳에서 제를 지냈다고 한다. 그러나 10여 년 전 제를 지내

기가 불편하다는 마을 어른들의 권유로 인해 마을 입구로 옮기게 되었다. 1993년 더 이상 산신제를 지내러 올라가기 어려워 동구신당에서 산신제를 지내기로 결정했다. 하지만 이를 동민 마음대로 결정할 수 없어서 산신당과 동구신당에 각각 미리 고하고 제사를 올리기로 했다. 마을에 살고 있는 대종교의 전도사가 축문을 쓰고, 큰 돼지를 잡아서 제사를 올렸다. 현재 당의 형태는 별다른 신체 없이 대리석으로 제작된 제단만 설치하고 과거 산제당을 주시하면서 제를 올리는 형태이다. 당시 사용되었던 축문도 전한다.

하당인 동구신당의 경우 신체는 신목의 형태이며 마을로 들어서는 입구에 위치하고 있다. 과거 70년 전에 지금의 것보다 훨씬 더 크고 오래된 고목를 모셨지만, 화재로 인해 나무가 소실되어 그 해에 마을 입구에 새로 나무를 심어 다시 모시고 있다.

2) 제의 절차와 내용

제를 올리는 순서는 상당신인 산신에게 먼저 올린 후 하당신인 동구신에게 올리게 된다. 동제에 참석하는 사람들은 제관 1명, 축관 1명, 도가 1명으로 구성되어 있고, 이 마을 역시 궂은일을 보지 않은 깨끗한 사람을 대상으로 제관을 선출한다. 과거 제관으로 선출이 되면 제를 지내기 보름 전부터 금기를 하고 잡인의 출입을 삼가토록 하였으나, 현재는 간소화되어 형식적으로 며칠만 조심하는 정도일 뿐이다.

동제에 들어가는 제물로는 삼실과와 탕(무우와 다시마), 포(마른명태), 떡(백설기), 밥(쌀밥), 술(청주) 등이 쓰이고 있고, 상·하당 모두 제물의 종류와 진설 방법이 같다. 이러한 형태는 과거부터 현재까지 변함이 없다. 다만 현재는 젊은 사람들이 제관 역할을 맡는 것을 꺼려하여, 3년 전부터 마을 이장이 제를 지내고 있다. 그런 탓에 비교적 과거의 원형은 유지하려 하나, 그에 비해 간소화된 것은 사실이다. 제물의 준비나 제의 순서는 먼저 제관이 신에게 술을 한잔 드린 후 절을 하고, 축관이 축문을 읽고, 절을 한 다음에 마을 전체의 평안과 주민들의 건강을 기원하는 뜻의 소지를 올리고 내려와서 마을사람들과 함께 회관에 모여 음복을 하고 철수하는 것으로 제를 끝마치게 된다.

3) 축문

■ 산신제와 동고사를 합치면서 고했던 祝 <1>

명산대천 主屹山 山王大神

今月今日은 癸酉年 陰曆 正月 十五日 戊午日에 명산 主屹山 山王大神에 告한온바

강림도량하소서

지난번까지는 每年 陰曆 正月과 陰曆 十月 두차례 山神祭를 올리면서

따로따로 祭를 받을었지만

甲戌年 陰曆 正月 十五日 辛巳에는 한자리에서 합동으로 당山神祭를 올리겠사오니

두루양지하시사

主屹山山王大神殿은 이곳에 자정하시오서 강림하시사

강흠하옵소서

■ 산신제와 동고사를 합치면서 고했던 祝 <2>

명산대천 主屹山 山王大神 (三변)

去年 癸酉年 陰曆 正月 十五日 丙午日에

명산主屹山 山王大神 殿에 告하온바

今月今日 丙子年 陰曆 正月 十五日 庚子日에도

한자리에서 합동으로 당山神祭를 올리겟사오니

두리양지하시사

主屹山 山王大神 殿은 이곳에 자정하시오서 강림하시사

강흠하옵소서

■ 洞告祠山神祭祝

維 歲次 壬午 正月 ○○ 朔 十四日 日辰

幼學 ○○○

敢昭告于

主屹之神 伏惟有屹主山 漂烈磅礴

載馳先靈 鎭壓是谷 居民是賴

災沴不作 齋誠薦潔 庶賜歆格

尙 饗

■ 洞口祝

維 歲次 壬午 正月 ○○ 朔 十四日 日辰

幼學 ○○○

敢昭告于

洞口之神 伏惟有蒼者松蔭

我全洞靈神 是所災孽 是防家室

和平牛羊 茁長伏乞神明歆此薦香

尙 饗

<1998년 조사>

3. 가은읍 갈전 2리의 마을신앙

1) 당의 위치와 형태

가은읍 갈전 2리 아차마을에서는 정월 보름에 마을제사를 지낸다. 그 명칭은 '동고사'이다. 마을사람들이 부르는 당의 명칭은 골맥이 혹은 수문장이라고 한다. 동제당의 형태는 커다란 느티나무와 그 앞에 서 있는 1m 높이의 입석, 그리고 근래에 시멘트로 만들어 놓은 제단으로 이루어져 있다. 이 마을에는 근처 다른 마을과는 다르게 당이 하나밖에 없으며, 그 위치는 마을 입구에 있다. 이것은 마을에 들어오는 액을 방지하는 의미를 지니고 있다고 한다.

2) 제의 절차와 내용

보통 음력 섣달그믐께 마을사람들과 이장이 마을회관에 모여 이듬해 동고사를 올릴 제관을 선출한다. 제관선출은 이장이 그 해의 생기복덕을 보고 가장 좋은 사람을 제관으로 선출한다. 예전에는 집사, 제관, 축관 등 여러 명을 선출하였으나, 현재는 제관 한 사람만을 선출한다. 제관으로 선출된 사람은 문 밖 출입을 삼가고 술, 담배, 부인과의 동침을 금한다. 또한 그 가족도 동일하게 금기를 지켜야 한다. 그래서 제관으로 선출된 집은 주로 내외 단 둘이 사는 경우가 많다고 한다. 제관은 섣달그믐께 뽑지만, 본격적으로 금기에 들어가는 것은 제를 올리기 2~3일 전부터이다.

제물 구입은 농암장이나 가은장에 가서 매우 조심하며 구입한다. 예전에는 부정한 것을 피하기 위해 제물을 구입하러 아주 이른 새벽에 장을 다녀왔지만, 요즘은 보통 오전 중에 장에 가서 제물을 장만한다. 제물을 구입하는 비용은 마을사람들이 각각 일정한 금액을 부담하여 그 비용으로 사용한다. 이렇게 제관이 제물을 구입하면 동고사 당과 제관집에 금줄이 쳐진다. 그리고 마을사람들도 제관처럼 몸조심을 하며 특히 마을 밖 출입을 삼간다.

음력 정월 열나흗날 저녁부터 제관집에서는 제물을 준비한다. 그리고 자정이 가까워지면 제관은 제물을 들고 당에 가서 제를 지내기 시작한다. 제의 절차는 현재 매우 축소되었다고 한다. 예전에는 제관이 세 명 이어서 제의시간도 길고, 금기도 상당히 어려웠다고 하는데, 최근에는 축관도 없이 제관 한 사람만 뽑아서 제를 지냈다고 한다.

동고사는 유교식 형태로 이루어진다. 제관이 동고사당에 가서 장만한 제물을 진설한 뒤 재배를 하고, 소지를 올린 후 다시 재배를 한 후에 동고사를 마친다. 소지는 우선 동신님 소지를 올린 후에 각 가구당 소지를 제관이 올려준다. 이렇게 제를 마치면 제관은 집으로 돌아가 금줄을 제거하고 다음날 오전에 마을사람들은 마을회관에 모여 음복을 하고 하루를 즐겼다고 한다.

<1998년 조사>

4. 영순면 사근리 무림의 마을신앙

1) 동제 당의 위치와 형태

사근리 무림마을에서는 마을신앙을 흔히 '동고사'라고 하며 '동지지낸다'라고 한다. 동고사를 지내는 곳은 마을회관에서 약 100m 정도의 거리에 위치한 논 가운데에 위치하고 있다. 약 1m 높이의 제단을 콘크리트로 만들어 할아버지당과 할머니당을 모시고 있다. 할아버지당은 1m 정도 높이의 길쭉한 모양의 바위형태이며 바로 옆에 50cm 높이의 할머니당이 함께 자리하고 있다. 원래 길을 사이에 두고 떨어져 있었으나 도로가 확장되면서 약 15년 전쯤에 한 곳으로 합치게 되었다. 바위둘레에는 금줄이 쳐져있다.

2) 제의 내용과 절차

사근 2리의 동고사는 정월 보름 자시에 모신다. 열흘 전 동네회의를 통해 제관 1명을 선출하게 되는데 생기복덕을 가려 깨끗한 사람으로 선정하게 된다. 집에 흉사가 있거나 복을 입은 사람은 제관이 될 수 없다. 제관은 3일전부터 목욕재계와 금주, 바깥출입 않기 등의 금기와 더불어 금구(금줄)를 만들어 동네 입구, 중앙, 나가는 곳 등 3개소에 치고, 동고사 당에는 한지를 함께 감싼 금줄을 친다.
제를 지내기 위한 경비는 마을기금을 활용하는데 최근에는 쌀1가마 정도의 경비를 기준으로 지출한다. 점촌장에서 구입하며 메, 떡, 삼실과, 포, 채소, 적, 돼지머리 등을 장만하게 된다. 축문은 100년 이상 전해 내려 온 축이 있으나 요즘에는 잘 읽는 사람도 드물어 생략하기도 한다.
자시가 되면 할아버지당에서 할머니당의 순으로 제가 행해진다. 종지불을 밝히고 제물을 진설하는데 제사지내는 순서는 일반 가정의 제사와 비슷하다고 한다. 예전에는 동고사를 모신 음식이 영험이 있다고 여겨서 당 옆에 주민들이 기다리고 있다가 동고사 음식을 얻어가기도 하였다. 보름날 아침 마을회관에 주민들이 모여 음복을 한다.

한편, 무림마을에서는 10년에 한 번씩 크게 동고사를 모시는데, 동고사당 옆 농지에 천막을 치고 외부에서 무당을 초청하여 지낸다고 한다. 이 날 행사는 주민 모두가 나와 돼지도 잡고, 풍물도 치면서 하루 종일 지내게 된다. 경비의 마련을 위해 임시 동회를 개최하기도 한다. 10년마다의 행사는 지금도 전승되고 있다.

무림마을에서는 동고사를 잘 모시지 못하면 흉사가 잦고, 잘 모시면 동네가 평안하다고 여겨 많은 정성을 들인다.

3) 축문

洞告祀祝文
維歲次○○正月○○朔十五日○○
幼學○○○○○
敢昭告于 洞主之神
伏惟尊神 ■我洞府 於千萬年 陰助冥佑
驅除癘瘧 呵噤災妖 五穀蕃熟 六畜充肥
民物熙洽 村閭安泰 壽我福我 神賜孔多
潔黎明禋 以祈嗣歲 於薦洞神 降歆右■

<2006년 12월 조사>

5. 산양면 현리의 마을신앙

1) 당의 위치와 형태

현리에는 현재 두 개의 당이 있다. 그 중 하나는 웃마에서 모시는 '서낭당'이고 다른 하나는 아랫마에서 모시는 '구봉당'이다. 서낭당은 마을 뒤에 있는 근암산 정상에 자리하고 있다. 서낭당이 있는 근품산의 정상부에는 삼국시대의 것으로 추정되는 근암산성의 흔적이 석성으로 남아있다. 이 서낭당의 지붕은 기와로 되어 있고 1칸짜리 맞배지붕이다. 당을 중심으로 높이 1m 가량의 돌담이 사방으로 둘러싸여 있는데 돌담 둘레는 약 25m 정도이고 소나무가 군데군데 서 있다. 당은 문이 없이 앞쪽이 트여 있으며 1㎡ 정도 크기의 마루로 구성되어 있다. 현재에는 특별한 신체나 그림은 없고 빈공간이다.

구봉당은 아랫마와 윗마의 경계부분에 위치하고 있으며 역시 기와로 된 1칸짜리 맞배지붕이다. 구봉당은 서낭당과는 달리 여닫이문이 달려 있으며 당 내부에는 바닥이 마루로 되어 있고 바닥에서 1.5m 높이에 너비 30cm 정도의 선반이 있다.

선반위에는 쇠로 주조한 듯한 철마 두 마리가 있으며, 그 위 정면벽에는 나무로 만든 용 모양의 조각이 있다. 철마의 크기는 전체적으로 길이가 약 10cm, 높이 3cm 정도이다. 머리부분이 확인되고 다리는 1cm 정도의 높이이며 등과 머리부분에는 주조할 때 생긴듯한 구멍이 파여져 있다. 나머지 한 마리는 길이가 5cm 정도로 허리부분 아래가 잘려나간 흔적이 있다.

한편, 용 모양의 나무 조각품은 두 개가 있는데 길이가 약 50cm 정도로 한 마리는 붉은 색칠한 흔적이 있으며 나머지 한 마리는 푸른 색을 칠한 흔적을 하고 있다. 굵기는 지름이 약 5cm 정도이고 용의 머리는 양쪽 끝에 각기 달려 있다. 그 중 한 마리는 배부분이 파여져 있고, 두 마리가 붉은색 실로 만든 끈으로 불규칙하게 매여져 있다. 끈의 길이는 총 3m 정도이며, 작은 방울이 달려 있기도 하다.

서낭당에 모셔지고 있는 신은 '전주이씨 서낭' 혹은 '영월엄씨 서낭', 그리고 '갑인생 어르신'이라고 한다. 그러나 주민들은 보편적으로 '서낭님'이라는 말로 부른다. 서낭님이 언제부터 이 마을에서 모셔졌는지는 알 수 없다. 단지 마을의 역사가 삼국시대까지 거슬러 올라간다는 점에서 그 중간에 마을의 명멸에 따라 신격 역시 다양한 변화가 있었을 것으로 추정된다. 가까운 산양면 위만리 마을에 영월엄씨 집성촌이 있기는 하다. 그러나 현재 남아있는 구술자료에 의지해서는 서낭님과의 관계를 유추하기 매우 어려운 실정이다. 채유식 씨가 정리한 「현리유적지縣里遺跡誌」(1997)에는 다음과 같은 언급이 있다.

근품산 산정에 오르면 석단(石段, 돌담으로 들러싸인 당집)이 있다. 이 당집을 세운 연도는 미상이며 당집 안에는 쇠부치로 만든 작은 기마무사(騎馬武士)와 각종 병장기(兵仗器) 등이 많이 있었으나 도난을 당하고 지금은 공간(空間)이다. 그러나 매년 음력 정월 14일 야반(夜半)에 제사를 지내는데 부정한 일이 없는 뒷마을에 거주하는 두 가정을 선정하여 선정된 가정의 주인은 집집마다 쌀을 거출(祛出)하여 제물을 준비하고 목욕재계하여 '서낭당'에 가서 행사를 하는데 마을의 안녕과 재앙이 없기를 기원하고 날이 밝으면 동민들이 모여 음복을 하게 된다. 산북면 대상리에도 '서낭'이 있는데 현리 근품산에 있는 서낭의 소가(小家)라고 하며 이 소가의 제사시는 근품산에 있는 서낭의 불을 가지고 가서 제사를 지냈다고 한다. (지금은 각자 행사를 하고 있다.)

구봉당은 서낭당의 부인당으로 전해지고 있다. 서낭님의 부인 둘 중에서 첫째 부인이 이 구봉당에 모셔져 있다. 흔히 '안서낭'이라고 하며 안서낭님 '남양 홍씨'라고 하며 신의 좌정 배경과 같은 구체적인 당신화는 전하지 않고 있다. 다만 채유식 씨는 구봉당에 대하여 다음과 같이 언급하고 있다.

'구봉당서낭'은 옛날 구빈당(救貧堂)이 있던 곳이다. 2차대전이 끝나고 광복이 된 후 호열자(虎烈刺)가 극심하여 무당에게 문의한 바 여(女)서낭을 모시면 모든 액운을 물리칠 수 있다고 하여 1946년 당집을 지은 것으로 추정된다. 이 서낭은 근품산 산정에 있는 서낭의 부인이라고 한다. 매년 음력 정월 15일 야반에 제사를 지내는데 아랫마을에 거주하는 부락민이 맡아 지낸다.

한편 한두리는 산북면 대상 1리 마을로서 현리 서낭당의 둘째 부인이 모셔져 있다. 그래서 현리 사람들은 '후처'라고 인식하고 있으며, 당의 이름은 수푸당이라고 한다. 이 한두리의 당과 관련된 전설은 다음과 같다.

약 150여 년 전에 한두리 당 앞에 '내소'라는 소가 있었는데 이곳에 사람이 자꾸 빠져 죽어서 현재 대상 1리에 사는 황의단의 증조모인 창녕 성씨의 꿈에 현리 서낭의 후처가 현몽하여 그때부터 모시게 되었다. (황의단, 남, 당시 56세, 1995년 11월 조사)

대상 1리에서는 창녕성씨가 그 신을 좌정시켰다고 하여서 그의 택호를 따서 '낙석댁 서낭님'이라 부르고 있었다. 대상 1리의 동제는 황씨들이 주관하여 지내다가 해방이후 각성들이 이주해옴으로 그들도 제관이 되었다고 한다. 당 안에는 여자의 화상이 있고, 몇 년 전까지만 하더라도 반지그릇도 놓여 있었다고 한다. 40년 전에는 당 앞의 30m 지점에 굵은 동아줄을 걸어 놓고 그곳에 짚으로 만든 말, 돼지, 개 등의 짐승과 짚 방망이를 달아 놓았다고 한다.

2) 제의 절차와 내용

현리는 인천채씨들의 동성마을인 관계로 약 20여 년 전까지만 하더라도 각성들에 의해 동제가 모셔졌다. 각성들이 모두 떠난 현재에는 인천채씨들이 동제를 주관하고 있다.
서낭당의 제일은 정월 열나흗날 밤이다. 그러나 동네에 기고가 들거나 좋지 않은 일이 생기면 7월 백중으로 연기하여 특별히 모셔지기도 한다. 제관은 일주일 전에 3명을 선출하는데 제물을 장만하는 당주 1명과 축관 1명, 그리고 짐꾼 1명을 뽑는다. 제관은 각성들이 몇 가구 살지 않았기 때문에 미리 일련번호를 정해 놓고 매년마다 돌아가면서 제관이 되었다. 그러나 상주가 되거나 깨끗하지 못한 일이 있을 경우에는 제관을 할 수가 없었다. 현재 인천채씨들이 제관을 맡으면서부터는 동네의 연장자들이나 동네일을 주관하는 사람들이 제관을 떠맡기는 식으로 동제를 주관하고 있다.
일주일전에 제관으로 선출된 사람은 그때부터 몸과 마음을 정결히 하며, 열이튿날 아침이 되면 당주를 비롯한 제관들이 서낭당에 올라가서 서낭당 주변과 샘물에 금줄을 치고 청소를 하여 정화하고 신성한 공간임을 표시한다. 당 근처의 과곡으로 넘어가는 길목의 돌무더기와 제관집의 대문 앞에도 금줄을 치게 된다. 금줄은 왼새끼를 꼬며 소나무 가지와 한지를 사이사이에 끼운다. 그리고 붉은 점토 흙을 대문 앞에 좌우로 나가면서 뿌린 뒤 서낭당 뒤에 있는 샘에 가서 목욕재계를 3일 동안 하게 된다.
동제에 드는 경비는 제관으로 뽑힌 사람들이 집집마다 돌아다니면서 갹출을 하는데 예전에는 집집마다 쌀 한 두 되 정도를 거두었고, 현재는 돈으로 성의껏 낸다. 이렇게 모아진 경비로 먼저 제기 일체와 제물을 장만하는데 당주가 직접 용궁장이나 점촌장에 가서 장만하게 된다. 제물로는 소고기와 돼지고기를 생고기로 올리며 나머지는 일반 기제사와 비슷하다. 현재는 생고기를 올리지 않고 삶아서 올린다. 제물을 구입할 때는 흥정하지 않고 상인들이 원하는 가격에 구입한다. 제물은 열나흗날 낮에 깨끗하게 다듬어 놓고, 밤에 조리를 해서 서낭당에 가지고 올라간다. 제물 준비는 정성을 다하여 깨끗하게 해야 하며, 음식에 이물질이 들어가지 않도록 하는 것은 물론이고 음식 맛을 봐서도 안 된다.

동제일이 되면 당주집에 제관들이 모두 모이고 제물을 준비 한다. 자시경이 되면 당으로 종지불을 밝히러 올라가는데 종지불은 참기름에 한지를 꼬아 심지를 만들어 불을 밝힌다. 종지불을 켜고 올라갈 때는 서낭님의 영험으로 불던 바람도 멈추고 오던 비도 그쳤다고 한다. 당에 도착하면 먼저 목욕재계를 하고 샘의 물을 떠다가 당 앞에서 부정을 치게 되는데 '벌물 먹는다' 하여 바가지에 물을 떠서 여물을 썰어 넣고 당주위에 뿌린다.

그리고 한편에서는 불을 지펴 밥을 짓게 되는 게 원래의 방식이라고 하는데. 인천 채씨들이 지낸 후로는 밥도 미리 장만하여 올라간다. 모든 준비가 끝나면 당주가 제관이 되어 삼헌을 올리며 축관이 축을 한다. 절차는 기제사와 비슷하다. 마지막으로 소지를 올리게 되는데 서낭님, 동네소지, 종손, 제관 그리고 집집마다 택호를 부르며 연장자 순으로 올리게 된다. 소지를 올리는 시간이 동제를 올리는 시간의 대부분을 차지하게 된다. 동제의 모든 절차가 끝나면 떡을 먹으러 올라온 아이들에게 나누어주기도 했으며, 보름날 윗마 사람들은 당주집에 모여 음복을 하였다.

서낭당은 윗마사람들에 의해 제의가 주관되는 반면 구봉당은 아랫마 사람들에 의해 주관된다. 구봉당에 대한 명칭은 현재 당이 위치하고 있는 곳에 '구빈당'이라는 건물이 있었는데 그곳의 명칭이 전해지면서 '구봉당'이라는 당의 명칭이 되었다.

현재 구봉당의 제일은 정월 보름날 밤이다. 준비과정이나 제의 절차에 있어서 서낭당과 특별히 구별되는 부분은 찾아 볼 수 없었다. 아랫마는 규모가 적어서 15가구 정도가 모시고 있으며 경비는 20여 만 원 정도가 소요되는데 집집마다 갹출한다. 현리 마을공동체신앙의 절차에 있어서 가장 특징적인 것은 집집마다 소지를 올린다는 점이다. 심지어 참여관찰을 했던 조사자들에게까지도 그 기원을 나누어 주었다.

　신은 그를 믿는 자에게 늘 메시지를 던져준다. 그 방법은 현몽을 통하기도 하고 사제자의 물음을 답변을 통해 내려주기도 하며, 구체적인 증거물이나 경험을 통해 사람들에게 전달되기도 한다. 현리에서도 서낭님의 영험과 관련한 이야기가 많이 전승되고 있다. 점쟁이들이 "현리 마을에 들어오면 서낭당이 보이는데, 여기에 큰 신이 있으므로 서낭당의 신만 믿어도 된다."고 이야기할 만큼 서낭당의 신이 영험하다고 믿고 있다.

3) 서낭님과 두 부인의 만남, 그리고 별신의 흔적

　서낭님이 안서낭이 있는 마을의 구봉당에 가마를 타고 내려왔다는 이야기도 전해내려오고 있다. 이 이야기는 정월 보름날 밤이 되면 근품성에 있는 서낭님을 마을사람들이 가마를 만들어 가지고 모셔온다. 서낭님을 태운 가마를 안서낭이 있는 구봉당 앞에 내려놓고, 가마문을 열고 그 안에 있는 작은 장난감 인형, 곧 철마를 구봉당 안에서 하룻밤 재운다. 다음날 모시고 갈 때는 혼례 잔치를 하는데 마을사람들로 하여금 대행 시킨다. 제보자는 유교적 관념으로 이 서낭의 만남을 해석하고 있다. 다양하고 드라마틱한 이 마을의 공동체 신앙 모습이 오늘날에는 제대로 전승되고 있지는 않지만, 과거의 모습을 유추할 수 있게 해 주는 흥미로운 이야기라고 할 수 있다.

　근품산 정상에 있는 서낭당에는 철마가 서너 마리에서 일곱 마리까지 있었다고 하기도 하고, 팔뚝만한 말이 두 마리 있었다고 말하기도 한다. 그러나 지금 확인되는 말은 구봉당에 있는 어른 손가락 두 개 정도 크기인 철마 두 마리밖에 없다.

　또 현리에서 정월 보름 제를 지내기 전에 새끼를 꼬아 서낭당에서부터 한두리당까지 연결하여 철마에 서낭님을 태워 보냈다고 한다. 철마 목에 달린 방울의 소리가 울렸는데 마을 주민들은 서낭님이 후처를 만나러 간다고 생각했다.

　근품산 정상에 있는 서낭당에 올라가보면 이 이야기의 사실성을 확인할 수 있다. 왜냐하면, 서낭당 꼭대기에서 바로 보이는 마을이 한두리며 경사가 비교적 급하고 직선거리는 약 1km 정도 된다. 그러므로 서낭당에서 한두리까지 줄을 매는 것도 실제 가능했을 것으로 보인다. 짚은 집집마다 갹출하여 수북하게 쌓아놓고 사흘동안 한두리 당과 연결할 새끼를 왼새끼로 꼬았다고 한다. 그러나 안타까운 것은 실제로 동제에서 이 철마가 어떻게 가고 오는지, 한두리당에서는 어떻게 철마를 맞이하는지에 대한 좀 더 구체적인 제보를 기대할 수 없다는 것이다. 전승이 중단된 지가 너무 오래되었기 때문이다. 또한 철마에 의한 제보는 1995년 11월 현지조사 당시 60대 제보자들조차도 전혀 확인할 수 없는 것이었고, 70대 이상의 제보자들에게서만 매우 단편적인 부분만 확인되었다는 점이다. 또한 한두리에 거주하고 있는 사람들도 현리의 서낭님과 철마의 이동이나 철마의 존재 여부도 알지 못한다는 점이다.

한편 현리에서는 매 10년마다 별신이 있었다고 전해지고 있다. 현재 그것을 자세히 알고 있는 주민이 없지만, 옛날 어른들의 말씀을 들어보면 별신이 있었다는 것이다. 안동이나 상주 등 사방에서 광대들이 와서 주사댁의 큰 마당에서 강좌놀음②과 줄타기, 풍물, 춤 등을 연희하였다고 한다.

위의 이야기에서 서낭님을 태운 가마와 철마에 신을 태워 보냈다는 말에서 살펴볼 때, 서낭님이 구봉당 안서낭을 만나러 갈 때는 가마를 타고 갔으며, 한두리 수푸당에 있는 둘째 부인을 만나러 갈 때는 철마를 타고 갔다. 여기에서 '서낭님을 태우고 간다'는 신으로서 모셔지는 제의의 대상이 아니라 신을 태우고 다니는 신승물神乘物로서의 존재이다.

충남 부여군 은산별신제의 당신화, 강원도 강릉 단오제 때 모셔지는 대관령 국사성황지신도 등에서도 신승물로서의 말이 등장하는데 이와 같은 의미로 파악된다. 곧 서낭님을 태우고 구봉당 안서낭을 찾아오는 가마나, 한두리로 둘째 부인을 찾아가는 현리의 철마는 신승물로서 이해된다고 할 수 있다.

아랫마에서 모셔지는 구봉당은 어른 손가락만한 철마와 함께 나무에 조각된 용 두 마리가 끈으로 연결되어 있다. 현재 주민들은 이것의 용도가 무엇인지 분명하게 알지 못하고 있으나, 이것은 서낭대에 농기를 걸 때 농기의 맨 위에서 농기를 고정시키던 것으로 생각된다. 방울 역시 서낭대에 같이 걸렸던 것으로 보인다.

현리에는 신역골, 창마, 치마답이라는 지명이 있는데 이들 명칭은 서낭당이나 구봉당에 있는 말과 관련지을 수도 있다. 신역골은 고려 때 가유현으로 왕래하는 행인들과 관원들의 숙소로 이용되기도 하였고, 우마를 사육하여 역의 기능을 행사하였던 곳이다. 창마는 조선조 말기에 창倉이 있던 곳으로 인근 지역인 산동, 산서, 산북, 산남, 산양 등 다섯 개 면에서 생산되는 곡식을 이곳 창고에 보관하였다가 군량미나 구휼미 등으로 사용했다고 하여 창마라 불리어졌으며, 일제강점기에도 몇 년간 존재해 오다가 1914년 경 행정구역 개편을 전후하여 없어지고 지금은 그 터만 남아 있다. 치마답은 역원의 존재 혹은 성터의 존재로 보아 말을 훈련시켰던 곳으로 보인다. 신격으로서 말이 모셔지는 것은 대개가 말을 기르는 목장이 있던가 아니면 교통상의 역할을 하는 역원이 있는 곳을 중심으로 나타난다고 볼 때, 현리의 경우도 그러한 사례의 하나로 보인다.

4) 축문

誠隍祝

維歲次 某年某月某日朔 幼學 ○○○

敢昭告于

海東大韓民國某道某郡某面某里 今爲天神地神四海龍王神 八方諸位神

山灵 靑龍白虎 朱雀玄武 五方后土 土地之神 天地神明 惟○言哉 告之卽應 神其灵矣

東里西村 南隣北洞 家家戶戶 男女老少 伏乞伏祝 願得成就

兵戈不侵 盜賊消滅 妖鬼邪神 千里退送 堯之日月 舜之乾坤 四時有序 雨順風調

千山萬野 五穀豐登 山獸遠滅 野蟲消滅 天地却殺 年殺月殺 日殺時殺

三災八亂 官災口舌 三百四病 一時消滅 出入往還 相逢吉慶 鷄犬六畜 牛馬繁盛

災殃春雪 福祿無窮 沐浴齋戒 焚香四時 伏惟專灵 一時感應 淸酒一盃 謹告尙

饗

<2002년 조사>

6. 호계면 호계리의 마을신앙

1) 호계리 서낭당의 성격

조선왕조실록 세종 19년 3월 13일조의 기록에는 호계리의 서낭당과 관련하여 다음과 같은 기록이 있다.

> 예조에서 여러 도의 순심 별감(巡審別監)의 계본(啓本)에 의거하여, 악(嶽)·해(海)·독(瀆)·산천의 단묘(壇廟)와 신패(神牌)의 제도를 상정하기를, …(중략)… 문경(聞慶) 관할 안의 …(중략)… 본 현에 합속(合屬)한 호계현(虎溪縣)의 장산(獐山) 묘 위판에는 아무 것도 쓰지 않았으니, 청하건대, 장산지신이라고 쓰고, 유후사(留後司)와 소재관에서 제사를 행할 것. …(생략)…

이는 조선시대 초기 사전을 정비하면서 나타난 기록이다. 여기서 말하는 장산은 오늘날 문경시 호계면과 마성면 사이의 오정산을 말하는 것으로 보이는데, 이 장산의 묘에 '장산지신'이라고 위판을 쓰고 소재관으로 하여금 제사를 지내게 했다는 기록이다. 이 곳이 바로 호계면 호계리의 서낭당으로 추정되는 곳이다. 호계현 장산의 장산지신 묘 위판과 오늘날 호계리의 서낭당과의 역사적 문제는 앞으로 더 많은 조사와 연구가 뒤따라야 할 부분으로 여기서는 간단히 언급하고 넘어간다.

2) 동제 당의 위치와 형태

호계리는 본동과 쌍샘 등으로 자연마을이 구성되어 있다. 마을신앙의 명칭은 흔히 '동고사'라고 한다. 동고사 당은 모두 세 군데이다. 마을 뒤 오정산 줄기에 '서낭당' 혹은 '당사'로 불리는 당집이 있는데 당집은 목조건물로 현재 슬레이트 지붕이 이어져 있다. 예전에는 초가 형태로 남아 있었다고 한다. 당집 내부에는 불종지 그릇과 제기 등이 있으며 무속인들이 찾아와 걸어놓은 옷가지 등이 놓여있다. 대들보에는 매년 당사의 제사를 올리고 난 후 '성주맨다'라고 하여 한지와 실타래, 솔가지를 엮어 만든 성주가 매여 있다.
　또 쌍샘마을에는 마을이름을 상징하듯 샘이 있는데 이 곳이 두 번째 동고사 장소이다. 다음으로 '골맥이' 혹은 '골목수구'로 불리는 느티나무가 두 그루 있다. 동고사 날은 음력 정월 보름 자시이다.

3) 제의 내용과 절차

　정월초삼일이 되면 이장과 새마을지도자 등이 나서 마을주민 가운데 생기복덕이 있고 복을 입지 않았으며 흉사가 없는 집을 골라 제관을 선출한다. 제관은 주판이라고 하여 제관 1명, 축관 1명, 집사 1명을 선출한다.
　열사흘날이 되면 동네주민 모두가 나와 샘을 치고 마을 청소를 한다. 제관들도 주판 집에 모여 당사, 샘, 골맥이, 제관집 등에 금줄을 치고, 동고사 날까지 쌍샘에서 목욕을 하고 서낭당 당사에 불을 밝힌다. 이날부터 제관들은 금주와 금연, 부인과 합방하지 않기, 바깥 출입을 삼간다. 주민들도 이날부터는 제관들에게 함부로 말을 걸지 않는다.
　동고사에 소요되는 비용은 예전에는 집집마다 갹출했으나, 10여 년 전 동답 900여 평을 구하여 여기에서 나는 소출(쌀 4~5가마)로 충당한다. 현재 동답은 새마을지도자가 맡아서 부친다. 제물장만은 예전에는 산양장에서 구입했으나 요즘은 점촌장에서 제관들이 직접 구입한다. 떡, 실과, 포, 채소, 쇠고기, 닭고기 등을 구입하는데 형편에 따라 제기 등을 재구입하기도 한다.
　당일이 되면 오후와 저녁에 제물을 조리하고, 자시가 되면 제관들이 서낭당 당사에 제일 먼저 간다. 종지불을 밝히고 향을 사르며 헌작을 하게 된다. 호계리 동고사에서 가장 중요한 것이 축문을 읽는 것과 소지를 올리는 것이다. 예전에는 축문을 10여 회나 반복하여 읽었으며 요즘에도 2~3차례에 걸쳐 독축을 한다. 소지는 10여 장을 올리는데 서낭님 소지, 이장 등 소임 소지, 동민 소지, 농사, 가축 등 풍년을 기원하는 소지를 올린다. 소지가 잘 올라가야만 그해에 마을 전체가 무탈하다고 믿으며 잘 올라가지 않으면, 더욱 정성을 쏟아

소지를 올린다고 한다.

 서낭당의 제사를 마치면 새벽 2시경이 된다. 제관집으로 내려와 간단히 음복을 한 후, 제관들은 쌍샘으로 가서 샘제사를 올린다. 그리고 다시 골맥이 제사를 올린다. 그 외에도 마을의 우물터 등에는 간단히 잔을 붓고 제를 올린다. 제를 모두 올리면 어느덧 동틀 무렵이 된다. 보름날 아침에 제관 집에 주민들이 모두 모여 음복을 하고 결산을 하여 치부책에 기록하게 된다. 예전에는 풍물도 울리면서 하루를 즐겼다고 한다.

4) 축문

   維歲次○○元月○○朔十六日○○
   齊沐百拜 聞喜城隍之廟
   伏以
   聞喜之郡 廬山之陽 虎溪之府 穎江之上 堂屋高臨 實維 神之所依
   閭閻僕地 樂我人之所生 傳之已久於千萬年 賴之已多近百餘家
   洋洋焉左右魂 若降兮揚靈 肅肅焉前後人 如得兮鼓舞
   每年每歲 有禱必應 今日今夜 無願不屆 玉兎丁朗
   丑鷄未明 腥牲旣脂 粢盛又潔 敢竭鄙忱
   ○○年 正月之望 庸告神明
   ○○日 子夜之半 閃閃兮 托些除去 一洞之厄
   往往兮 格思承順 百年之歡
   人之所禱 自求多福 神之所助 永受天祿
   人雖疾病 我洞安寧 歲稱荒凶 此村豊足
   觀光者登科而揚名 臨農者遇豊而積穀
   一洞安堵 百歲綿遠 五穀豊場 六畜蕃息
   抑又何願 非誠可禱 伏惟所賜 維神所助
   月色方明 始知文明之像 雲影散興 無奈鬱興之兆

神依於人 誰敢侮神 人依於神 神必佑人
粢盛精潔 鬼神咸飽 燈燭煒煌 人民盡願
庶賜歆格 尙饗

<2006년 12월 조사>

7. 산북면 대상2리의 마을신앙

1) 동고사 당의 위치와 형태

산북면 대상 2리는 임씨 성을 가진 선비가 마을을 개척하였다고 한다. 자연마을 오미기烏尾技는 임학선이라는 사람이 마을의 형세가 까마귀 혈이며 까마귀는 나무위에 둥지를 튼다고 하여 부르게 되었으며, 지보실智保室은 임씨 후손이 분가하여 새로 터전을 마련하고 자자손손 부귀영화를 누리며 마을을 잘 보존하라는 뜻이라고 한다.

대상 2리의 마을신앙은 음력 정월보름 자시에 마을 뒷산 국지골 산지당과 지보실 마을 입구 느티나무에서 지내는 마을신앙이 있다. 주민들은 마을신앙의 명칭을 '동고사'라고 부른다. 국지골의 산지당은 흔히 '당집'이라고 부르며, 당집내부 중앙에 돌 제단이 설치되어 있다. 마을입구에는 느티나무는 '당나무'라고 하며 현재 이곳에 쉼터가 조성되어 있다.

2) 제의 절차와 내용

대상 2리 지보실에서는 동고사를 주관하는 사람을 '제관'이라고 한다. 제관의 선정은 음력 1월 12일 대동회 때 삼환이나 상제, 궂은 일이 없는 사람으로 생기 복덕을 가려 제관과 당주 두 명을 선정한다. 제관으로 선정된 사람은 제일 이틀 전부터 재계를 시작한다. 이 기간 동안에는 스스로 몸을 삼가고, 기도, 목욕, 금주, 금연, 외출금지, 합방안하기, 부정 안보기를 실천 한다. 한지를 끼워 넣은 금줄은 당집둘레, 제관집 대문, 제단(선돌)에 걸고, 황토도 같이 놓아 준다.

　동고사를 모시기 위해서 마을의 기금을 활용하고 있으며, 제물은 가까운 점촌 시장에서 장만 한다. 당일 아침에 몸을 청결히 하고 시장에 가서 명태포, 배, 사과, 막걸리, 초, 향, 잔 등을 구입한다. 제물을 구입할 때는 값을 깎지 않으며, 제관에 따라 제물 장만에는 약간씩의 차이가 있다.

　동고사 당일 제물을 진설하고 강신재배를 올린 후, 소지를 올려 축원한다. 그 후 마을입구 당나무(느티나무)로 이동해서 다시 당집과 같은 순서로 제를 올린다. 축문은 예전부터 없었다고 한다. 제의에 소요되는 시간은 이동하는 시간을 포함하여 총 2시간 정도가 되었고, 파제 후인 이튿날에는 제관 댁에서 음복과 문서닦기를 겸한 모임을 갖는다.

　문서화 된 동고사 관련 계칙은 없지만, 각종 물목, 마을재산의 출납과 동제비용 등은 당주가 책임을 지고 운영·결산한다.

　대상 2리 마을은 두 개의 자연마을로 구성되어 있지만 뚜렷이 구분되지는 않는다. 오히려 주민들은 큰 마을로서의 대상 2리에 관심을 갖는다. 그러한 이유에서 마을뒷산 국지골과 지보실 마을입구를 번갈아 가며 마을의 무사안녕과 화합을 이끌어내기 위한 동제를 지내고 있다. 주민들 또한 동제의 역할을 내심 인정하고 있는 듯하다.

<2006년 1월 조사>

8. 동로면 적성리 큰마의 마을신앙

1) 동제 당의 위치와 형태

　적성리 큰마의 동제당은 상당·중당·하당으로 이루어져 있다. 상당은 마을 뒷산 중턱에 위치하고 있다. 처음에는 당나무만 있었으나 1988년 음력 1월에 나무와 슬레이트로 간이 건물을 만들고 돌로 된 위패를 모셔놓았다. 돌로 된 위패에는 '적성주산赤誠主山 상단성황신위上壇城隍神位'라고 각자 하였다. 중당은 마을과 상당의 중간지점에 당집으로 자리잡고 있다. 중당 역시 광무 7년(1903) 3월에 옮긴 것이라고 한다. 중당에는 나무 위패에 '적성주산赤誠主山 성황신위城隍神位'라는 글씨가 쓰여 있다. 하당은 동로중학교 안에 있는 소나무다.

2) 제의 절차와 내용

주민들은 '동제' 또는 '산신제'라고 부르고 있다. 동제는 음력 정월 열 나흗날 자정 경이다. 제관은 상당 2명과 중당 1명이다. 하당은 상당 제관 2명이 상당에서 제를 지내고 내려와서 지낸다. 제관들은 3일전부터 재계를 한다. 제물장만은 '공양주'가 담당하게 되는데 공양주는 이장이 마을사람 중 상을 당하지 않고 깨끗한 사람으로 선임한다.

제물은 메(새앙), 백설기, 포, 메밀묵, 삼실과, 돼지고기, 채소 등이 준비된다. 제관들은 음력 정월 14일 23시쯤 되면 상당과 중당으로 이동한다. 상당으로 올라가는 제관들은 상당 아래의 샘에서 작은 냄비에 '새앙'이라는 밥을 지어 올린다. 이곳에는 '칠성암'이라는 암자가 있다. 상당에 올라가서 제물을 진설하고 난 후 동제를 모시는 차례는 강신, 재배, 독축, 소지 순으로 일반 집안의 제사와 비슷하다.

중당에서도 이와 같은 시간에 동제를 모신다. 예전에는 중당으로 올라가는 입구에서 마을사람들이 모여 풍물을 치면서 상당의 동제를 모셨다고 한다. 중당의 제관과 풍물을 치는 마을사람들은 상당의 제관들이 내려올 때까지 중당에서 대기하고 있다가 상당에서 모두 내려오면 함께 하당으로 이동한다. 제관들이 하당에 도착하면 상당에서 가져 온 제물을 차려 놓고 하당의 동제를 모신다. 정월 보름날 낮에 동회관에 마을사람들이 모여 음복을 하게 된다.

3) 축문

維歲次
(干支)○月○○朔○○日○○

本里居民選屬

幼學○○○

敢昭告于 土地之神 伏惟

尊神代天宣化■我一方

殺民有造 便安而樂 惟神之賜 便飽而暖

惟神之佑 尊民至德 加民惠澤 願雖甚遠

味神功 一里洞屬 思其■ 報祀反辰

惟月之正 牲酒雖薄 ■出■誠 惟神降格

■濫愚襄 望垂默佑 克有始終

尙饗

<국립문화재연구소, 『산간신앙Ⅱ(경북·경남 편)』(1999)에서 발췌 정리함>

9. 마성면 남호 1리 대실의 마을신앙

1) 동고사 당의 위치와 형태

남호1리는 화산마을과 대실마을로 나뉘어져 있다. 두 마을이 이웃해 있고, 행정구역상으로는 한 마을이지만 동고사는 따로 지내고 있다. 행정구역 개편으로 인해 두 마을이 한 마을로 인식을 전혀 하지 않는 것은 아니나 마을신앙 만큼은 화산과 대실이 뚜렷한 독자성을 가지고 있다. 화산과 대실은 '동신님'이 다르기 때문에 각기 제관을 따로 선정하고 제를 개별적으로 지낸다. 하지만 모시는 날짜와 시간은 같다.

마을에 들어서서 마을길을 사이에 두고 양쪽에 늘어선 두 그루의 나무가 대실 동신의 신체이다. 그러나 동고사는 두 그루의 나무 중 조금 더 큰 나무가 '동목洞木'이다. 이 앞에는 입석이 세워져 있는데 이곳에 제단이 있다. 금줄은 맞은 편 동목에도 둘러쳐져 있다.

2) 제의 절차와 내용

제관선출에 대한 회의는 음력 정월 초순에 한다. 해마다 제관으로 선정될 사람은 생기복덕에 따라 맞추어서 선정하게 된다. 제관은 한 명이며, 제관으로 선출된 사람은 동신제에 올릴 떡을 마련한다. 나머지 제물은 각 반장, 이장 등의 사람들이 돼지를 잡는 등 함께 준비한다. 제관 1인, 축관 1인, 지사 1인이 제를 올리러 간다. 제를 지내러 가는 사람은 제관과 축관이다. 생기복덕을 보는 사람이 마을에 있으며, 보통사람들도 생기복덕을 가릴 줄 알기 때문에 대체로 이장이 사람을 선정하면 다시 마을회관에 반장을 소집하여 회의를 연 후 제관을 결정한다.

제관으로 선정된 사람은 재계를 한다. 제물의 구입은 제관과 마을의 이장, 반장이 장을 보러간다. 제관은 제를 올리기 전까지 궂은일을 봐서는 안되며, 술을 먹지 않는 등 정성을 다한다. 금줄을 쳐 둔 후부터는 엄격히 금기를 지킨다. 또한 상주를 보고 말을 하지 않는다. 동제를 지내기 전 상을 당하거나 궂은일을 보면 3월중에 날을 받아서 다시 지낸다. 금줄은 3일 전에 치고 동고사를 지낸 후 제관 집의 금줄을 걷으며, 음복은 제관집에서 한다. 약 20년 전에는 제관 선출을 '유사를 맨다'라고 하였다.

제사 비용은 마을에서 집집이 추렴해서 제물을 마련한다. 남은 추렴 경비는 마을 재산으로 예금한다. 동고사 후 다음날 음복을 하고 그 날 바로 동회를 열어 경비의 경과와 잔금을 공개한다.

동신제를 음력 정월 보름에 지내므로 가까운 장날에 장을 본다. 따라서 12일 장을 봐와서 13~14일에 제관 집에서 손을 본 후 음식을 장만하여 제를 올린다. 예전에는 3월 15일에 소를 제물로 하여 동고사를 지내고 이날 1년을 품값을 정하는 등 마을 대소사를 의논하였다. 그러나 해방 후 동고사 날짜를 정월 보름으로 변경하였는데 여러 가지 이유 때문이었다. 먼저, 동고사를 3월 보름에 지내던 해마다 마을에 초상이 잦았고 원래 소나 돼지를 제물로 올리는 것이 번거롭다는 이유로 닭을 제물로 하였더니 마을에 우환이 생기기도 하였다. 뿐만 아니라 실질적으로 3월은 농번기인터라 3월은 여가가 나지 않았던 이유도 있다.

돼지를 잡아서 머리는 제단에 올리고 나머지 고기는 다음날 아침 음복 때에 국을 장만한다. 동신제에 올라가는 제물은 돼지, 편(백설기), 밥, 탕, 조기 등을 함께 올린다.

동신당의 금줄은 동고사를 지내기 3일 전에 치며, 쳐놓은 금줄은 걷어내지 않고 그대로 둔다. 제관 집의 금줄은 제사를 지내고 3일 후에 거둔다. 동신제를 지내는 날 밤에 동민들은 불을 환하게 밝힌 체 조용히 한다.

축문은 이장이 보관하고 있는데 내용은 동신님을 받들고, 동민과 마을, 가축의 안녕과 농사가 잘되도록 해 달라는 내용이다. 소지 종이도 올리는데 마을의 성씨별로 소지를 올린다. 먼저 가장 많이 살고 있는 성씨인 경주 김씨, 평산 신씨, 경주 이씨, 박씨 등의 모든 성씨의 소지를 올린 후 가축을 위한 소지를 올린다.

동고사를 올린 후 다음날 아침 음복을 한다. 음복장소는 동신목 아래에서 행해진다. 아침이면 이장이 음복하러 모이라는 방송을 한다. 음복에는 여성을 비롯한 아이들도 참여가 가능하다. 동민 전체가 참석하는 셈이다. 연세가 많아 참석하지 못한 노인들을 위해 음식을 싸가기도 한다. 대동회는 정월 16일에 행한다.

약 30여 년 전 새마을사업 당시 세상도 변했으니 돼지를 잡아 제물로 올리는 등 번거롭고 돈이 들어가므로 제물을 쓰지 않고 동신님을 모시자는 의견이 대두되었다. 그래서 그 해에 가축을 제물로 쓰지 않고 간단한 제물로만 동신제를 지냈다. 그러나 마을의 소가 여러 마리 죽었다. 그래서 다음해부터는 예전대로 가축을 제물로 삼아 제를 지낸 후로는 이러한 변고가 없었다고 한다.

3) 축문

維歲次○○正月○○朔十五ㅋ○○
本洞居民 選嘱幼學○○○○○
敢昭告于 洞神之前
伏以
有洞有神 維神有靈 神其靈矣 人求福焉
月正日望 告祀之期 酒具牲畜 酒潔蒸熟

將事之夕 齊一衆誠 誠其一矣 神亦享之
風順雨調 百穀豊穰 災殄掃蕩 戶口安康
畜牧繁殖 盜賊屛退 維神是賴 俾我均惠
敢獻拜祝 敬告厥由
尙饗

<2000년 조사>

10. 농암면 궁기 1리의 마을신앙

1) 동고사 당의 위치와 형태

궁기 1리에서 지내는 마을제사는 '산신제'와 '골맥이제'가 있다. 이 마을의 당은 모두 다섯 군데가 있다. 상궁의 당은 옛터골 국신말(갓바위)에 있는 산신당과 마을 입구에 위치한 골맥이가 있다. 산신당의 형태는 커다란 바위와 참나무로 되어 있다. 이곳은 영험이 있는 곳이라 하여 예전에 무당이 거주하며 기도를 드리기도 했다. 골맥이의 위치는 상궁마을 입구에 있으며 형태는 돌무더기다. 돌무더기의 둘레가 약 8m, 높이가 180cm 정도인 돌무더기 상부에는 '수문장守門將'이라는 글씨가 새겨져 있으며, 그 앞으로 제단이 마련되어 있다. 예전에는 돌탑 옆에 커다란 소나무가 있었지만 현재는 죽고 그 흔적만 남아 있으며 새로 심은 나무가 자라고 있다.

중궁의 당은 마을에서 서쪽으로 10여 분 올라가면 넓은 절터가 나타나는데 절터 주변에 위치하고 있다. 이곳에는 산쪽으로 산신당이 있는데 바위와 나무로 구성되어 있고, 절터 입구 계곡에는 역시 바위로 된 골맥이가 자리하고 있다. 골맥이 앞에는 계곡물이 흘러 동고사 때 제관들이 목욕을 하는 곳이다.

마을 입구에도 골맥이가 있다. 이 골맥이의 형태는 두 개의 커다란 느티나무로 제단이 마련되어 있고 '성황당'이라는 글자를 시멘트 제단에 새겨 놓았다.

2) 제의 절차와 내용

궁기 1리는 예전에는 정월보름에 제사를 지냈으나, 현재는 정월 초사흗날 새벽에 제를 지낸다. 정월 초하루부터 보름까지 제관과 축관이 한 집에 거주하면서 기도를 지내는 것이 부담이 되어 3일 기도로 정성을 줄였다. 궁기리의 제사는 매우 긴 시간을 필요로 한다. 왜냐하면 각 자연마을별로 제사를 지내는 것이 아니라 그 해 제관으로 뽑힌 사람이 4개의 당에서 제사를 지내야 하기 때문이다.

제관과 축관 각 한 사람을 음력 섣달그믐 경에 열리는 대동회에서 선출한다. 제관으로 선출되면 술과 담배, 부인과의 잠자리 등을 금하고, 문밖 출입을 삼가는 금기가 있다. 그리고 정월 초하루부터 치성을 드리고 동제를 지내는 당일에는 몸과 마을을 보다 정결히 하기 위해 목욕재계를 한다. 제를 지내기 직전에도 목욕재계를 한다.

제물은 보통 떡과 실과, 포 등을 올리며 제물은 농암장에서 마련한다. 제비는 섣달그믐 경에 열리는 대동회를 통해 추렴하여 쓴다. 동회는 보통 두 차례에 걸쳐 이루어진다. 사월 초파일날 동회를 열며, 섣달그믐쯤에 열리는 동회를 통하여 그 해 추렴비용을 알린다.

제의 절차는 먼저 초사흘 날 새벽 날이 새기 전에 산신당에 가서 제를 지낸 후, 점심을 먹고 해질 무렵부터 각 마을에 있는 골맥이에 제를 지낸다. 제차는 유교식 절차에 따르며 일반가정집 제사와 비슷하다고 한다. 각 당에서 제를 마친 후에는 반드시 산신과 골맥이 소지, 동네 소지를 올린다.

산신당과 각 자연마을의 골맥이에 제사를 마치고 나면 다음날 상궁과 중궁, 하궁의 마을 사람들은 중궁에 있는 궁기 1리 노인정에 모여 대동회를 열어 결산을 한 후 함께 음복을 한다.

동제에 영험이 있어서 산지당 주변의 물은 얼지 않는다고 하며, 목욕을 하여도 그리 춥지 않다고 한다. 또한 이 마을에서 한국전쟁 때 전사한 사람이 한 명도 없었던 것도 동고사를 잘 지냈기 때문이라고 생각하고 있다. 또 산돼지를 함부로 잡았다고 하여 상궁 골맥이 느티나무가 부러졌고, 그 이듬해 수해가 발생하였다고 믿고 있었다.

3) 축문

維 歲次

某年某月某日 ○○年生 祭人 姓名○○○

敢昭告于

宮基里 洞祭 山神堂 洞民一同 代表

成王堂

精誠 祭物 上記하오니 全洞民 萬壽無疆 平安 心謐 祥培

神其後觀 謹以淸酌 脯醢紙薦

于神 尙饗

<1996년 조사>

11. 유곡동 아골의 마을신앙

1) 유곡동 국사당의 성격

조선왕조실록 세종 19년 3월 13일조의 기록에는 유곡동의 재악산 신묘와 관련하여 다음과 같은 기록이 있다.

예조에서 여러 도의 순심 별감(巡審別監)의 계본(啓本)에 의거하여, 악(嶽)・해(海)・독(瀆)・산천의 단묘(壇廟)와 신패(神牌)의 제도를 상정하기를, …(중략)… 문경(聞慶) 관할 안의 문경(聞慶) 관할 안의 가은현(加恩縣) 재목산(梓木山)의 묘 위판은 재목산 호국지신이라고 썼는데, 청하건대, 호국 두 글자를 삭제하고, …(중략)… 유후사(留後司)와 소재관에서 제사를 행할 것. …(생략)…

조선시대 초기 사전을 정비하면서 나타난 기록이다. 재목산에 '재목산 호국지신'이라는 위판이 있는데 '호국'이라는 두 글자를 빼고 소재관으로 하여금 제사를 지내게 했다는 기록이다. 현재에도 유곡동 아골의 동신당을 국사당局師堂이라고 하는 것과 연관되어 있는 것으로 판단된다. 앞으로 더 많은 조사와 연구가 뒤따라야 할 것이다.

2) 동제 당의 위치와 형태

주민들은 아골 마을신앙의 명칭을 '동제'라고 하였고, 당堂은 주로 '당집'이라고 불리었으며 제보자에 따라 '서낭당'이라고도 했다. 당집 내부에 걸려있는 중건문重建文에 '국사당局師堂'이라는 기록도 보이지만 주민들이 인지하고 있지는 않았다.

당집은 마을의 서북쪽 재악산宰嶽山 말랭이[頂上] 능선 부근에 위치하고 있는데 아골과는 2km 정도 떨어져 있다. 당집은 능선 너머에 있기 때문에 당집에서 마을이 조망되지는 않는다. 2004년에 개통된 중부내륙고속도로가 마을과 당집 사이를 가로지르고 있으며 고속도로 상하행선 문경휴게소가 이 곳에 위치하고 있다. 현재에는 고속도로 지하차도를 통해 재악산과 당집으로 접근하는 길이 나 있다. 또한 고속도로 공사시에 건설업체의 협조를 얻어 당집으로 올라가는 길을 확장하였기 때문에 짚차로도 당집에 이를 수 있다.

당집의 위치는 원래 재악산에서 가장 높은 말랭이 부근에 있었다고 한다. 100여 년 전 주민들이 종이학을 날려 보냈는데 학이 현재의 당집이 위치한 곳에 내려앉아 여기로 이전했다고도 한다. 한편으로는 동제를 지낼 때의 수고를 덜기 위하여 마을에서 좀 더 가까운 곳으로 옮겼다고도 한다.

당집의 형태는 맞배지붕으로 정면 한 칸, 측면 한 칸으로 구성되어 있다. 정면과 측면의 벽은 나무판자로 되어 있으며 지붕은 골기와를 얹었다. 정면 출입문은 최근에 나무 합판으로 수리하였다. 정면의 폭은 163cm이고 측면의 길이는 215cm이며 지붕까지의 높이는 189cm이다. 당집 주변에는 낮은 돌담이 둘러싸여 있는데 높이는 50~60cm 이내로 거의 무너져 있는 상태다.

당집 내부에는 정면에 단을 설치하고 정중앙에 '山王大神(산왕대신)'이라고 쓰인 위패를 모셔놓았는데 위패는 연꽃모양의 좌대와 청색과 홍색의 구름무늬로 장식되어 있다. 또 천정에는 상량문上梁文이 있는데, 신미辛未년 2월 18일에 기둥을 세우고 23일에 상량을 하였다고 한다. 상량문은 아래와 같다.

歲在辛未二月八日庚寅辰時立柱
同月二十三日乙未庚時上樑 監役金允京
伏願
上樑之後 百福幷臻 休祥輻湊 家家比安 物物風威

3) 제의 절차와 내용

문경시 유곡동 아골의 마을신앙은 음력 정월 열 나흗날 지내는 '동제'와, 역시 음력 10월 첫째 말날午日에 지내는 '만오제'가 있었다. 1981년부터 작성되어 전해 내려오고 있는 '아동 일심계 원부'에 의하면 1980년대 중반까지도 만오제를 지냈다는 기록이 있다. 그러나 일반적인 동제와 달리 만오제가 무엇을 뜻하는지는 주민들도 잘 모르고 있었다. 다만, 이 마을이 역촌이라는 점에서 말과 연관성이 있을 것이라는 추측을 하였다. 현재 만오제는 아골에서는 그 명맥이 끊기었으나 이웃하고 있는 '한절골'에서는 요즘도 지내고 있다.

유곡동 아골에서는 동제를 주관하는 사람을 '제주祭主'라고 한다. 1980년대 초반부터 지금까지는 제주를 1년 전에 선출하였다고 한다. 올해 동제를 모신 제주들은 이미 작년 정월 열나흗날에 동제 후 음복하고 결산을 하면서 선출되었다. 그 이전에는 동제를 모시기 며칠 전에 선출하였다고 한다. 이귀영(남, 78세) 옹의 경우는 20여 년 동안 제주를 역임하기도 하였다. 그러나 약 3년 전부터는 아골 집집마다 순번을 정하여 2명의 제주를 선출한다. 순서는 집의 위치에 따라 아래에서 위로 올라가면서 결정된다. 다만, 삼환이나 상제, 궂은 일이 없는 사람으로 선출한다.

작년 동제 문서를 살펴보면, 황병용 씨와 신상진 씨가 올해의 제주로 선정되었다고 기록되어 있다. 그러나 올해에는 제주 중의 한 사람인 황병용 씨가 몸이 불편하여 병원의 통원 치료를 받고 있는 관계로 동제일 당일 백용식 씨로 제주 1명이 교체되기도 하였다.

1년 전에 제주로 선정된 사람은 가급적이면 1년 동안 마음속으로나마 궂은일을 하지 않으려고 한다. 하지만 실질적으로 몸가짐을 단단히 하는 시기는 정월달에 들어서면서부터라고 한다. 스스로 몸을 삼가고, 문상을 가지 않으며, 부인과의 잠자리도 피한다. 당일 아침에는 점촌에 있는 목욕탕에서 몸을 깨끗이 한다.

동제를 모시기 위해 부치던 동네 밭 두 마지기가 있었다. 제주가 된 사람이 그 밭을 부쳐서 제비를 충당하기도 하였다. 그러나 요즘은 밭을 부치고자 하는 사람이 없어서 그 밭을 매도하였으며 밭을 매도한 비용을 농협에 정기적금으로 저축해 그 이자로 제비를 마련하였다.

제물은 가까운 점촌시장에서 장만한다. 당일 아침에 목욕을 한 후 시장에 가서 명태포, 배, 사과, 삼실과, 사고지(소지), 막걸리, 초, 향, 잔 등을 장만한다. 제물을 구입할 때에는 그 값을 깎지 않으며, 제주에 따라 제물 장만에는 약간의 차이가 있다. 얼마 전까지만 하더라도 제주의 집에서 밥과 탕을 마련하고 적(전)을 부쳐서 제수를 마련하였다. 그러나 올해 동제의 경우에는 시장에서 장만해 온 제물 외에 별도로 집에서 제물을 장만하지 않았다.

2005년 유곡동 아골 동제는 정월 열나흗날 제의의 모든 절차가 진행되었다. 올해에는 제주가 당일 아침에 교체되는 등 어수선하여 제주의 집에 '금구(금줄)'를 치지도 않았다. 오전에 점촌에 가서 목욕을 한 후, 제물을 구입해 왔다. 동네 윷놀이 대회가 보름날 예정되어 있어서 청년회 주관으로 마을의 어느 한 집에서 돼지를 잡아 분주했으나 제주로 선출된 사람들은 그곳에 출입하지 않았다.

오후 2시 30분경, 제주 2명과 조사자가 마을에서 약 10분간 비포장 산길을 따라 승용차를 타고 오르자 운암사 사찰로 넘어가는 고갯마루에 이르렀다. 고갯마루에서 내려 1분 정도 능선을 따라 들어가자 당집이 나타났다.

먼저, 제주 두 사람이 당집 문을 열고 들어가 간단히 먼지를 떨어내는 청소를 하였다. 다음으로 제단에 신문지를 깔고 준비해 간 제물을 진설하였는데 1열에는 명태포, 배, 사과 2열에는 대추, 밤, 곶감이 진설되었다. 그 후 양쪽에 촛불을 켜고 향을 지폈다. 강신 재배를 올린 후, 잔을 한 번 더 올리고 재배하였으며, 수저를 지우고 퇴주한 후 다시 재배하였다.

그 다음으로 소지 한 장을 사르면서 다음과 같이 축원하였다.

"동네사람들 몸이나 건강하고 그저 또 부자되게 해 주십시오."
"아무 탈 없이 무해무탈로 잘 돌봐주십시오."

소지를 올린 후에는 제물을 조금씩 뜯어내거나 도려내어 퇴주잔에 담아 당집 밖으로 나와서 당집을 돌아가며 네 기둥 주변에 뿌렸다. 그 후 차려진 제물을 철상하였는데 제물 일부를 다시 제단 위에 남겨 놓았고 제주 2명이 술 한 잔씩 음복하였다. 조사자에게도 음복주가 돌아왔다. 당집에 이르러서 제의를 모두 마친 시간은 총 20분 정도가 소요되었다.

제보자들이 기억하고 있는 예전 동제의 제의 절차 모습도 크게 다르지 않았다. 몇 가지 주목할 만한 것들을 부기해 본다. 예전에 아골에서 동제를 모시는 시간은 자시경에 지냈으나 30~40여 년 전부터는 저녁 10시, 20여 년 전부터는 오후 5시경에 지냈다고 한다. 또 아골에서 먼저 당집에 올라가 동제를 지내고 횃불을 흔들어 신호를 보내거나 징을 세 번 울리면 마본, 새마, 주막, 한절골 등 다른 마을에서 그 신호를 보거나 징 소리를 듣고 각각 동제를 모셨다고 한다. 그 이유는 아골이 '중심된 마을'이며 서낭이 '가장 드세기' 때문이라고 한다.

저녁에 올라 갈 때는 등불을 밝히고 제물을 지게에 지고 당집으로 향했는데 약 30분 정도 올라가야 당집에 이르렀다고 한다. 당집에 도착하면 당집 청소를 깨끗이 한 후에 새로 만들어 온 '금구(금줄)'로 당집 주변을 둘렀다고 한다. 축문은 예전에도 없었다. 다만, 소지는 마을 성씨별로 예닐곱 장을 올리기도 하고 산신, 동민, 가축 등 최소 석장은 올렸다고 한다.

유곡동은 지역이 넓고 골이 깊숙하여 그윽한 골이라고 해서 유곡幽谷이라고 칭하였다고 한다. 역이 생기고 인구가 늘고 생활이 넉넉해지자 도둑이 자주 들어왔다고 한다. 그래서 마을을 수호하고자 하는 뜻에서 사방에 수호신단을 설단하고 제사를 지냈다. '소 도둑 놈이 밤새도록 동네 안에만 돌아다닌다'는 향언은 이 서낭님의 보호로 한 번 들어온 도둑은 밤새도록 헤매어도 동네를 벗어나지 못하고 갇혀 있었다는 이야기에서 비롯되었다.

유곡동 아골에는 1981년 2월 19일부터 작성하기 시작한 '아동 일심계 원부'라는 동제 관련 문서가 있는데, '아동재산장부我洞財産帳簿'라고도 한다. 여기에는 계칙과 계원 명단, 각종 물목, 마을 재산의 출납과 동제 비용 등이 연도별로 기록되어 있다. 첫 장의 계칙을 살펴보면 다음과 같다.

> 계측
>
> 1. 본계을 운영하는데 있어서 본계원 중에서 감사 3명 및 총무 1명을 두고 운영한다.
> 2. 본계는 당리동에 거주할시만 본계에 제반 권한을 행세할 수 있으며 만약 타리동으로 이주할 시는 본계에 권한이 전혀 없음을 본계의 계측으로 정한다.
>
> 1981년 2월 19일
>
> 경북 문경군 점촌읍 유곡리 앞골
>
> 감사 이무진, 이귀영, 신한옥
> 총무 최홍락

 음력 정월 열 나흗날 저녁 7시경 아골에 있는 할머니 경로당에 주민들이 모였다. 오후에 치른 동제에 대한 결산을 하고 내년도 제주를 선정하기 위한 회의였다. 회의에 대한 특별한 명칭은 없었다. 약속한 시간이 되었지만 몇몇 집에서 참석하지 않자 일일이 전화를 걸어 회의 참석을 부탁하였다. 이 과정에서 예전에 제주를 역임했던 어른들이 중심이 되어, 오늘 동제를 지낸 제주들에게 어떻게 지냈는지를 물었다. 그 과정에서 '금구(금줄)'를 치지 않았다거나, 소지의 수가 적었다는 이야기, 헌작도 석 잔은 올려야 된다는 이야기 등이 논의 되었다. 내년에는 이러한 실수를 반복하지 않기 위하여 장부에 물목을 기록하기로 하였다.
 7시 30분경 25명 정도가 참석하였다. 내년의 제주는 순서에 따라 유운근(순자네) 씨와 김영식 모친(용자네)이 맡기로 결정되었다. 올해 제주가 술과 음료수, 약간의 안주를 장만하여 차려놓고 둘러앉아 먹으면서 동제와 관련된 이야기를 계속 나누었다.

내년의 제주가 결정되자 동제와 관련된 문서를 정리하였다. 올해의 경우 원금 4,000,000원을 저축해 놓았으며 그 이자 183,759원이 발생하였다. 이 중 120,000원 정도를 올해 동제의 제비로 쓰고 나머지 66,000원과 원금을 내년으로 이월시켰다. 이때 통장의 예금주 명의는 내년도 제주 이름으로 매년 다시 농협에서 갱신하기로 하였다. 문서와 통장 일체를 내년도 제주에게 넘김으로써 회의가 모두 끝이 났다.

4) 중건문重建文

아골 당집 안에는 '국사당중건후동민열록局師堂重建後洞民列錄'이라는 중건문이 편액으로 걸려 있다. 중건문에 의하면 당의 명칭은 국사당이며 이웃한 운암사雲巖寺에서 건축 재료를 대고 주민들의 참여로 중건되었다고 한다. 중건문이 작성된 시기는 신미년辛未年으로 1931년이다. 원문과 그 번역문은 다음과 같다.

局師堂重建後洞民列錄

發起人 李柄宰

監役及作材 金允京 金濟元 李桂淳

同意者 白雲興 嚴益俊 金春發 黃冕洙 李起成 李三俊 金斗成 申允熙 金春晚 李仁宰 申百能 白俊五 金恒彦 朴文燮 金昆排 裵長運 朴聖俊 白奉業 申成得 李敬天

重建文

材木供 雲巖主僧 李仁石

蓋瓦供 崔珷鉉

原夫宰岳下潁水上雲岩東 自古有局師之神堂 降百福攘三災逐民瘼 至今蒙時雍之蔭德 其下有局 居然星霜之變遷 丹青剝落不禁上雨傍風 幽谷一洞 逐至棟宇之地壤 芬苾春秋空悲四時八節 苔封敗楚 那無過客之興嗟 蛛網空樑 每多里老之抆淚 越自庚午季冬 僉議俱發 建至辛未之仲春 衆心合同 材木地瓦之自願普施

基址則仍舊重建 三農之隙 煥乎輪渙之生輝 山僧野人之實大功德 財力則殘排經紀 一旬之間 倏爾工侫之畢役 二字之華偏重攜 千古之堂名永垂

伏願上樑之後 以香以祀 萬姓咸載

載歆載格 六畜率健

允功化之攸曁 諒盛德之柔遠 楹桷欄檻之不催 神守鬼護 寧惧易朽他日 正望十午之用享 牲肥酒香 尙顕嗣茸後人

記事人全州李康珍忘拙謹書

歲在辛未二月日 下澣

<번역문>

국사당중건후동민열록

발기인 이병재

감역 및 작재 김윤경 김제원 이계순

동의자 백운홍 엄익준 김춘발 황면수 이기성 이삼준 김두성 신윤희 김춘만 이인재 신백능 백준오 김항언 박문섭 김곤배 배장운 박성준 백봉업 신성득 이경천

중건문

재목공 운암주승 이인석

개와공 최무현

저 재악산 아래, 영수의 위, 운암의 동쪽 지점을 생각해본다. 예로부터 국사의 신당이 있어서 많은 복을 내리고 삼재를 물리치고 백성들의 폐해를 몰아내어 지금까지도 시화의 음덕을 입고 있다. 그 밑에 동네가 있으니 바로 유곡 골이다. 덧없이 변하는 세월을 따라 마룻대와 기둥은 끝내 무너지게 되었다. 단청은 떨어져 나가 위 아래로 비바람이 드니 향기 높은 봄가을로 부질없이 슬퍼하노라. 이끼가 끼어 주춧돌을 덮자 지나는 나그네가 탄식을 일으키고, 거미줄 들보에 치니 동네의 노인들이 눈물을 흘리노라. 지난 경오년 동짓달에 모두 모여 의논하고 신미년 중 봄에 이를 많은 사람이 뜻을 모았다. 재목과 기와는 자원해서 보시하니 승려와 농부의 공덕이 참로 크구나. 터는 예전 그 자리이건만 농

한기를 이용해서 중건을 했다. 재력을 조금씩 분담하니 열흘 사이에 당을 지었다. 빛나구나! 훌륭한 당집이 이루어짐이여. 순식간에 목수들이 일을 마쳤네. 두 글자의 아름다운 편액을 다시거니와 천년 후에도 당의 이름 영원히 전해지리라. 엎드려 원하건대, 상량한 후에 제사를 올리고 제물을 바치오니 이내 흠향하시고 이내 강림하소서. 모든 사람이 다 복을 받고 온갖 짐승이 모두 편안하니 참으로 공화와 성대한 덕이 멀리 미친 때문이다. 기둥과 서까래, 난간이 썩지 않을지니 신이 지키고 귀신이 보호함이라. 정월 대보름날 살찐 희생과 향기로운 술을 올리나니, 어이 훗날에 쉬이 무너질까 두려워하리. 오히려 후인들이 계속해서 수리하는 것이 즐거우리라.

　　전주 이강진은 졸렬함을 잊고 글을 짓는다.
　　신미년 2월 하순

<2005년 2월 조사>

II. 마을공동체신앙 관련 고문서와 축문[1]

1. 상량문

鳥嶺城隍祠上樑文[2]

蓋	대저
夫縣之北	고을 북쪽에
有主屹山	주흘산 있고,
山之下	주흘산 아래에
有城隍祠	성황사 있는데
祠宇之設	사당을 지은 지
百有餘年	백년이 넘었으니

---

[1] 문경의 공동체신앙과 관련된 고문서들의 번역과 역주는 한자교육보급협회 이완규 이사장이 담당하였다.
[2] 이 상량문은 문경새재 제1관문 옆 성황당의 상량문으로 1970년대 후반 성황당을 중수하면서 발견한 것이다.

而其爲靈	영험하신 신령님
昭日降之福也	날마다 복 주시니
洋洋矣!	양양하도다!
意以歲月之浸久	세월이 점점 오래되어
乃至棟樑之朽敗	동량이 낡고 무너졌다.
今玆茸	오늘 지붕을 이으리니[3]
衆工殫誠	모두가 정성을 다해
而立柱松	소나무 기둥을 세우고
良辰上樑	좋은 날에 상량하니
於吉日	아, 길일이로다.
惟願	오직 바라옵기는
上樑之後	상량한 뒤로는
百堵安寧	모든 집안 평안하고
六畜繁殖	온갖 가축 넉넉하여
鳥如斯翼	새는 날갯짓 하고
尾夢錯落而成章	짐승들 많아지리라.
鷰飛賀新	제비도 날아서 상량을 축하하고
棟樑煒而曜日	기둥은 번쩍번쩍 햇빛에 빛나네.
宜緣廟宇重建	새재 성황사 고쳐서 지으니
可見福祿具新.	복록이 함께 새로워 지지라.

3) 원문의 '무성할 용(茸)'자는 '지붕 이을 즙(葺)'자의 오기인 듯하여 이렇게 풀었다.

神所攸止	신령님 이곳에서 머무시면서
鎭南土七十州之民	칠십 고을 백성을 어루만지니리.
有堂翼然	날개를 편 듯한 성황당이여
乃東國億萬年之休	억만년 우리의 아름다움이로다.
朝夕芯芬	조석으로 피어나는 향기로움
自有來人去容之虞誠	오가는 나그네의 정성이로다.
朔望香火	초하루 보름에 올리는 제사
每以村老里婦之禱祝.	마을사람 모두의 기원입니다.
軒迎十里之長風	집안엔 십리의 바람을 들이고
門曜五更之明月	문에는 새벽의 명월이 빛나네.
上棟下宇	상량한 도리와 튼튼한 기둥은
取諸大壯之吉	대장괘의 상서로움 취하였도다.4)
如京如放.	언덕 같고 꽃 같으니
惟望委豊之慶	풍년의 기쁨을 바라옵니다.
穹在上屋	하늘이 위에 있어
有其極神之降止	지극하신 신령님 강림하시리.

---

4) 『주역』, 「괘사전(하)」에 "상고시대(上古時代)에는 구멍에서 살고 들에서 거처하였는데, 후세에 성인(聖人)이 궁실(宮室)로 바꾸어서 위에는 들보를 얹고 아래에는 서까래를 얹어 풍우(風雨)에 대비하였으니, 대장괘(大壯卦)에서 취하였다[上古穴居而野處, 後世聖人, 易之以宮室, 上棟下宇, 以待風雨, 蓋取諸大壯]."라고 나오는데, 튼튼하고 견고하게 한다는 뜻이다.

民受其福.　　　　　　　　　으리가 그 복을 받자옵니다.

是日也　　　　　　　　　이날이
卽歲甲辰春二月也.　　　　바로 갑진년 봄 이월이로다.

道光二十四年 二月初十日 立柱 同月二十日 未時上樑.
도광 24년(1844) 2월 10일 기둥을 세우고 같은 달 20일 미시에 상량하나이다.

鎭將 淳字 黃致鍾 丙辰生　　　　진장5) 순자 황치종 병진생.
執綱 幼學 洪聖耉　　　　　　　집강6) 유학 홍성구
都監 嘉善 李漢得　　　　　　　도감7) 가선 이한득
成造監官 宋基文　　　　　　　　성조감관8) 송기문
成造監官 方在永　　　　　　　　성조감관 방재영
別坐 閑良 李顯東　　　　　　　별좌9) 한량 이현동
化主 閑良 朴泰永　　　　　　　화주10) 한량 박태영
化主 閑良 方在應　　　　　　　화주 한량 방재응
洞長 閑良 安貴周　　　　　　　동장 한량 안귀주
下仕 良人 陳龍孫　　　　　　　하사 양인 진용손
都片手 幼學 金尙寬　　　　　　도편수 유학 김상관
副片手 業武 朴富初　　　　　　부편수 업무11) 박부초

---

5) 진장(鎭將) : 각 도의 지방군대를 관할하기 위하여 설치한 진영(鎭營)의 장관. 진영장 또는 영장으로 불린다. 정3품 당상직으로, 고을의 수령이 겸직하기도 하였다.
6) 집강(執綱) : 향촌에서 지방자치와 행정업무를 담당했던 직책으로 권농(勸農), 도유사(都有司) 등으로 불렸다.
7) 도감(都監) : 필요에 따라 임시적으로 설치하는 관청. 여기서는 새재성황사 중수를 위한 모임.
8) 성조감관(成造監官) : 건축 자재 및 집짓기를 책임진 사람.
9) 별좌(別坐) : 5품 관직이나, 봉록이 없는 무록관(無祿官)이다.
10) 화주(化主) : 시주(施主)로 경비를 댄 사람이다.
11) 업무(業武) : 업유(業儒)라고도 하며, 서얼(庶孼) 출신으로 허통(許通)한 사람을 가리키는데, 허통이란 서자손들에게 과거 응시 기회와 벼슬길을 열어주는 것이다.

副片手 業武 李完得	부편수 업무 이완득
副片手 業武 釋 慶仙 李公明	부편수 업무 중 경선 이공명.

石峴城隍祠上樑文[12]

伏以	엎드려 생각건대
上神下祇之假爾維國所關	신명이 이르심은[13] 나라의 소관이고
名山大川則祀之自古有典	명산대천 제사는 법도가 있었도다.
孰謂不歆非類	같은 무리라야 흠향한다 말하지만
可驗亦享多儀	방법이 많음도 징험할 수 있으리라.
況復	하물며
鷄林七十州之關防西當太白	영남의 관방은 서쪽으로 태백이오
鳥道三千里之險阻南控島夷	새재의 험준함 남쪽 왜적 막았도다.
平蕪接連爾疆我里之上下	평평한 들판이 마을에 잇닿았고
一水縈繞長亭短堠之中間	이정표 사이로 시냇물 감아든다.
所以石峴之稱厥惟久矣	'돌고개'라 불린 지 오래도 되었다.
喬木可以休思行旅踵至	나그네는 나무 아래 쉬어서 가고
山阿若有人也傳說多靈.	언덕에 살던 사람 전설도 많았으리.

---

12) 석현 성황사는 문경시 마성면 신현리 석현마을의 성황당으로 2000년대 초반 중수시 발견한 것이다. 이 상량문 외에도 19세기 후반의 중수상량문도 함께 전하고 있다.

13) 가이(假爾)에서 '가(假)'는 음이 '격(格)'이고, '임(臨)하다. 이르다. 도착하다'는 뜻이다. 『시경』, 「주송(周頌), 신공(臣工)」 <희희(噫嘻)>에 "아, 성왕(成王)이 이미 밝게 너희에게 임하셨으니[噫嘻成王, 旣昭假爾]."가 있다.

看作楚巫楓林時有野鼓之擊節	초나라 들판에선 노랫가락 들리는데
尙欠虞祀茅屋若爲居民之燒錢	우나라 사당에선 종이돈 안 태우네.
數椽玆謀	성황당 지으려
爰卜吉日	좋은 날 잡았다.
化錢化米費盡遠近人誠心	돈이야 쌀이야 내남없는 정성으로
善女善男克殫大小民精力	선남선녀 우리 모두 전심전력하였다.
倣濟州閔子之廟不礱不雕	꾸미지 않음은 민자사당14) 같이하고
若錦城武侯之祠以享以祀	제사를 받듦은 무후사당15) 따랐도다.
玄酒樽黃犢俎神尙顧余	술동이 소고기에 신령님 돌보시고
白雲簾碧山屛昭其儉也.	흰구름 푸른 산이 검박함 드러낸다.
六偉陳唱	얼씨구절씨구 지화자 좋다.16)
萬杵齊騰.	어영차 어기여차 어기야디야.17)
兒郞偉抛樑東	어영차 떡 던져라18) 들보 머리 동쪽 보니
扶桑日出先紅	부상에 뜨는 해가 먼저 붉구나.

---

14) 제주도에 있는 공자의 제자 민자건(閔子騫)을 제향하는 사당처럼 장식을 하지 않고 검소하게 지었다.
15) 금성(錦城)은 나주(羅州)를 말하는데, 나주에 있는 제갈량(諸葛亮)의 사당에 올리는 제향 의식을 따랐다.
16) 육위(六偉)는 동서남북상하의 여섯 방위를 가리키고, 진창(陳唱)은 노랫소리가 울려퍼지는 모양이니, 노래 부르며 흥겹게 일하는 모습을 형용한 것이다.
17) 만저(萬杵)는 일꾼들이 사용하는 온갖 연장을 가리키고, 제등(齊騰)은 그 연장들이 힘차게 함께 위로 솟구치는 모습을 형용하기 때문에 이와 같이 의성어로 그 광경을 의역했다.
18) 아랑위포량(兒郞偉抛樑) : 상량문에 쓰이는 관용구다. 민간 풍속에 집을 지을 때는 반드시 길일(吉日)을 택하여 상량을 하는데, 이때 친지들이 떡이나 기타 잡물(雜物)을 싸가지고 와서 축하하면서 이것을 장인(匠人)들에게 먹인다. 그러면 장인의 장(長)이 떡을 대들보에 던지면서 상량문을 읽고 축복을 한다.

但願神心若此	원컨대 신령님 우리 마음 같아서
年年如始如終	해마다 끝까지 한결같이 살피소서.

兒郎偉抛樑南	어영차 떡 던져라 들보 머리 남쪽 보니
洛東流水如藍	낙동강 흐르는 물 쪽빛 같구나.

江上商人鼓舞	강 위에 장사치들 춤을 추면서
順風無事揚帆	순풍에 돛 달고 흘러가누나.

兒郎偉抛樑西	어기영차 떡 던져라 들보 머리 서쪽 보니
秋熟禾麻滿畦	가을 곡식 들판에 가득하구나.

皆言樂此神惠	신령님 주신 은택 즐겁다 말하고
扶醉人人似泥	취한 이 잡아주며 곤드레만드레.

兒郎偉抛樑北	어기여차 떡 던져라 들보 머리 북쪽 보니
高高一宿懸極	하룻밤 잤건만 그리움은 끝이 없다.

豈惟村閭康樂	이 어찌 시골의 편안함일 뿐이리오
太平萬歲東國	태평성대 만세토록 우리나라 복일세.

兒郎偉抛樑上	어영차 떡 던져라 들보 머리 위를 보니
昭昭一理惟響	밝디 밝은 하늘 이치 소리로 들리네.

紫府如臨陟降	자부의 신선처럼 오르고 내리시어
神其佑我休象	신령님 우리를 상서롭게 도우소서.

| 兒郎偉抛樑下 | 어영차 떡 던져라 들보 머리 아래 보니 |
| 潔祀無冬無夏 | 정결한 제사를 사시사철 올리누나. |

| 莫嫌峽俗誠薄 | 좁은 골짝 정성을 박하다 마시옵고 |
| 蕙肴佳酒蘭藉 | 향기를 머금은 술과 안주 받으소서. |

| 伏願上樑之後 | 엎드려 바라건대 상량한 뒤로는 |

| 如水在地 | 땅에 물 있듯이 |
| 用休于天 | 하늘이 돌보소서. |

| 百室萬口之永繁降以遐福 | 온 백성 번성토록 큰 복을 주시옵고 |
| 三災五害之皆去樂此豊年. | 삼재 오해[19] 물리치고 풍년을 내리소서. |

嘉慶元年正月十三日巳時上樑.

가경 원년(1796) 정월 13일 사시에 상량하나이다.

池谷城隍祠上樑文[20]

| 今于癸亥殷春 | 계해년 성한 봄날에 |
| 重建池谷隍司 | 성황당을 다시 짓노라. |

| 一日興工 | 날마다 일하니 |
| 萬口咸頌 | 누구나 칭송하리. |

---

19) 오해(五害) : 농사에 흉년이 드는 다섯 가지 피해로 '장마, 가뭄, 바람, 냉해, 병해'를 말한다.
20) 이 상량문은 문경시 문경읍 지곡리 성황당의 상량문으로 2005년 중수시 발견한 것이다. 이외에도 1940년대 중수 상량문도 함께 전하고 있다.

伐木于園旣取連抱之材	동산에 나무 베니 아름드리요
監象于天可貴方中之星	하늘에 살펴보니 정성이로다.21)
仍舊之基	옛날 자리에 그대로
更新其制	다시 새롭게 짓노라.
一兩朔無惰之匠	한두 달 부지런한 일꾼과
百餘戶自來之民	백여 집 스스로 온 사람들.
手忘却侵晨之勞	새벽 일 마다하지 않았으니
力期圖不日之功	힘써서 빨리 짓길 기약하네.
各盡誠之故歟	모두가 온갖 정성을 다하니
不謀同而然矣	꾀하지 않아도 그리 되리라.
鉅彼斧彼閣之約橐之楗	톱이야 도끼로 벽 세우고 땅 다지니22)
斯直斯革飭之廉峻之棟	새롭고 반듯한 기둥들 검소하다.
松竹如備	대나무 소나무 둘러쳤으니
風雨攸除	비바람 거뜬히 막아내누나.
鳳鳴節彼戶	봉황새 울음은 저 문에서 나고
翬飛如斯簷	훨훨 나는 모습은 처마에 있네.

---

21) 정성(定星) : 『시경』, 「국풍, 용풍」, '정지방중(定之方中)'에 나온다. 정성(定星)은 북방 별자리로써 '영실(營室)'을 담당한다.
22) 『시경』, 「소아」, <사간(斯干)>에 나오는 구절이다. <사간>은 주(周) 선왕(宣王)이 궁실(宮室)을 새로 짓고 낙성(落成)한 즐거움을 노래한 것이다. 이 상량문 곳곳에는 <사간>에 나오는 구절들이 변형된 형태로 인용되어 있다.

納聖世之祥輝	태평성대 상서로움 들어오고
帶春日之和氣	따사로운 봄기운을 띠었구나.
爰居爰處	이곳에 살고 이곳에 거처하니
攸芋攸寧	귀한 곳이며 편안한 곳이로다.
曰春曰秋不易規而誠禱	법도를 지키고 간절히 기도하며
維吉維祥遂開坐而普施	길상으로 열어두고 널리 베푸리.
敢採歡謳	즐겁게 노래하세.
善祝脩樑	상량을 축하하세.
兒郞偉抛樑東	어기여차, 떡 던져라 들보 머리 동쪽 보니
朝陽和樹入簷櫳	아침 햇살 나무그늘 동쪽 창에 들어온다.
春風三月緣溪去	삼월 봄바람 시내 따라 불어오고
無數林花兩岸紅	온갖 꽃들은 언덕 따라 붉게 핀다.
兒郞偉抛樑南	어기영차, 떡 던져라 들보 머리 남쪽 보니
十里春郊一色含	십 리 교외에 봄빛이 한결같다.
婦饁夫耕治世像	지어미 들밥 내고 지아비 밭 가니
奚徒田畯喜難堪	태평성대를 권농감만23) 기뻐하랴.
兒郞偉抛樑西	어영차, 떡 던져라 들보 머리 서쪽 보니

---

23) 전준(田畯) : 권농관(勸農官)

怪石層層岸不低	겹겹이 쌓인 괴석 언덕이 높직하다.
向榮木秀繁陰爛	나무는 무성하고 그늘은 두터우니
亦樂春禽下上啼	새들이 흥겹게 지저귀며 날아간다.
兒郞偉抛樑北	어기여차, 떡 던져라 들보 머리 북쪽 보니
靑天削出屹山色	푸른 하늘 가 우뚝한 산 솟았네.
不崩不蹇無疆年	영원히 오래도록 무너지지 않으리니
願使吾王同此極	무궁한 임금님과 끝없이 함께 하리.
兒郞偉抛樑上	어기영차, 떡 던져라 들보 머리 위를 보니
滿天明月來相傍	하늘에 가득한 밝은 달도 찾아오네.
體我良工能盡材	우리 일꾼들 정성을 다했으니
行人從此具瞻仰	오가는 사람 모두들 우러러네.
兒郞偉抛樑下	어영차, 떡 던져라 들보 머리 아래 보니
庭除如水極淸洒	물 같이 깨끗하고 말끔한 마당.
來禱吾民誠敬心	우리 모두 모여서 정성껏 비옵나니
感應萬事一如也	신령님 감응하사 만사가 뜻대로다.
伏願上樑之後	엎드려 바라건대 상량한 뒤로는
福祿日至環一里而安旺	복록이 날마다 우리 동네 다다르고

雨暘時若均百穀而庭碩	철 따라 비 내려 백곡이 가득하리.
疾病宜乎掃地	질병은 사라지고
寇盜莫之入疆	도적은 물렀거라.
家家有螽羽之慶	집집마다 자손은 많아지고요
人人享龜蓮之壽	사람마다 목숨은 길어지리라.
士而見折桂之喜	선비들은 과거에 급제하고요
子而效負米之孝	자식들 자로처럼 효도하리라.
百獸屛絶	나쁜 짐승 간데없고
六畜繁殖	모든 가축 번식하리.
如右太平自癸亥期至億萬斯年	계해년 올해부터 천년만년 태평하니
所以樂土惟池谷稱爲第一之洞.	우리 마을 지곡이 가장 살기 좋으리.

崇禎紀元後四癸亥二月七日癸未新寓民錢永牧盥水謹書.

숭정 기원 후 네 번째 계해년[24] 2월 7일 계미[25]에 신우민[26] 전영목이 손을 씻고 삼가 쓰다.

重建所都廳幼學蔡周洛, 成造都監嘉善權重天, 句管有司業儒金聲■.

중건소도총[27] 유학 채주락, 성조도감 가선 권중천, 구관유사[28] 업유 김성■.

---

24) 숭정(崇禎) 원년(1628년)에서 첫 번째 계해년는 1683년이며, 네 번째는 1863년(철종 14)이다.
25) 1863년 2월 7일의 일진(日辰)이다.
26) 신우민(新寓民) : 새로 마을에 들어와서 살게 된 사람.
27) 중건소도청(重建所都廳) : 중건을 총괄한 사람.
28) 구관유사(句管有司) : 관리 책임자.

2. 축문

1) 문경읍 교촌리

洞祭祝文

維歲次○○正月○○朔初○日○○	
幼學○○○○○	유학 某가
敢昭告于 大洞之神	감히 동신께 밝게 아뢰나이다.
一區仁里 萬歲壽木	한 고을 어진 마을 만세토록 오랜 나무
惟神所依 是洞福德	신령님이 의지하니 우리 마을 복덕일세.
水火不驚 疾疫不侵	수화는 없어지고 역질이 달아나니
猛獸渡河 飛蝗出境	맹수는 도망치고 메뚜기 날라 갔다.
五穀以登 六畜以蕃	오곡은 무르익고 육축이 번식하니
老者以壽 幼子以壯	늙은이 장수하고 젊은이 씩씩하다.
庇無不同 禱無不應	보우하심 한결같고 기도마다 응답하니
實賴神佑 敢怠微誠	신령님께 받은 은택 작은 정성 아끼리오.
每歲精禋 正五爲常	해마다 지낸 제사 항상 정월 초닷새
謹以 牲幣庶品	삼가 몇 가지 희생으로
祇薦于神	신령님께 바칩니다.

尙饗　　　　　　　　흠향하시옵소서.

2) 문경읍 고요리 광수원마을

洞祭祝文

維歲次○○正月○○朔十五日○○

幼學○○○○○　　　유학 某가

敢昭告于 洞社之神　　감히 동신님께 밝게 아뢰나이다.

伏以　　　　　　　　엎드려 생각건대

大野之畔 屹巒之麓　　너른 들판 가 높은 산기슭
村是廣院 世基攸卜　　광수원 마을에 대대로 살았어라.

閭阡有樹 歷幾百祀　　살림집 밭두둑에 나무 있는데 제사 모신 세월이 백 년이라네
護我一洞 實賴神祇　　우리 마을 무사히 보존된 것은 참으로 신령님께 의지한 덕일세.

鶴髮鬖羽 咸躋壽域　　학처럼 장수하고 자손들 번창하여 우리들 모두가 오래오래 해로하니
春耕秋穫 累遭歲熟　　봄에 씨 뿌리고 가을에 거두니 곡식은 해마다 풍년이리라.

沃野之肥 箱囷之粟　　들판은 기름지고 창고는 가득하니
男欣女悅 穩享胡福　　남정네 즐겁고 아낙네 기뻐하며 크나큰 복록을 조용히 누리리라.

明神是格 蔭功佑之　　신령님 가만히 왕림 하시어 음덕으로 보우하신 공이리니
玆値上元 精禋是宜　　오늘 이 대보름날 맞이하여 제사를 올림이 마땅하리라.

| 潔身齊沐 至誠告祝 | 머리 감고 몸을 씻어 지성으로 아뢰옵고 |
| 茲薦芬苾 敢冀歆肅 | 이에 제사를 받드오니 흠향하시기 바라옵니다. |

| 尙饗 | 흠향하시옵소서. |

3) 문경읍 평천리

洞祭祝文

維歲次○○正月○○朔十五日○○

| 幼學○○○○○ | 유학 某가 |
| 敢昭告于 城隍之神 | 감히 성황신께 밝게 아뢰나이다. |

| 維神有安 卽社以餕 | 신령님 편안히 여기심은 사단에29) 제사 모심이니 |
| 古亦有社 夏松周栗 | 옛날에도 사단이 있었으니 하나라 송단 주나라 율단30) |

| 維此平川 百家舊祉 | 이곳 우리 평천 마을은 백 집이 살던 오랜 터전 |
| 中谷有樹 歷幾百祀 | 골짜기 가운데 나무 있으니 제사 모신 세월이 백년이라네 |

| 就之龍幹 望之雲葉 | 다가가면 우람한 줄기 바라보면 구름 같은 잎 |
| 蜿蜿溶溶 行不可狎 | 줄기 구불구불 잎은 뭉게뭉게 오가면서 업신여길 수 없노라. |

| 神靈是格 不度矧厭 | 신령님 이에 강림하시니 지나가지 못하거늘 하물며 싫어하랴. |
| 時日莫違 儀品惟一 | 날과 때를 어기지 말고 알맞게 차려서 한결같이 하리라. |

---

29) 사(社) : 토지의 수호신, 또는 그 토지신에게 지내는 '제사'와 '장소'를 일컫는 말. 여기서는 '사단(社壇)'으로 번역했다.
30) 『논어』 「팔일(八佾)」에 "애공(哀公)이 재아(宰我)에게 사(社)에 대하여 물으니, 재아(宰我)가 대답하기를 '하후씨(夏后氏)는 소나무를 심어 사주(社主)로 사용하였고, 은(殷)나라 사람들은 잣나무를 사용하였고, 주(周)나라 사람들은 밤나무를 사용하였습니다'[哀公問社於宰我. 宰我對曰, '夏后氏以松, 殷人以栢, 周人以栗'].ˮ에서 인용했다.

持綊望奢 人情所欲	신령님 위세로 호사를 원함은 사람이 본래부터 바라는 것이니
孼則我躬 福祥惟神	잘못은 바로바로 우리 몸에 있지만 복됨과 상서로움 신령님 때문이리.
尙饗	흠향하시옵소서.

4) 문경읍 관음리

洞祭祝文

維歲次○○正月○○朔十五日○○

幼學○○○○○	유학 某가
敢昭告于 城隍之神	감히 성황신께 밝게 아뢰나이다.
維 彼九壽洞	아 저 구수동
峻極于天 下有大洞	하늘에 드높고 그 아래 큰 마을
奧自有居 乃奠靈社	언제적부터[31] 사람이 살았으니 이에 신령님께 제사를 올립니다.
挽近分區 各自薦神	근래 구역을 나누어 각자 제사를 올렸으니
誰不誠敬 老少殫誠	누가 공경하지 않겠는가 노소가 정성을 다했나이다.
時夜將半 月星皎潔	때는 바야흐로 한 밤중이오 달빛 별빛 맑고 깨끗하여
降之洋洋 神之攸之	휘영청 골고루 내리비치니 신령님 오시는 모습이리라.
四境之內 百堵安寧	우리 마을 온 동네 모든 집이 편안하고
千災消滅 六畜繁盛	온갖 재앙 없어지니 모든 가축 번성하며

---

31) 원문에는 '깊숙할 오(奧)' 자를 써 놓았는데, '발어사 월(粵)' 자의 오기일 것이다. '월자(粵自)'는 '확실하지 않은 그 어느 때부터'라는 뜻이다.

| 歲事豊登 人人長壽 | 농사는 풍년 들고 사람마다 장수하리. |

| 敢奠菲薄 欽哉 | 감히 하찮은 제물을 올리나니 공경할지어다. |

| 尙饗 | 흠향하시옵소서. |

5) 가은읍 갈전리

洞社祝文

維歲次○○正月○○朔十五日○○

| 幼學○○○○○ | 幼學 某가 |
| 敢昭告于 洞社之神 | 감히 신령님께 밝게 아뢰나이다. |

| 有洞有神 實佑民氓 | 우리 동네 신령님 우리를 도우시어 |
| 消除疾恙 呵禁不祥 | 질병은 없애시고 나쁜 일 막으셨네. |

| 農勤耕鋤 士敦詩書 | 농부는 농사짓고 선비는 글을 읽어 |
| 家安戶寧 各遂其主 | 집집마다 편안하니 제 할 일 하는구나. |

| 民雖蚩騃 寧不報賽 | 어리석은 우리지만 어찌 보답 않으리 |
| 玆植春正 各齊腆成 | 정월이라 보름날에[32] 온갖 정성 모았구나. |

| 紙錢升米 牲藏魚尾 | 종이돈과 됫박 쌀 소고기와 물고기 |
| 有酒馨香 崇孛于觴 | 향그로운 술 냄새 잔에서 넘쳐난다. |

---

32) 원문에는 '심을 식(植)'으로 되어 있으나, '만날 치(値)'가 옳은 듯하다.

禮極臨林　神庶降臨	극진한 예절에 신령님 강림하여
輪行時氣　閒在遠邇	철따라 운행하니 원근에 한가하다.
神其痛呵　物近閭街	신령님 막아주니 집집마다 편안하며[33]
蕃我五穀　至于六畜	오곡은 풍성하고 가축도 번성하리.
克熾且蕃　充滿埔垣	세차게 번식하여 집안에 가득하니
■思報效　永世勿替	정성으로[34] 보답하여 영원토록 보우하리.
尙饗	흠향하시옵소서.

山神祝文

維歲次○○正月○○朔十五日○○

幼學○○○○○	幼學 某가
敢昭告于　主山之神	감히 산신님께 밝게 아뢰나이다.
屹彼芍藥　殿我一邦	우뚝한 작약봉 우리 마을 터전이니
有葛爲洞　逼在山崗	우리 동네 갈밭 마을 작약봉에 붙어있다.
山神靈異　佑我居氓	영험하신 산신령 우리를 보우하니
薪以松桂　菜以薇薑	소나무로 땔감하고 고사리는 나물일세.
求雨以霖　求晴以陽	시원하게 내리는 비 따사롭게 비치는 해
虎豹遠逋　魍魅潛藏	못된 짐승 도망가고 도깨비도 꺼졌구나.

---

33) 물근(物近)은 의미가 불분명하다.
34) ■는 판독하기 어려우나 '어질 량(良)' 자인 듯하여 이렇게 풀이했다.

凡爲民惠 神實主張　　우리가 받는 혜택 산신님 주장이니
民雖蚩蠢 俾也呵忘　　우리들 어리석으나 잊을 수가 있으리오.[35]

春正吉日 歲事烝嘗　　정월이라 보름날 해마다 올린 제사
聚錢及米 到槖傾懷　　돈꿰미 쌀 됫박 정성껏 모았네.

脯需淨潔 酒醴馨香　　제수는 정갈하고 주향은 그윽하니
物雖不腆 有酒盈觴　　음식은 빈약하나 잔마다 가득한 술.

神庶降臨 惠我無疆　　신령님 강림하사 무궁토록 도우소서.

尙饗　　　　　　　　흠향하시옵소서.

6) 영순면 사근리

洞告祀祝文

維歲次○○正月○○朔十五日○○

幼學○○○○　　　　幼學 某가
敢昭告于 洞主之神　　감히 동신께 밝게 아뢰나이다.

伏惟尊神 ■我洞府　　존귀하신 신령님 우리 마을 주인님
於千萬年 陰助冥佑　　천만년 오래도록 우리를 도우셨다.

驅除癘瘼 呵噤災妖　　질병은 물리치고 재앙은 막으시니
五穀蕃熟 六畜充肥　　오곡은 번성하고 육축은 기름지다.

---

35) 가망(呵忘)은 '가망(可忘)'이 옳다.

民物熙洽 村閭安泰	모두가 흡족하고 우리도 편안하여
壽我福我 神賜孔多	복받고 장수하니 신령님 주심일세.
潔黎明禋 以祈嗣歲	정갈한 제사 올려 해마다 이어가니
於薦洞神 降歆右■	신령님께 올리나니 오셔서 흠향하소서.

7) 영순면 율곡리

告由文

維歲次○○正月○○朔十五日○○
幼學○○○○○　　　우학 某가
敢昭告于 洞社之神　　감히 洞神께 밝게 아뢰나이다.

伏以　　　　　　　　엎드려 생각건대

惟神司洞 典在立社	영험하신 신령님 우리 마을 맡으시니 우리려는 도리가 성황당을 세움이라
各有職方 愛護成聚	신령님과 우리는 맡은 일이 있으니 아끼고 보호하사 모임을 이루소서.
南憐北憐 後宅前家	남북의 마을들과36) 앞뒤의 이웃들이
俾久奠居 莫非攸賜	오래도록 살아서 은혜롭게 하소서.
招納慶福 驅逐災殃	복록은 불러오고 재앙은 물리쳐서
家給人足 時和年豊	집집마다 풍족하고 태평세상 풍년이리.
惟時保佑 實賴神休	도움 받는 때마다 신령님의 은덕이니

---

36) 원문에 '남련북련(南憐北憐)'으로 되어 있는데, '이웃 린(隣)'의 오기인 듯하여 '남린북린'으로 번역했다.

敢以酒饌 敬伸奠獻　　　술과 음식 차려서 공경히 올립니다.

尙饗　　　　　　　　　흠향하시옵소서.

8) 산양면 녹문리

洞神祝文

維歲次○○正月○○朔十六日○○

洞民○○○　　　　　　동민 某가
誠心敬祭 于洞神之前　　동신께 성심으로 제를 올려 아뢰나이다.

曰　　　　　　　　　　말씀드리나니

念玆鹿門 千年古洞　　　우리 마을 녹문동 천년의 오랜 동네
古洞有主 赫赫惟靈　　　우리 동네 주인은 혁혁하신 신령님.

惟靈護持 奠厥有衆　　　감싸고 지키시니 자리 잡은 무리들이
厚汝衣食 晏爾室家　　　의식은 풍족하고 집안은 편안구나.

干支今年 運行多舛　　　○○년 올해는 시절이 어긋나니
神能辟廓 勿使侵壃　　　신령님이 보호하사 튼튼하게 막으소서.

消灾祛殃 毆癘逐疫　　　재앙은 물리치고 역질은 쫓아주어
居民是賴 用遂厥生　　　우리가 힘을 얻어 생활을 이루리라.

非敢報云 歲一禋祀　　　어찌 보답 않으리 해마다 제사하며

期以永永 神人共孚	영원토록 기약하여 신과 사람 함께하세.
士趁名疆 里光聞善	선비는 벼슬하고 마을은 소문나서
民修本業 稷黍于于	농사에 힘을 쓰니 백곡이 많고 많다.
氣迊天行 物售地畜	철따라 운행하니 만물이 넘쳐나고
錫以純嘏 全閭永寧	크나큰 복 내리시니 우리 모두 평안하네.
與誠所同 敢此虔侑	정성을 함께하여 경건히 보답하여
辰良日吉 牲肥酒香	좋고 좋은 오늘 고기 술 차렸네.
煌煌降臨 神庶醉止	황황히 강림하사 신령님 취하시니
有恃無恐 凡我衆生	근심 걱정 없는 우리는 중생이라.
呵噤不祥 保護無疆	나쁜 일 막아 주고 영원토록 보호하리.
病者起者 大年少年	아픈 사람 성한 사람 늙은이 젊은이
稽首頌功 咸我神貺	머리를 조아려 신령님께 비나이다.
尙饗	흠향하시옵소서.

9) 산양면 과곡리

洞祭祝文

維歲次干支某月干支朔某日干支

幼學○○○○○　　　　유학 某가

敢昭告于洞祀之神. 　　　감히 동신께 밝게 아뢰나이다.

伏以 　　　엎드려 생각건대

樹主旣古　維靈攸宅 　　　오래된 동신 나무 신령님의 집이시니
有禱必應　有誠必格 　　　기도하면 반드시 응답하시고 정성을 드리면 기필코 이르셨네.

除妖降祥　轉禍爲福 　　　요악함 없애고 상서로움 내리사 화를 바꾸어 복이 되게 하시니
陰工果報　何歲不賴 　　　몰래 한 일에도 보답하시니 어느 해인들 도움 받지 않았으랴.

日今三陽　泰運方迴 　　　오늘은 화창한 봄날이라 태평한 기운이 뻗쳤으니
伏以明神　佑我一洞 　　　신령님께 비나오니 우리 마을 보우하리.

鎭之以威　壓之以重 　　　위엄으로 보호하고 무겁게 누르시어
呵噤邪魔　招集吉祥 　　　삿됨을 막아주고 길상을 모으소서.

昌我室家　安我子孫 　　　우리 집안 번창케 하옵시고 우리 자손 편안케 하옵시고
天休滋至　協謀岳瀆 　　　하늘의 복록이 두텁게 이르러 산에서 도랑에서 힘을 합하리.

災異旣消　兵火不入 　　　재앙은 없어졌고 병화도 불입이니
三農旣稔　六畜且牸 　　　농사는 무르익고 육축은 번성하리.

旣安且平　敢望神惠 　　　평안하고 태평하게 은총을 바라오니
爰用古例　式薦馨酌 　　　옛 법도 따라서 제사를 올립니다.

從以肥牲　敷陳誠殼 　　　희생을 갖추고 정성을 펼쳤으니

神其享右 降以祉福　　　　신령님 보우하사 복록을 내리소서.

尙饗　　　　　　　　　　흠향하시옵소서.

10) 산양면 신전리

洞神祭祝文

維歲次○○元月○○朔十六日○○

幼學○○○○○　　　　유학 某가

敢昭告于 楡木之神.　　　감히 동신께 밝게 아뢰나이다.

南有喬木 四百年斯　　　남쪽의 큰 나무 사백년 되었으니
主護洞社 降監于玆　　　우리 마을 보호하사 이곳에 내리셨다.

樂土居安 旣泰且休　　　낙토에서 평안하니 태평하고 아름다워
五品惟遜 四時合序　　　오품이 공손하고 사시가 알맞도다.

老少孩孀 壽考强壯　　　늙은이 장수하고 젊은이 씩씩하여
百穀呈瑞 六畜繁興　　　백곡은 기름지고 육축이 번성하다.

水旱螽蝗 庶無災殃　　　가뭄과 해론 벌레 재앙이 거의 없어
士農工商 俱各振業　　　사농공상이 제 할일 하는구나.

里門夜開 禁防盜賊　　　밤에도 열린 이문[37] 도적은 간데없고
惡疾雜鬼 可禁不入　　　악질과 잡귀도 들어오지 못하네.

---

37) 이문(里門) : 여문(閭門). 동네 어귀에 세운 문.

| 於千萬秭 今如古如 | 아, 천만년 옮김이 지금 같고 옛적 같아 |
| 宋星聚奎 周倉如抵 | 송성이 규성에 모였으니[38] 큰 창고에 가득히 쌓였도다. |

| 庶績咸熙 實賴神休 | 모든 공적 빛남은 신령님의 은택이니 |
| 今此歲首 沐洛齋誠 | 오늘 새해 첫머리에 정성을[39] 바치나이다. |

| 洞酌井和 恭伸奠獻 | 정화수[40] 길어 놓고 공경히 올립니다. |

| 尙 饗 | 흠향하시옵소서. |

11) 산양면 위만리

洞祭祀祝文(上堂山神祝)

維歲次○○正月○○朔某日○○

堂主幼學○○○○○   당주 유학 某가

敢昭告于 山神之下   감히 산신령께 밝게 아뢰나이다.

| 屹彼王山 靈元氣毓 | 우뚝한 저 왕산 영기를 간직하여 |
| 南護名基 盤作主岳 | 남으로 마을을 보호하고 웅크려 주산이 되었도다. |

| 維岳降神 鎭我洞壑 | 왕산이 신령함을 내리시어 아름다운 마을 진호하시니 |
| 生用西周 奠那東魯 | 서주처럼 살아가고 동로처럼 되리라.[41] |

---

38) '宋星聚奎, 周倉如抵'는 뜻이 분명하지 않다. 자주 옮겨 적는 과정에서 아마도 오기(誤記)가 있는 듯하다.
39) 원문에는 '목락(沐洛)'으로 되어 있는데, '목욕(沐浴)'이 옳다.
40) 원문에는 '정화(井和)'로 되어 있는데, '정화수(井華水)'를 뜻하는 '정화(井華)'가 옳다.
41) 주(周) 나라는 공자가 이상적으로 생각했던 나라인데, 특히 서주(西周) 시대가 태평성대였으며, 노(魯) 나라는 공자가 태어난 곳이다. 동로(東魯)는 노나라가 있는 중국의 산동성(山東省)을 가리키는데, 우리 동네가 서주처럼 평안하고 공자를 본받으며 살기를 바라는 내용인 듯하다.

三韓基地 百家烟戶	우리나라 기틀이며 우리 동네 터전이니
人報神賽 每禱元朔	신령님 은혜에 보답코자 매년 정월에 비옵나이다.
登我三農 蕃我六畜	삼농이 무르익고 육축은 번식하며
遠防盜賊 麾禦疾疫	도적을 막아주고 질병을 물리소서.
利吉商旅 蔚起文學	장사치 이롭고 문학을 일으키어
香炷牲幣 虔告至誠	향불 사르고 희생을 올리나니 경건히 지성으로 아뢰옵니다.
用伸嘗薦 庶賜歆享	제사를 바치오니 흠향하시옵소서.

12) 호계면 호계리

虎溪里洞祭祝文

維歲次○○元月○○朔十六日○○

齊沐百拜	목욕재계하옵고
聞喜城隍之廟	문경 성황묘에 백배하나이다.
伏以	엎드려 생각건대
聞喜之郡 廬山之陽	문경군 여산 남쪽
虎溪之府 穎江之上	호계 마을 영강 기슭
堂屋高臨 實維	높다란 집 참으로
神之所依	신령이 계신 곳.

閭閻僕地	이 땅에 살림집 가득하니⁴²⁾
樂我人之所生	우리 자식들 좋아하는 곳.
傳之已久於千萬年	천만년 이어 왔고
賴之已多近百餘家	백여 집이 넘는다.

洋洋焉左右魂	양양하도다, 조상의 혼령이여.
若降兮揚靈	내려오신 듯, 신령을 떨치시네.
肅肅焉前後人	숙숙하도다, 선배와 후배여.
如得兮鼓舞	터득하신 듯, 서로서로 격려하네.

每年每歲 有禱必應	매년 매해 기도하면 반드시 응답하셨으니
今日今夜 無願不屆	오늘 이 밤 원컨대 이르지 않음이 없으소서.

玉兎丁朗 丑鷄未明	달은 밝게 빛나고 축계라⁴³⁾ 어두운데
腥牲旣腊 粢盛又潔	작은 돼지 올리니 제물이 정결하네.

敢竭鄙忱 ○○年	작은 정성 다하는 ○○년
正月之望	정월 보름

庸告神明 ○○日	신령님께 고하는 ○○일
子夜之半	자정입니다.

閃閃兮 托些除去	번쩍 번쩍 제거해 주옵소서
一洞之厄	마을의 액운.

---

42) 복지(僕地)는 '박지(撲地)'의 오기(誤記)인 듯하다. 박지는 땅에 가득하다는 뜻이다.
43) 축계(丑鷄)는 무엇을 가리키는지 불분명하다. 아마 축시와 닭이 우는 인시를 가리키는 듯하여 그렇게 풀었다.

往往兮 格思承順	자주 자주 강림해 주옵소서
百年之歡	백년의 기쁨.
人之所禱 自求多福	사람마다 바람은 많은 복이오
神之所助 永受天祿	신령님 주실 것은 천복이로세.
人雖疾病 我洞安寧	다른 사람들 아프다 하나 우리 마을사람 건강하고
歲稱荒凶 此村豊足	해마다 흉년이라 하지만 우리 마을은 풍년이로세.
觀光者登科而揚名	선비는 급제하여 이름을 드날리고
臨農者遇豊而積穀	농부는 풍년 맞아 노적가리 쌓아두네.
一洞安堵 百歲綿遠	마을의 편안함은 백세토록 이어지고
五穀豊場 六畜蕃息	오곡이 풍성하고 육축은 번식하리.
抑又何願 非誠可禱	또 다시 무엇을 바라거든 정성 아니면 빌 수 있으랴
伏惟所賜 維神所助	엎드려 우리가 받은 것은 오로지 신령님이 주신 것.
月色方明 始知文明之像	달빛이 바야흐로 밝으니 문명의 모습임을 알겠고
雲影微興 無奈鬱興之兆	구름이 작게 일어나지만 차라리 무성한 조짐이리라.
神依於人 誰敢侮神	신령님도 사람에게 의지하니 누가 감히 신령님 깔보리오[44]
人依於神 神必佑人	사람도 신령님께 의지하나니 신령님이 반드시 도우시리라.
粢盛精潔 鬼神咸飽	제물이 정결하니 귀신은 배부르고

---

44) 원문은 앞에 사람 인(人) 자가 있는데, 옮겨 적는 과정에서 실수한 듯하다. 인(人)이 없는 것이 옳다.

| 燈燭煇煌 人民盡願 | 촛불이 휘황하니 소원을 이루었다. |

| 庶賜歆格 | 흠향하시기 바라오니 |
| 尙饗 | 흠향하시옵소서. |

13) 마성면 신현리 정현

洞神祝

維歲次○○正月○○朔十五日○○
幼學○○○○○　　유학 某가

| 城隍地神 惟洞有神 | 서낭당의 신령님 우리 동네 신령님 |
| 有神有靈 百祿總管 | 신령하고 신령하사 온갖 복록 내리시네. |

| 自值上元 用神虔告 | 대보름을 맞이하여 신령님께 아뢰나니 |
| 生肥酒香 日吉時良 | 살찐 고기[45] 향긋한 술 날은 좋고 때도 좋다. |

| 老少安樂 上下和悅 | 노소는 안락하고 상하도 즐거우니 |
| 五穀豊穰 六畜蕃盛 | 오곡은 풍년이요 육축도 번성하리. |

| 百果成盛 農有餘粟 | 과일은 풍족하며 곡식도 남아도니 |
| 織有餘布 | 길쌈도 넉넉하리. |

| 福祿之來 星奔電過 | 복록이 오는 것은 번개처럼 빠르고 |
| 災殃一去 雪消雲散 | 재앙이 가는 것은 눈 녹듯이 하소서. |

---

45) 원문 '생비(生肥)'의 생(生)은 '희생 생(牲)' 자의 오기인 듯하다.

| 千年古洞 實賴神休 | 천년만년 우리 마을 신령님께 의지하리. |

| 謹以 淸酌庶羞 | 삼가 맑은 술과 음식으로 |
| 祗薦于神 | 신령님께 바칩니다. |

14) 마성면 남호리 대실

祝文

維歲次○○正月○○朔十五日○○
本洞居民 選囑幼學○○○○   우리 마을의 幼學 某를 골라서
敢昭告于 洞神之前   감히 洞神께 밝게 아뢰나이다.

伏以   엎드려 생각건대

| 有洞有神 維神有靈 | 우리 동네 신령님 신이하고 영험하니 |
| 神其靈矣 人求福焉 | 신령하신 그 힘에 사람들 복 구하네. |

| 月正日望 告祀之期 | 정월이라 보름날 기약해 둔 고삿날 |
| 酒具牲畜 酒潔蒸熟 | 좋은 고기 장만하여 깨끗하게 익혔도다. |

| 將事之夕 齊一衆誠 | 오늘 저녁 제삿날 모든 정성 다하니 |
| 誠其一矣 神亦享之 | 우리 마음 같은 뜻 신령님도 흠향하리. |

| 風順雨調 百穀豊穰 | 비바람 고루고루 백곡이 풍년드니 |
| 災疹掃蕩 戶口安康 | 온갖 재앙 없애고 집집마다 편안하리. |

畜牧繁殖 盜賊屛退　　　가축은 늘어나고 도적은 물러가니
維神是賴 俾我均惠　　　신령님 도움 받아 우리 모두 은혜롭다.

敢獻拜祝 敬告厥由　　　절하고 축도하며 공경히 아룁니다.

尙饗　　　　　　　　　흠향하시옵소서.

15) 농암면 화산리

山祭祀祝文

維歲次○○○○月○○朔初二日○○
祭需主辦, 幼學○○○○　　제수를 준비한 幼學 某가
敢昭告于靑華山王大神之下　감히 청화산 산신령께 밝게 아뢰나이다.

曰　　　　　　　　　　　말씀드리나니

粤自 天作此山　　　　　그 어느 때부터 하늘이 이 산 만드시니
玆鄕巨鎭 山王正位　　　우리 마을 큰 마을 신령님 자리하사
愛護人物　　　　　　　　우리를 아끼셨네.

人行人道 物得物性　　　사람은 사람답고 물건도 바로 크니
人道也者　　　　　　　　사람의 길이도다.

山川草木 虎豹雉兎　　　산과 물 나무 풀 호표와 꿩 토끼
孶養無害　　　　　　　　불어나도 해가 없다.

是故	이러하니
王德建中 民心和下	신령님의 바른 덕 우리 마음 화평하니
歲供明煙 日其何時	해마다 올린 제사[46] 그 어느 때이던가?
新年正月 元旦翌日	새해 정월 초이튿날
山下民衆 各齋誠心	마을사람 모두 모여 온갖 정성 가져왔네.
顧我山王 齊聲所願	산신령님 부르면서 간절하게 바랍니다.
父母安寧 妻子無故	부모님 편안하고 처자식 무고하며
三農逢稔 六畜繁殖	농사는 잘 여물고 육축도 번식하리.
家家泰平 疾疫不侵	집집마다 평안하고 질병일랑 물러가고
呵噤不祥 人人獲福	나쁜 일랑 막아주고 사람마다 복 받으리.
伏祝	엎드려 비옵나이다.

16) 접촌 3동

洞告祀祝文

維歲次○○正月○○朔十五日○○	
幼學○○○○	幼學 某가
敢昭告于 洞府之神	감히 동신께 밝게 아뢰나이다.

---

46) 원문에는 명연(明煙)으로 되어 있으나 '명인(明禋)'이 옳다.

| 伏以 | 엎드려 생각건대 |

| 神之爲德 與天同功 | 신령님의 덕스러움 하늘같은 공덕이니 |
| ○化○○ 典物權衡 | ○○○○ 만물의 저울일세. |

| 凡百禍福 惟其所令 | 세상의 모든 화복 신령님 주신 거니 |
| 惟此洞 錫以愚名 | 우리 동네 생각하니 어리석단 이름이네. |

| 一隅山水 十室閭巷 | 경치 좋은 모퉁이에 작은 마을 되었으니 |
| 每歲禱祈 允出衷情 | 해마다 빌고 빌어 깊은 정 드러내리. |

| 村無疾疫 戶襲休祥 | 질병 없는 우리 마을 집집마다 상서롭고 |
| 人優子姓 農畜黍稷 | 마을사람 많아지며 농사 가축 번성하리. |

| 旣富而敎 施之於學 | 부자가 되었으니 배움을 베푸리니 |
| 工敎時禮 優亨穀祿 | 두텁고 바른 예절 복록을 누리소서. |

| 爰及育畜 咸有繁殖 | 어린 자식 잘 키워 우리 모두 번창하니 |
| 無作神羞 洋洋降福 | 신령님 잘 받들어 큰 복을 내려받세. |

| 今丁吉辰 薦玆牲特 | 오늘 이 좋은 날에 제물을 올리나니 |
| 言略物薄 敢冀歆格 | 보잘 것 없지만은 흠향하시옵소서. |

17) 유곡동 한절골

祝文

維歲次○○正月○○朔望日○○(十月○○朔初五日○○)

幼學○○○○　　　　　幼學 某가

敢昭告于 山王大神　　　감히 산신령께 밝게 아뢰나이다.

大寺洞內 安過泰平　　　우리 마을 한절골 태평 세월 지냈으니
三災八難 官災口舌　　　삼재 팔난 관재 구설
憂患疾病 一切掃滅　　　우환 질병 모두 없다.

百福漸臻 萬事亨通　　　온갖 복은 이르고 만사는 형통하리
各其事業 日就月將　　　우리 모두 맡은 일 날로 달로 잘 되기를
祈願祝願　　　　　　　　빌고 또 비옵니다.

謹以　　　　　　　　　　삼가

酒果脯醢 祗薦于神　　　주과 포혜 차려서 신령님께 올립니다.

尙饗　　　　　　　　　　흠향하시옵소서.

3. 기타 문헌자료[47]

祭洞神文代村人作

山淸水麗 洞壑明媚　　　산 맑고 물 고와 골짜기 아름답다.

---

47) 이 글은 옥소 권섭(1671~1759)의 『옥소고(玉所稿)』 잡저(雜著)에 등재되어 있는 자료이다. 옥소는 문경 화지동(현재 문경시 문경읍 당포리)에 거주한 인물로 여러 학문에 능하였으며 많은 저서를 남겼다. 자세한 사항은 문경새재박물관 편, 『내 사는 곳이 마치 그림 같은데』(다운샘, 2003)를 참조하기 바람.

容受村戶 近百繁美	마을이 들어서니 많고도 어여쁘다.
山靈呵護 歲歲安止	신령님 가호하사 해마다 편안했다.
唯時氣乖 積沴爲祟	기운이 어그러져 재앙이 되었구나.
焱騰光怪 怸滯淫侈	불볕더위 쨍쨍하여 무척이나 불안쿠나.
繼雨暴急 蕩潏懷屺	장맛비 쏟아져서 구릉마저 삼킨다.
壓屋漂田 恣爾狂戲	집이야 논밭이야 멋대로 휘저었다.
撓我居民 欲盡劉已	동민들 뒤흔들어 모두 다 죽이려냐
冥頑不瘳 經歲終始	어리석은 그대로 지난해 보냈어라.
靈惟堂堂 司地孔懿	신령은 당당하고 사지는 훌륭하다.
豈容他癘 肆意鳧奰	딴 걱정 하지 않고 제멋대로 날뛰누나.
從他作鬧 以作神恥	이렇듯이 부산하게 부끄러움 지으려냐.
卜日其良 我思民來	좋은 날 가려서 더불어 뭉쳤구나.
賽饗百爾 築石捍勢	굿하고 돌 쌓아 기세를 막아보세.

立竿拄氣 將軍當戶	신장대 세웠으니 장군님 책임일세.
睜目雙峙 進我一洞	두 눈을 부릅뜨고 마을로 나아가세.
若有所恃 酒馨牲腯	믿는 곳 있으니 희생 술 차리세.
究衷訴達 再拜誠致	속마음 전달하고 치성을 드립니다.
一施靈威 遠逐木魅	위세를 베푸시어 가뭄을 쫓으소서.
永晏餘生 載寢載食	영원토록 평안하리 잠자리며 음식이여.

花枝洞神祭恒用祝辭

名區大村 靈神攸司	이름 난 큰 마을 신령께서 맡으셨다.
隨時呵護 終歲安宜	수시로 가호하사 영원토록 평안하리.
玆値秋社 式薦牲醴	추사를[48] 맞이하여 제사를 올립니다.
監我微忱 垂爾冥惠	정성을 살피시어 은택를 내리소서.

加縣築洑地神告文

惟玆聞慶地之闢	문경이 외지고 궁벽하다 하지만

---

48) 추사(秋社) : 사직단에서는 봄과 가을 두 번에 걸쳐 제사를 올렸다. 즉 입춘이 지나고 다섯 번째 돌아오는 무일(戊日)에 올리는 제사를 '춘사(春社)', 입추가 지나고 다섯 번째의 무일(戊日)에 올리는 제사를 '추사(秋社)'라고 했다. 춘사일(春社日)에는 곡식이 잘 자랄 수 있도록 빌었으며, 추사일(秋社日)에는 그 해의 풍년에 감사를 드렸다.

地到加縣又曠拓.	가은에 이르면 너르고 깨끗하네.
竟易甫田腴且沃	넓은 밭 가꾸어 살찌고 기름지니
我行于野周諮度.	들판을 지나가며 두루두루 물으리.
其流惟永惠我迪	영원히 흘러서 우리 밭 적시고
引注瀌瀌滿厥洫.	못물 콸콸콸 도랑마다 가득하리.
水耨雲鉏大厥穫	논밭에서 김을 매어 수확이 풍성하고
樂歲凶年民鼓腹.	풍년이나 흉년이나 살림살이 넉넉하리.
萬代之資在一力	만대의 혜택이 이 못에 있으리니
官吏自斷民與落.	관리와 우리가 힘 모아 완성하리.
四一之收視例穫	사일조 거둠이 예로부터 있으리니
乃積乃倉與民急.	창고에 쌓고 쌓아 급할 때 도와주세.
及人之利日攸益	다른 사람 이익이 보탠다는 뜻일지니
千鍬百畚子來亟.	온갖 농구 잡고서 아들처럼 모여든다.
春閑日長俶事役	농한기 해 길 때 처음으로 시작하니
神之佑之聽我告.	신령님 보우하사 아뢰는 말 들으소서.
洒此清醪酬我愊	이 술 드시옵고 우리 정성 받으소서.

鳥嶺山城修築祭文

伏以	엎드려 살피건대,
主屹之山	주흘산은
拖鳥嶺而周	새재를 품에 안고
遭盤據磅礴	넓게 자리잡아 우뚝하여
限南北而爲勢	남북을 나누는 경계가 되고
作一國之控扼	한 나라의 요새가 되었으니
其關防綢繆之計	산성을 치밀하게 쌓는 계획은
盖未遑而便已	급하게 서둘러 대충 할 수 없나이다.
惟	생각건대
其瑣石之築斯	이같이 작을 돌로 쌓은 것은
卽依傍而草刱	전례를 따라 처음으로 세웠지만
每經小小暴雨之過	매양 작은 폭우라도 지나간 뒤엔
必西壞而東圮	서쪽은 갈라지고 동쪽은 무너졌습니다.
自顧小職無似	스스로 작은 직분에도 불초했으나
猥當守成之任	외람되이 지키는 임무를 맡았으니
隨時繕修之工	그때그때 보수하고 고치는 일은
丞上司而致力	상관의 뜻에 따라 진력하겠습니다.
彼險絶零碎之傾	몹시 기울고 험한 곳에
則集磊磊而架築	돌과 바위로 겹겹이 쌓아
此儼然一帶之關	엄연히 일대의 요새가 되었으니
則運大石而搥琢	큰 돌을 옮기고 두드리고 갈아서
務精緻而岊嶢	정치하고 우뚝하게 쌓았습니다.

然皆仍舊址而增修	모두 옛터를 따라 고치고 쌓았으나
亦不敢擅便而主張	감히 마음대로 주장하진 못하옵니다.
斯其役大而體重	일이 크고도 중대하여
敢虔告於明靈	감히 경건하게 아뢰노니
靈其降臨	신령님 강림하사
而陰隲以惠.	은혜를 베푸소서.
斯擧牲醴豊腆	이에 술과 희생을 차려
誠衷攸愨.	참되고 바르게 하였나이다.

歎松禁文

禁松本意, 思之也. 今日之禁, 爲他日之用有裕, 是爲民也, 害於民而爲之禁, 可乎?

금송49)의 본래 뜻은 소나무를 생각함이다. 오늘의 금지는 뒷날에 여유 있게 쓰고자 함이니 이는 백성을 위함이거늘, 백성에게 해를 끼치면서까지 금지하는 것이 옳겠는가?

虎嚼盜㥘, 而不爲籬, 破疇決洫, 而不爲防, 露處呼寒, 而不爲室, 委骨路次, 而不爲棺斂, 則民何以生? 其見如此, 而惟松之禁, 將復用於何地? 禁者禁其太甚也.

호랑이가 삼키고 도적이 겁탈해도 울타리를 만들지 않고, 밭둑이 무너지고 도랑이 터져도 막지 아니하며, 바깥에서 추위에 떨면서도 집을 짓지 않고, 유골이 길 가에 버려져도 관곽(棺槨)으로 거두지 않는다면 백성들이 어떻게 살 것인가? 그 생각함이 이와 같다면 금송은 장차 어느 곳에서 다시 사용할 것인가? 금지하는 것은 너무 심한 것을 금지하는 것이다.

法網恢恢, 使民容其力, 而犯者一切治之, 則民易畏而謹愼, 苛刻嚴厲, 民不堪其苦, 則禁之甚, 而犯者愈多. 隨犯隨治, 日覺其官令之煩鬧, 而法終不能行, 吏緣爲奸, 而民不能支, 一路騷擾, 有同亂離, 猛虎毒蛇,

---

49) 금송(禁松) : 소나무 벌목을 금지한 법령.

不足以喩其暴, 嗚呼, 此何時也? 蔀屋之賊, 無以誦一言而正之, 乃何哉? 使其官讀書於平日, 必亦知此, 古之人故曰, "學而優則仕." 豈但爲松之禁?

　법망이 넓고 큰 것은 백성을 부림에 그 힘을 포용하고자 함이나 위반하는 사람을 모두 다스리면 백성들이 두려워하고 삼갈 것이지만, 지나치게 가혹하고 사나우면 백성들이 그 어려움을 견디지 못하여 심하게 금지하더라도 위반하는 자는 더욱 많아진다. 죄를 질 때마다 다스린다면 날이 갈수록 관령의 번잡함을 알아서 끝내 법이 시행되지 못할 것이니, 아전은 간악해지고 백성은 견디지 못하여 곧장 소란하고 난리처럼 여겨 범과 독사라도 그 포악함엔 견줄 수 없으리니 오호라, 지금이 어떤 때인가? 오막살이에 사는 범법자들이 한 마디 말로 다스려지지 않는 것은 어째서인가? 담당 관리가 평소에 독서를 한다면 반드시 이를 알게 될 것이니, 옛사람이 이 때문에 "학문을 하고 여가가 있으면 벼슬을 한다."고 말씀하셨으니 어찌 다만 금송 때문만이겠는가?

▌참고문헌

權燮, 「雜著」, 『玉所稿』(필사본).
국립문화재연구소, 『산간신앙Ⅱ』(경북·경남편), 1999.
문경새재박물관, 『문경새재의 전설과 신앙』, 문경시, 1998.
　　　　　　, 『조선왕조실록에 나타난 문경』, 문경시, 1998.
　　　　　　, 『문경민속지-세시풍속』, 민속원, 2006.
문경시, 『견훤의 출생과 유적』, 1996.
　　　, 『문화유적분포지도-문경시』, 2004.
안태현, 「마성면의 문화」, 『아직도 그곳에 달이 뜨고 별이 뜨네』, 마성청년회, 2001.
　　　, 「현리의 마을공동체신앙」, 『반속과 민속이 함께가는 현리마을』, 학술정보, 2003.
한양명, 「문경 상리 신당 조사보고」, 2005(미간행).

■ 축문 영인자료

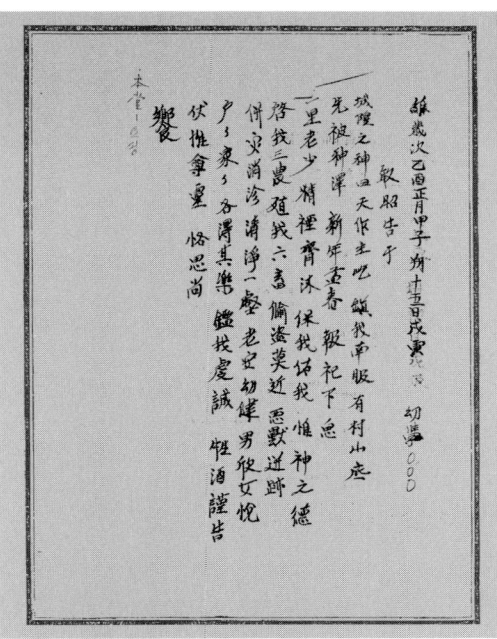

문경읍 요성리 축문 1

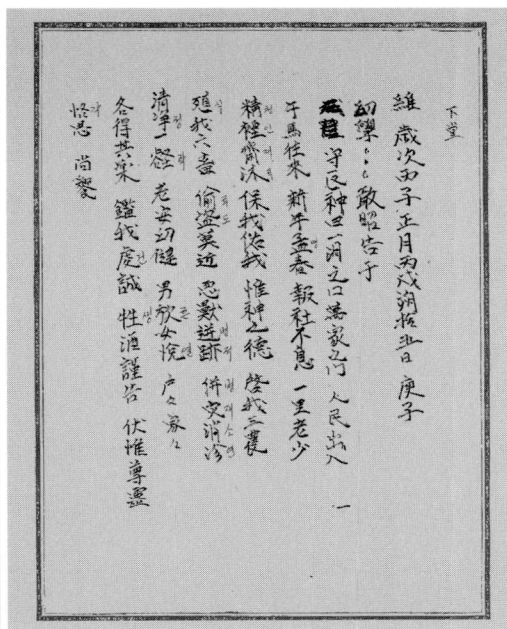

문경읍 요성리 축문 2

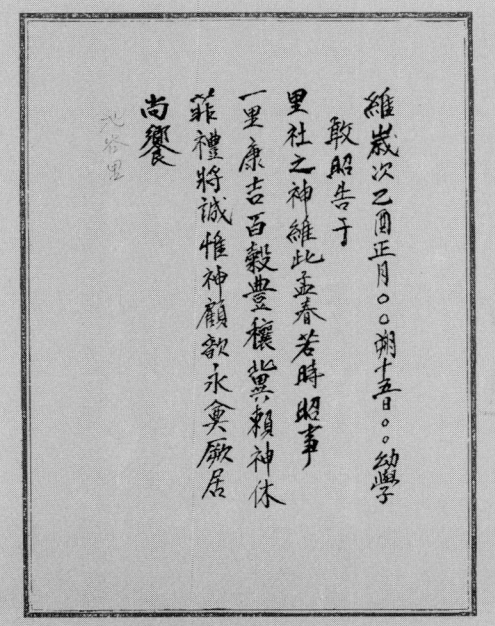

문경읍 지곡리 축문

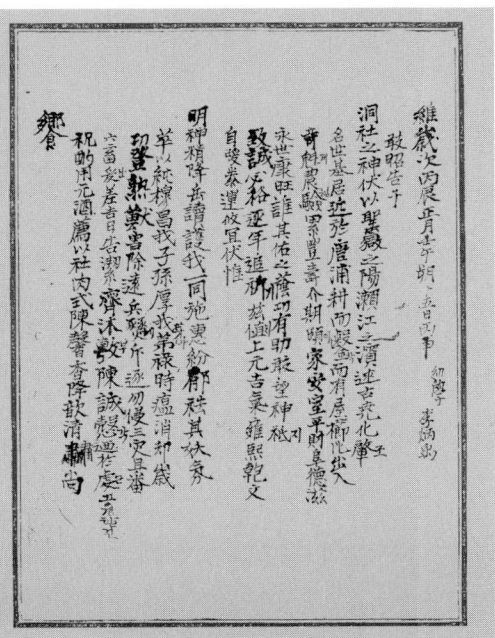

문경읍 고요리 기성 축문

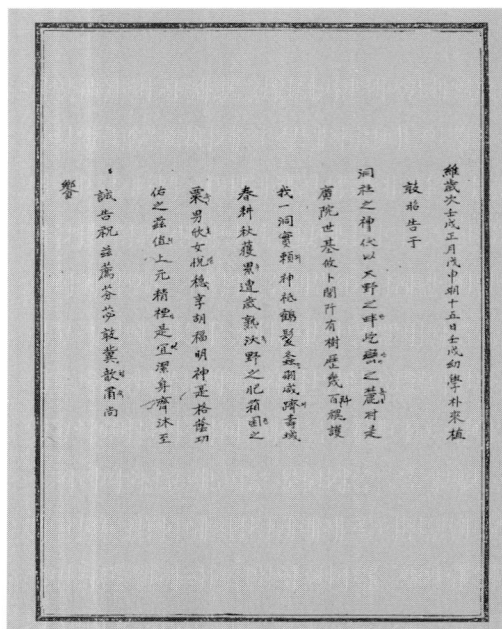

문경읍 고요리 광수원 축문

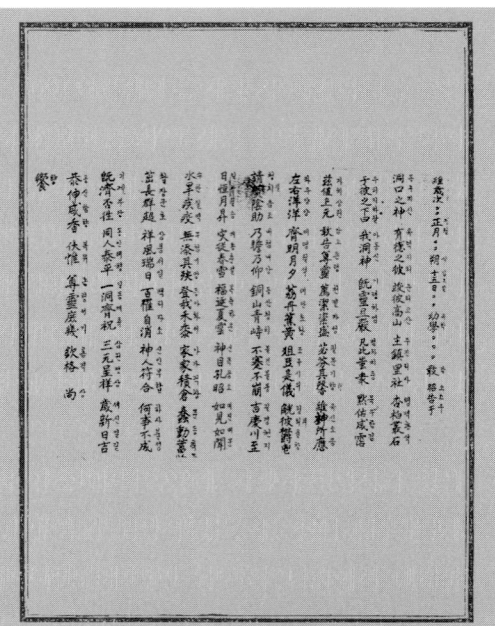

문경읍 당포1리 고줏골 축문

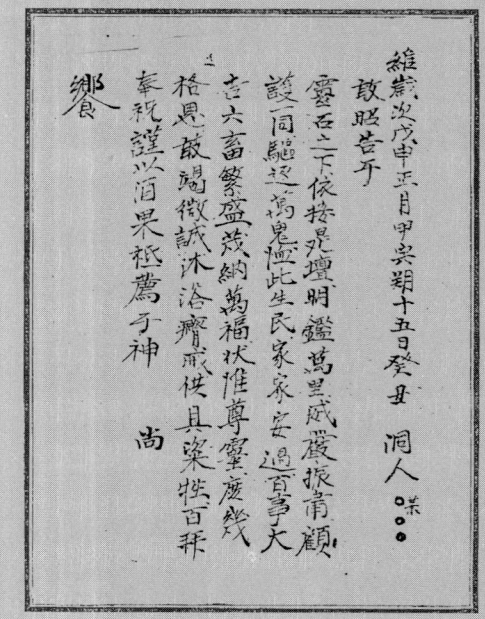

문경읍 당포2리 축문

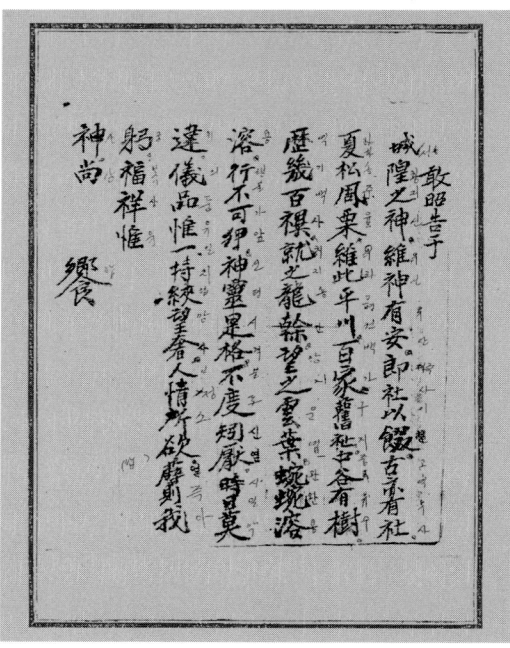

문경읍 평천리 당벌 축문

가은읍 성저리 축문

가은읍 갈전리 갈밭 축문

영순면 왕태2리 축문

영순면 사근리 축문

영순면 율곡리 축문

산양면 녹문리 축문

산양면 위만리 우마이 축문1

산양면 위만리 우마이 축문2

산양면 위만리 우마이 축문3

산양면 불암리 축문

산양면 존도리 축문

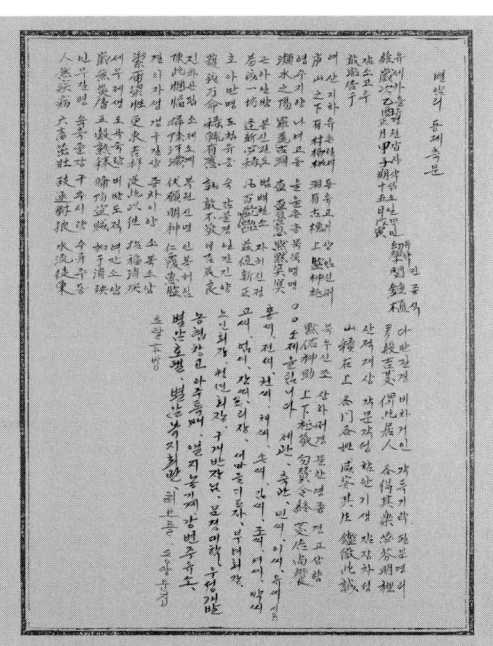
호계면 별암리 축문

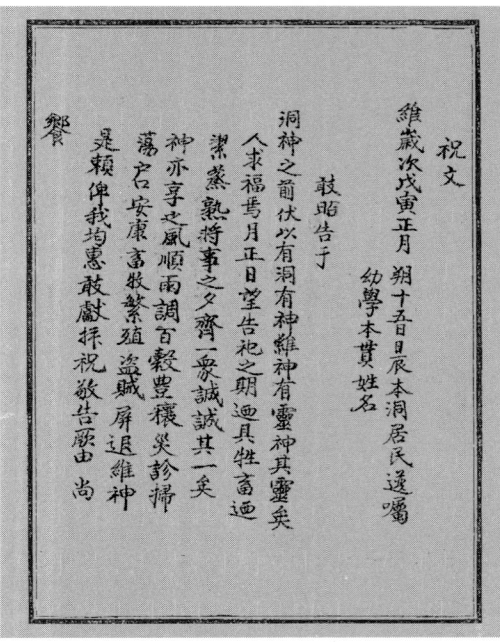

호계면 봉서리 잿봉서 축문 마성면 신현2리 정현 축문

마성면 남호1리 대실 축문 마성면 남호1리 대실 동제문서

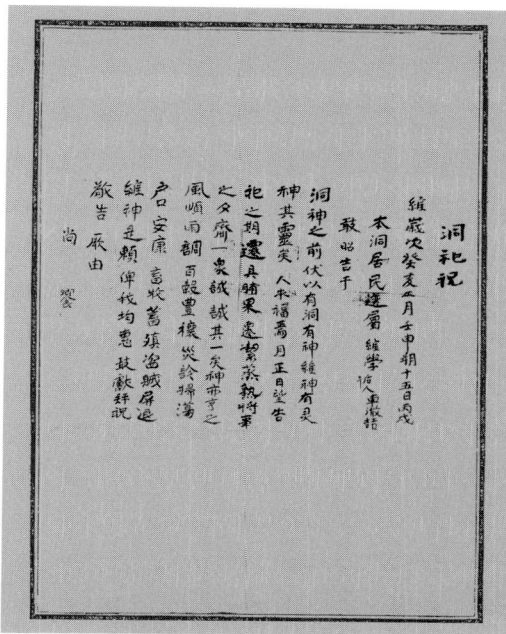

마성면 남호1리 화산 축문

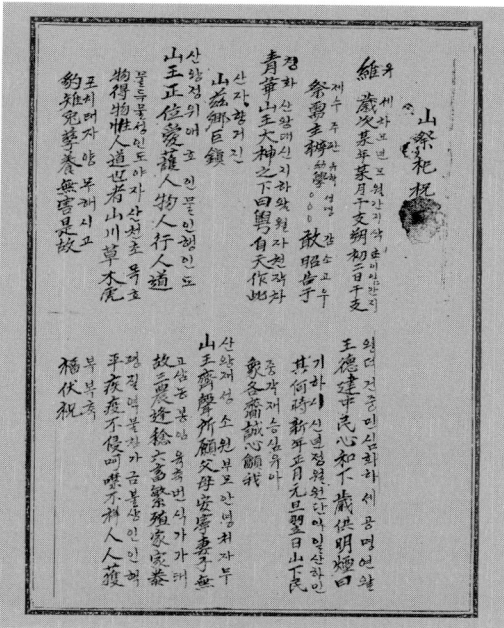

농암면 화산리 상비치 축문

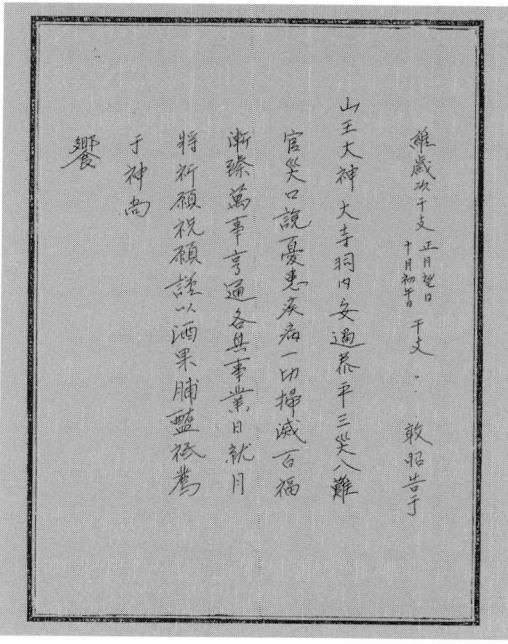

유곡동 한절골 축문

■ 상량문 영인자료

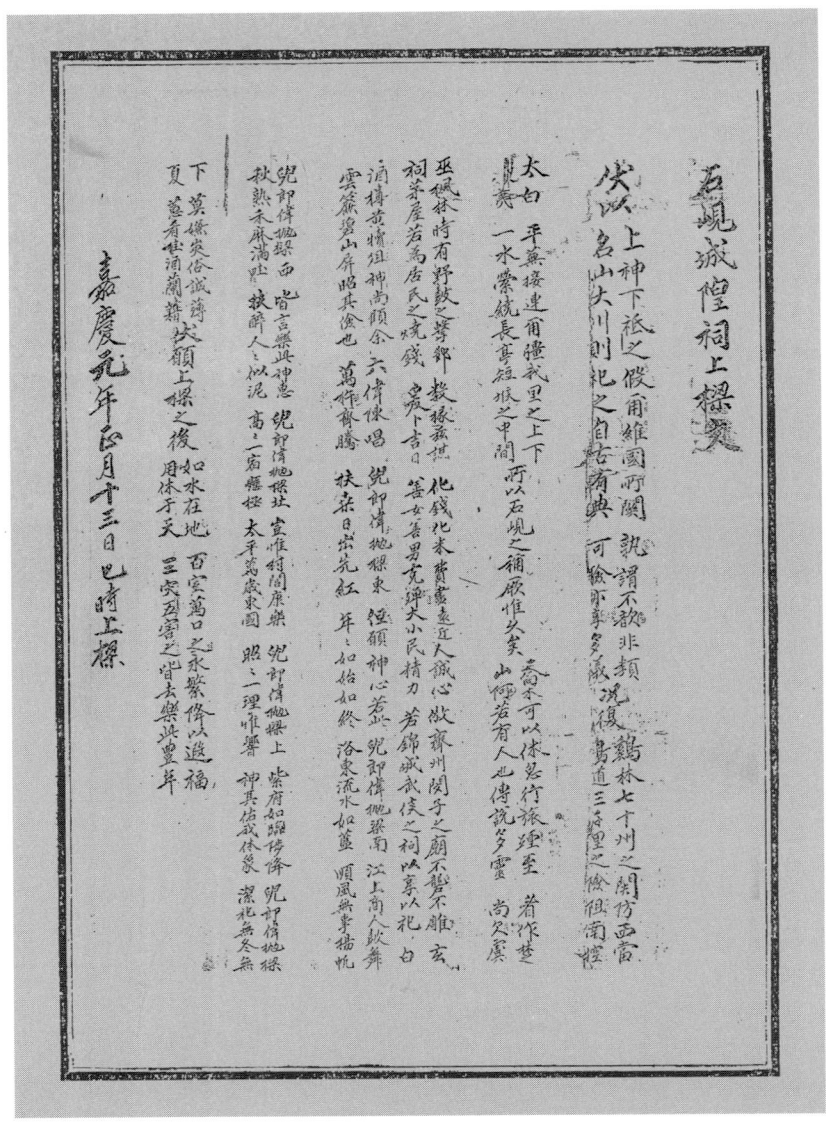

마성면 신현리 돌고개 성황당 상량문(嘉慶元年, 1796년)

마성면 신현리 돌고개 성황당 중건상량문(乙丑年, 1865년 또는 1925년)

上樑文

今遇癸亥殷春 一日興工 伐木于園旣取連抱之材 仍舊之基 一兩朔無憾之匠
重建池谷隍司 萬口咸頌 監家于天可貴方中之星 更新其制 百餘戶自來之民
手忘朝後晨之故 各盡誠之故歎 鋸硬斧彼閒之約桑之椽 松竹如楠 鳳鳴節彼戶
力朝圖不日之功 不誠同如熱矣 斬堊斯革飾之廣廈之楝 風雨收除 華光如斯簇
綱聖世之祥禪 爰居爰處 曰春曰秋 不易規向誠禱
帶春日之和氣 收享攸寧 維吉雜祥遠聞堅而革徙 善祝綸樑

兒郎偉拋樑東 春風三月緣溪去 兒郎偉拋樑南 婦饁夫畊治世像
朝陽和樹入簾櫳 無穀林花兩岸紅 十里春郊一色含 癸徒田畈喜難堪
　　　　　　　　　　　　　　　　　向崇木秀繁陰爛

兒郎偉拋樑西 亦樂春令下上啼 兒郎偉拋樑北 不崩不騫無疆年
佐石層三岸不低 　　　　　　　 赤天削出屹山色 願使存王同此極

兒郎偉拋樑上 體我良工能盡才 兒郎偉拋樑下 來稽吾民誠敬心
滿天明月來相傍 行人從此具瞻仰 庭除如水挭清洒 感應萬事一如也
伏願上樑之後 福祿日至諜一里而安旺 疾病宜平掃地 冠盜莫其三入疆 人三享龜道之壽
士而見折桂之喜 雨暘時若均百穀而庭碩 家三有蘝羽之慶
子而敎貝米之孝 如在太平目癸亥期至億萬斷年 所以樂生惟池谷楠爲第一之洞
百獸舞絶 六畜繁殖

崇禎紀元後四癸亥二月七日癸未新寫民錢永牧盥手謹書

重建坊都聽功學蔡周洛 成造都監嘉善權重大 句管有司業儒金聲熤

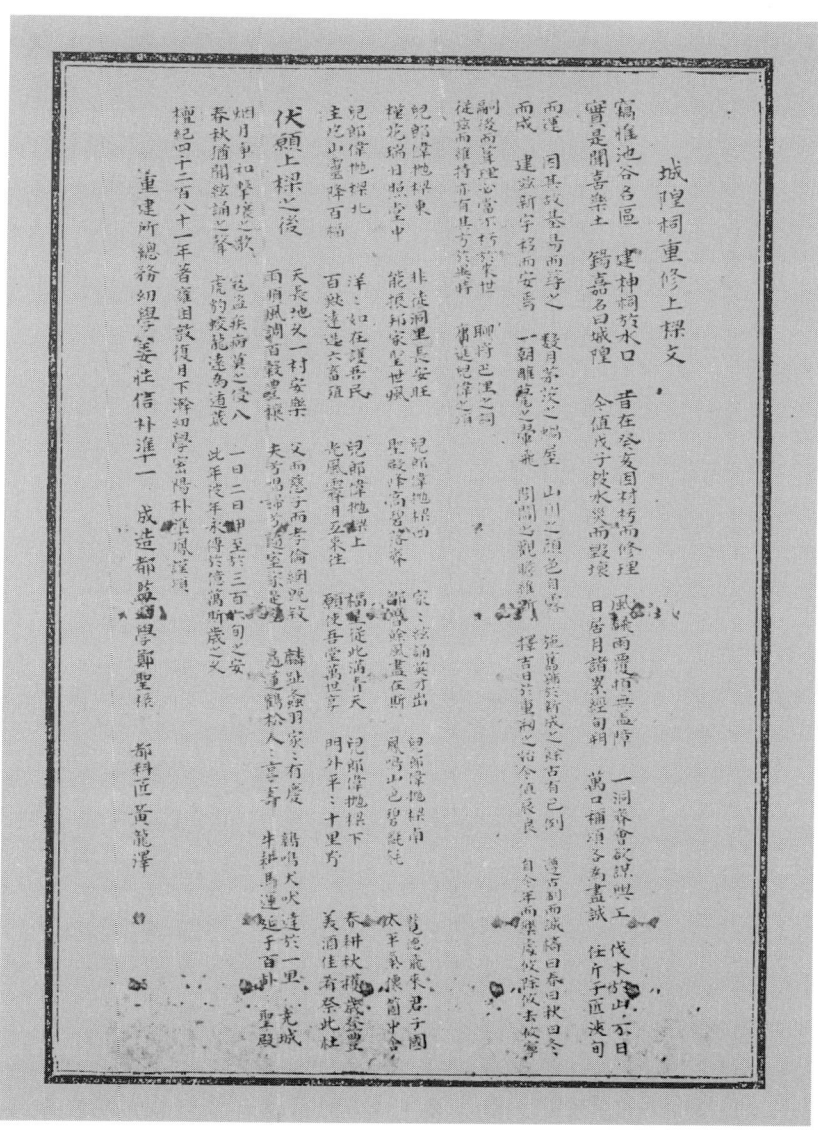

문경읍 지곡리 모싯골 서낭당 중수상량문(檀紀4281년, 1948년)

■ 마을공동체신앙 관련 화보

• 유곡동 마본 마을의 새로 만들어지는 당집

문경시 유곡동은 수백 년간 역촌으로 존재해 왔다. 유곡동은 다섯 개의 자연마을로 구성되어 있으나, 주민들은 큰 마을로서의 유곡동에 더욱 주목하였다. 다만, 동제를 모시는 일에는 엄격하게 다섯 개의 자연마을이 구분되어 있었다. 마을에서 전승되어 온 음력 10월 첫 말날午日의 '만오제'는 역촌의 독특한 사례이다. 최근 마을신앙의 존재양상이 급변하고 있는 것은 어느 마을이나 마찬가지다. 유곡동 마본마을 역시 그러한 변화 속에 놓여있다. 마본마을은 유곡역이 존재할 당시 역마를 사육하고 관리하던 곳이라고 한다.

마본마을의 당집은 영남대로, 곧 마을을 관통하는 국도 3호선 옆에 위치하고 있었다. 1970년대 화재로 인하여 한절골의 당집과 함께 소실되었으며, 1986년 제단과 신위만을 갖추어 복원되기도 하였다. 2005년 3월, 거의 20년 만에 당집이 복원되었다. 그 현장의 사진을 여기에 싣는다.

2005년 3월 9일~24일 유곡동 마본마을 현지에서 안태현이 조사하고 촬영하였다. 참관을 허락하신 마을주민께 감사의 말씀을 올린다.

1	2
3	4
5	6

1 불에 타 없어진 당집 대신 제단과 신위를 중건하고 있다(1986년 사진).
2 당시 새로 만들어진 제단과 신위(1986년 사진)
3 당나무와 당집 전경(2005년3월9일).
4 새로 만든 당집의 기와를 얹고 있다(2005년3월9일).
5 그동안 모셔오던 성황당의 제단과 새로 상량대에 쓴 상량문이 보인다(2005년3월9일).
6 1986년에 만들어진 제단에 '성황신위(城隍神位)'라는 각자가 보인다.

1	2
3	4
5	

1 2005년 3월 24일 당집이 완성되었다.
2 새로 만든 당집에서 기원을 올리고 있다.
3 당집 전경, 주민들이 모두 찾아왔다.
4 할머니의 기원이 간절하다
5 '성황당(城隍堂)'이라는 현판을 걸었다.

1	2	3
4	5	
6	7	

1~2 좌우에 주련도 걸었다.
3 성황당 내부의 제물 진설 모습
4 마을출신의 스님을 모시고 제를 올렸다.
5 제관 부부가 금줄을 새로 치고 있다.
6 제관 부부가 금줄에 오색천을 걸고 있다.
7 당집과 당목 그리고 금줄과 오색천

1 객귀를 위한 고시레 음식
2 고시레 음식을 당목 옆에 놓는다.
3 당집 중건을 기념하여 주민들과 손님을 접대하였다.
4 파제 후 제물을 나르고 있다. 눈이 많이 내렸다.

· 문경읍 관음리 문막마을의 중구 동고사

    문경읍 관음리 문막마을은 우리나라 최초의 고개인 하늘재雞立嶺 아래의 마을로서 하늘재 옛길이 번성할 당시 '관음원', '주막' 등이 위치한 곳으로 추정되는 곳이다.
    이 마을에서는 다른 마을과는 다르게 음력 9월 9일 중구에 동고사를 모시는 풍속이 전승되고 있다. 마을 뒤 포암산 자락의 '구수동九壽洞' 계곡에서 마을 주민들이 모여 돼지를 잡아 동신께 제를 올린다.
    동고사 후 동네사람이 모두 모여 음복을 하고 돼지고기와 시루떡을 고르게 분배하는 모습은 독특한 모습이라고 할 수 있다. 또한 최근에는 젊은이들이 적극적으로 참여하는 새로운 모습을 보여주고 있다.
    2006년 10월 29일 관음리 문막마을 현지에서 안태현이 조사하고 촬영하였다. 참관을 허락하신 마을주민께 감사의 말씀을 올린다.

1	2
3	4
5	6

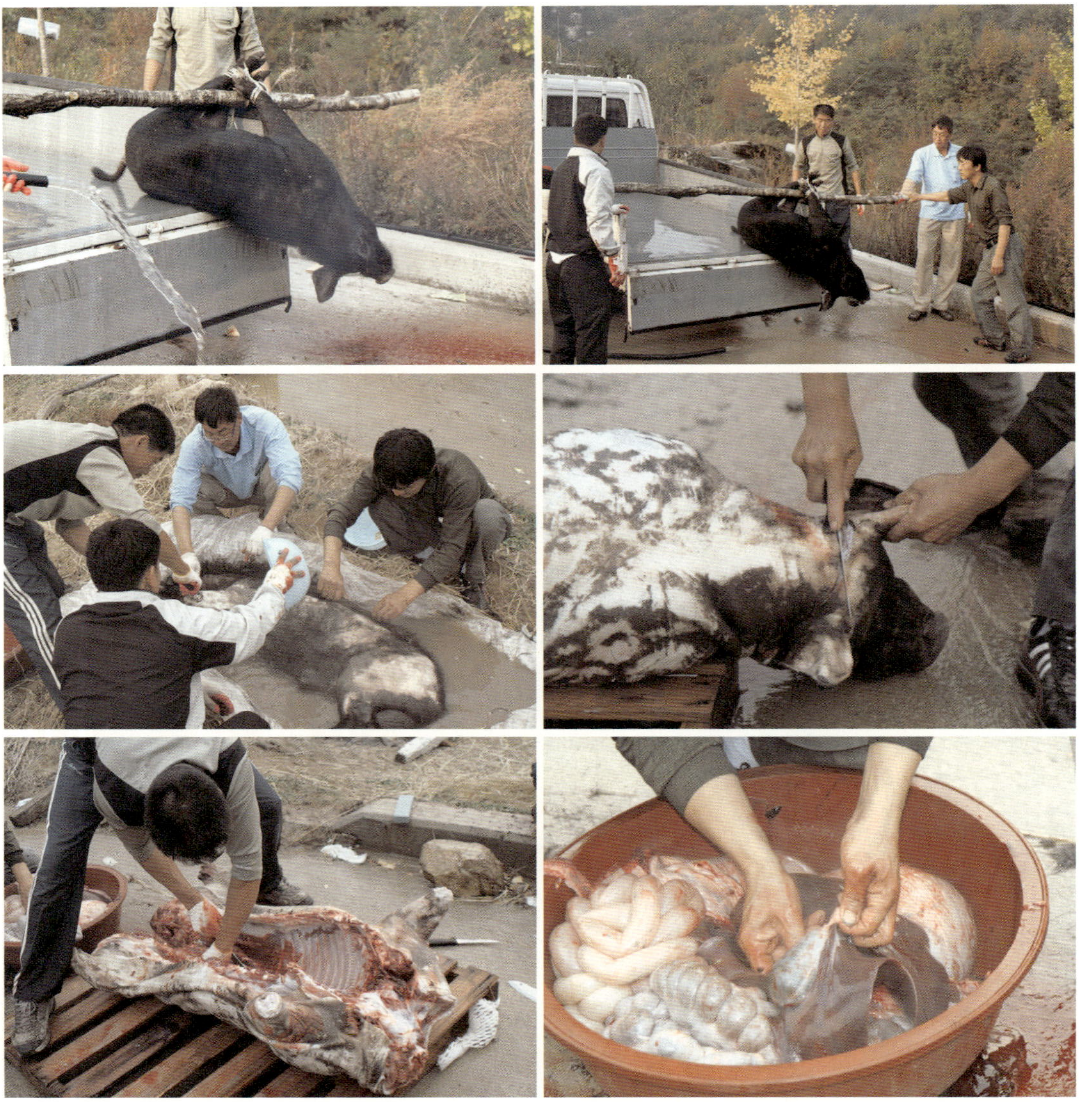

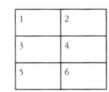

1 산신이 여신이라서 반드시 수퇘지를 쓴다.
2 청년들이 돼지를 잡고 있는 모습.
3 돼지의 털을 벗기고 있다.
4 돼지의 머리를 떼고 있다.
5 배를 갈라 내장을 분리함.
6 떼어 낸 내장을 손질하고 있다.

1 국을 만들 선지를 받아 놓았다.
2 제물을 나르고 있다.
3 동고사 장소인 구수동 전경
4 구수동이라는 각자가 새겨져 있다.
5 동고사 장소인 구수동 제관들이 불을 피워 놓았다.

1 제물을 조리하고 있다.
2 돼지고기를 삶고 있다.
3 구수동에 쳐 놓은 금줄
4 메물로 올려질 돼지고기의 부위와 떡시루가 보인다.
5 조리장소에서 당 앞으로 제물을 나르고 있다.
6 제물을 진설하는 제관들 올해부터는 30대 제관이 참여하기로 했다.

1	2
3	4
5	6

1 진설된 제물
2 당목 옆에는 독특하게 실로 금줄이 쳐져있다 구수동의 이름과 같이 수명을 상징한다고 한다.
3 당목에 쳐놓은 실과 제관
4 제관이 강신하고 있다.
5 제관이 잔을 올리고 있다.
6 일곱 개의 잔과 수저를 올렸다 일곱 개는 칠성을 상징한다고 한다.

1	2
3	4
5	6

1 축문을 읽고 있다.
2 제관 뒤 반석위에 함께 참석한 주민들
3 당목에 절을 올리고 있다.
4 소지를 올리고 있다. 소지는 제관을 비롯하여 가가호호 별로 모두 올린다.
5 소지 올리는 것을 도와주고 있다.
6 축문을 태운다.

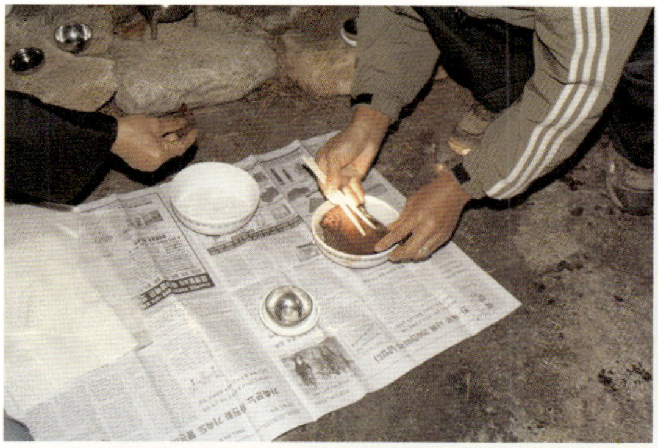

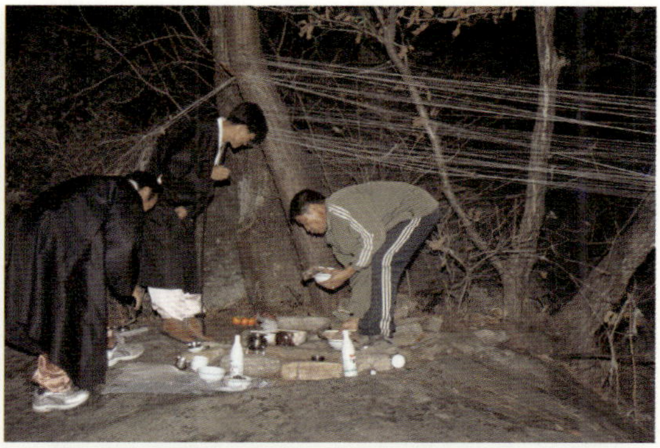

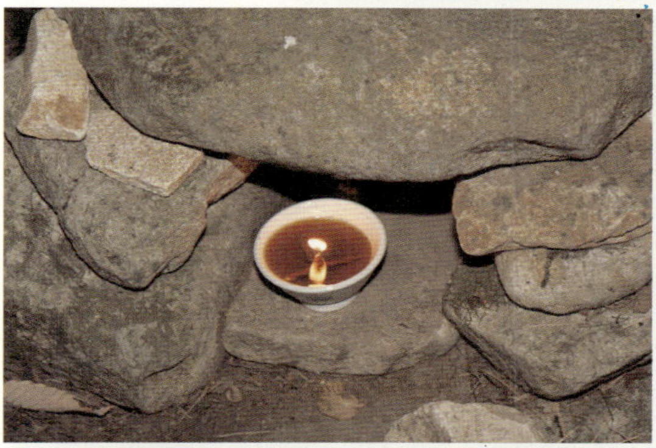

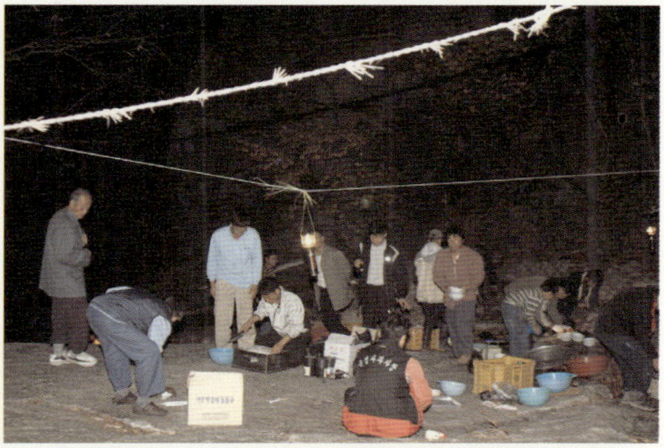

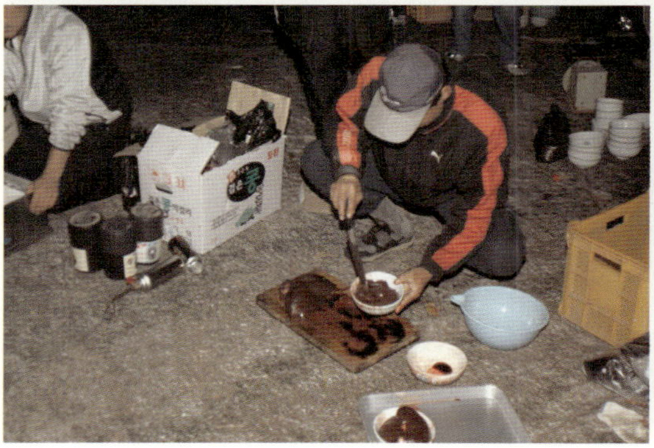

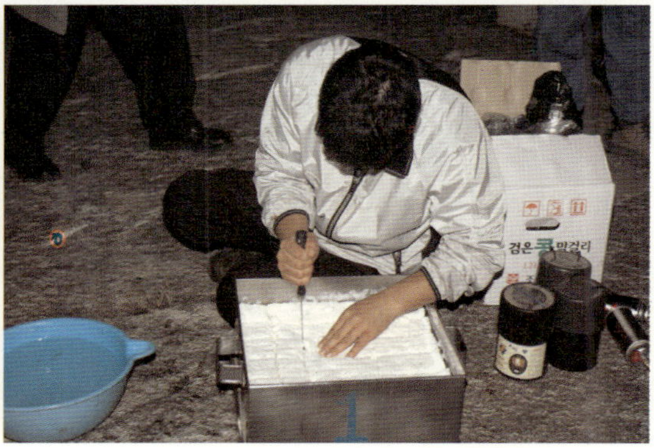

1 당목 앞에서 간단히 음복한다.
2 철상하고 있는 모습
3 당목아래 밝혀 놓은 종지불
4 동고사가 끝나면 주민들이 모두 모인다.
5 음복을 위해 제물을 담는다.
6 집집마다 고르게 떡을 나눈다.

1	2
3	4
5	

1 돼지고기를 저울에 달아 공평하게 분배한다.
2 현장에서 돼지고기를 삶고 구워 음복한다.
3 배추와 선지 고기를 넣어 끓인 국을 한사발식 먹는다.
4 매년 참석한다는 초등학교 어린이, 이 어린이가 이 마을의 미래다.
5 현장에서 반장이 결산을 한다.

■ 문경지역 마을공동체신앙 일람표

문경지역 마을공동체신앙 일람표는 '동제 현황 설문지'를 통해 작성되었다. 설문 작업은 2006년 문경문화원 부설 향토사연구소 연구위원들께서 마을 현장을 일일이 답사하여 작성하였다. 이 자리를 빌려 연구위원 여러분께 감사의 말씀을 전한다.

설문작업의 특성상 본 조사에서 누락된 마을이나 내용의 오류가 있을 수 있음을 미리 밝혀둔다. 아울러 마을신앙 관련 사진자료는 문경시에서 발행한『문화유적분포지도-문경시』(2004)에서 발췌하였다.

읍면동별 설문조사에 참여한 향토사연구위원의 명단은 아래와 같다.

총 괄(고재하 소장), 자료정리(김학모, 이 욱)

문경읍(신 정, 김대경), 가은읍(정선영, 이동진, 채희윤), 영순면(김창제, 홍시락)

산양면(김도연, 이만유), 호계면(김학모, 조병철), 동로면(이충재, 김규천)

마성면(오영섭), 농암면(이창근, 전우화), 동지역(고영조, 이한숙, 김선미)

산북면(송기태, 김장한, 임충화, 이임건 이상 산북면사무소 직원)

읍면동	리	마을(호수)	동제명칭	동신	제일	제관 수	제관 선정방법	재계	제비용	제수 ①메, ②떡, ③실과, ④포, ⑤채소, ⑥적, ⑦육류, ⑧기타
문경읍	하1리 하2리	하리	동고사	산신당(당집) 성황당(느티나무)	1월 중 자시	헌관 1 축관 1 기타 3	정초에 이장이 추천함	3일전 느티나무에 금줄	마을 기금	①~⑥
	상1리 상2리	상동네	성황제	신당(당집)	1.1 자시	헌관 1 축관 1 기타 3	15일전 동회 추천으로 이장이 정함	15일전 신당과 제관집에 금줄	田 600평	①~⑥
	마원1리	오싯골	동고사	산지당(돌) 서낭당(느티나무)	1.15 자시	헌관 1 기타 1	이장이 헌관이 됨	3일전 느티나무 제관집 황토(성황당 앞)	마을 기금	①~⑥
	마원2리	샛터		서낭당(당집) 용당	1.15 인시	헌관 2 기타 2	정초에 이장이 추천함	3일 전 금줄	갹출	②~④
	마원3리	우무실	동고사	동고사당(느티나무)	1.15 자시	헌관 1 기타 2	정초에 생기복덕을 가려 정함	3일전 재계와 금줄		①~⑥
	진안리	진안	동고사	산신당 서낭당(돌)	1.15 축시	헌관 1 기타 1	정초에 생기복덕을 가려 정함	3일전 금줄	갹출	①~⑤
	각서1리	샛터	동고사	상당(당집) 하당(돌)	1.14 해시	헌관 3 축관 2 기타 2	정초에 동민이 추천하여 정함	7일전 재계, 금줄, 황토	마을 기금	①~⑥

축문	위패 (畵像)	파제 후 행사	기타	사진		
새로 만듦	城隍之神 土地之神					
새로 만듦	城隍之神 土地之神	음복 (동회관)				
		음복 (노인정)				
멸실됨	新基洞 社神位	음복, 3일간 윷놀이 (회관)				
멸실됨		음복 (마을 회관)				
멸실됨	城隍神位	음복 (회관)				
백 년 이상 됨	여신탱화	음복, 윷놀이 (회관)				

읍면동	리	마을(호수)	동제명칭	동신	제일	제관 수	제관 선정방법	재계	제비용	제수(①메, ②떡, ③실과, ④포, ⑤채소, ⑥적, ⑦육류, ⑧기타)
	각서2리	요광원		산지당(산신각) 서낭당(입석)	1.14 자시	헌관 1 기타 2	정초에 생기복덕을 가려 정함	3일전 재계, 금줄, 황토	각출	①~⑥
	하초리	아랫푸실		산지당(돌) 동제당(느티)	1.14 자시	헌관 1 축관 1 기타 1	헌관은 이장이 되고 기타 이장이 선정함	3일전 재계	마을기금	②~④
	상초리	윗푸실	동고사	산신당(산신각) 성황당(성황사)	1.14 자시 (예전 3.14, 9.14)	헌관 3 축관 1 기타 1	헌관은 이장이 되고 새마을지도자, 개발위원 등이 참여	3일전 재계, 금줄	마을기금	①~⑥
	교촌리	교촌	동제 동고사	산신당(반석) 서낭당(당집)	1. 15전 택일	헌관 1 축관 1 기타 1	정초에 생기복덕을 가려 정함	3일전 금줄, 황토	위토	①~④
	요성리	요성	성황제	서낭당(당집 하당 느티나무)	1.15 자시	헌관 1 축관 1 기타 3	정초에 이장 선정함	7일전 재계	마을기금	①~⑥
	요성리	한골	동고사	서낭당(느티, 돌)	1.15 자시	헌관 1 기타 1	정초에 반상회를 통해 정함	3일전 재계, 금줄, 황토	마을기금	①~⑥
	지곡리	모싯골	동제	산지당 서낭당(당집) 하당(돌)	1.15 자시	헌관 3 축관 1 기타 2	정초에 생기복덕을 가려 정함	제관 선정 후 재계, 금줄	위토	①~⑥ 소간

문경민속지 - 민속신앙 편

축문	위패 (畫像)	파제 후 행사	기타	사진		
		음복 (회관)				
백 년 이상 됨		음복 (회관)				
새로 만듦		음복 (제수준비 댁)				
백 년 이상 됨		음복 (회관)				
백 년 이상 됨	城隍之神位 탱화	음복 (회관)				
멸실됨		음복 (유사댁)	제관부정시 새로 날을 받아 지냄			
새로 만듦		음복 (회관)				

읍면동	리	마을(호수)	동제 명칭	동신	제일	제관 수	제관 선정방법	재계	제비용	제수 ①메, ②떡, ③실과, ④포, ⑤채소, ⑥적, ⑦육류, ⑧기타
	고요1리	기성	동고사	서낭당 (당집)	1.15 자시	헌관 1 축관 1 기타 1	정초에 생기복덕을 가려 정함	3일전 재계, 금줄, 황토	위토	②~④
	고요2리	광수원	동고사	산신당 (바위) 서낭당 (느티나무)	1.15 자시	헌관 1 축관 1 기타 1	정초에 생기복덕을 가려 정함	3일전 재계, 금줄, 황토	마을 기금	①~⑥ 미역
	팔령1리	파바리	동고사	상조산 (느티) 중조산 (참나무) 하조산(돌)	1.15 자시 (10.15)	헌관 3 축관 3 기타 3	3일전 생기복덕을 가려 정함	3일전 재계	마을 기금	②~④
	팔령2리	영산	동고사	산신당(돌) 성황당(돌)	1.5 인시 1.14 해시	헌관 1 기타 1	반별 윤번제로 함	3일전 재계, 금줄, 황토	각출	①~④ ②~④
	당포1리	고주골	동고사	서낭당 (당집, 돌탑)	1.15 자시	헌관 2 축관 1 기타 2	정초에 생기복덕을 가려 정함	3일전 재계, 금줄, 황토 솔가지로 돌탑덮기	각출	①~⑥
	당포2리	고지골	동고사 산신제	서낭당 (당집)	1.14 자시	헌관 1 축관 1 기타 1	7일전 상을 당하지 않은 사람으로 정함	3일전 재계, 금줄	위토	②~④
	당포3리	살문이	동고사	산지당 성황당	1.14 자시	헌관 1 기타 1	7일 전 동회에서 정함	3일전 재계, 금줄, 황토	마을 기금	③,④

축문	위패 (畵像)	파제 후 행사	기타	사진		
백 년 이상 됨	洞神之位	음복, 윷놀이 (회관)				
백 년 이상 됨		음복 (당주집)				
백 년 이상 됨						
백 년 이상 됨		음복 (현장)				
백 년 이상 됨	城隍之神	음복 (회관)	마을유고시 3월 3일 또는 5일 5일 지냄			
백 년 이상 됨		음복, 문서닦기 (유사댁)				
		음복, 문서닦기 (헌관댁)				

읍면동	리	마을(호수)	동제명칭	동신	제일	제관 수	제관 선정방법	재계	제비용	제수 ①메, ②떡, ③실과, ④포, ⑤채소, ⑥적, ⑦육류, ⑧기타
	용연리	용연	동제	산제당 국사당 (당집)	1. 2	헌관 2 축관 1 기타 1	12월 말 연장자 순으로 정함	3일전 금줄	갹출	②~③
	갈평리	안마	동고사 산신제	산지당 (나무) 서낭당 (당집)	1.14	헌관 1 축관 1	전년도 1.15에 정함	3일전 재계, 금줄, 황토	마을 기금	①~④
	갈평리	갈산	동제	산지당 (나무, 바위) 서낭당 (당집)	1.14 자시	헌관 1 축관 1	7일전 유사가 정함	2일전 재계, 금줄	마을 기금	⑦ ①~⑤
	갈평2리	상갈	동제	산제당 (나무)	1.14	헌관 1 기타 1	10일전 상을 당하지 않은 사람으로 정함	3일전 금줄, 황토	마을 기금	⑦ ②~⑤
	평천1리	당벌	동고사 산신제	서낭당 (당집) 미륵당 (당집)	1.14 자시	헌관 1 축관 1	이장과 새마을지도자가 제관이 됨	3일전 재계, 금줄	마을 기금	②~④
	평천2리	개그늘	동고사 산신제	산지당 (당집)	1.14	헌관 1 축관 1	15일전 상을 당하지 않은 사람으로 정함	3일전 재계, 금줄	마을 기금	②,③,⑦
	관음리	문막	동제 동고사	구수동 (소나무, 바위)	9.8 자시	헌관 1 축관 1	15일전 마을에서 의논을 통해 정함	15일전 재계, 금줄 무명실 금줄	갹출	②~④,⑦ 돼지희생

축문	위패 (畵像)	파제 후 행사	기타	사진		
백 년 이상 됨		음복 (회관)				
백 년 이상 됨		음복, 문서닦기 (유사댁)				
백 년 이상 됨		음복 (회관)				
		음복 (회관)				
새로 만듦	미륵불	음복 (회관)				
새로 만듦		음복 (유사댁)				
새로 만듦		음복 및 배분 (현장)				

읍면동	리	마을 (호수)	동제 명칭	동신	제일	제관 수	제관 선정방법	재계	제비용	제수 ①메, ②떡, ③실과, ④포, ⑤채소, ⑥적, ⑦육류, ⑧기타
	관음리	수세골	동고사	산신당 (나무)	9.8 인시	헌관 1 기타 1	7일전 동회를 해 정함	5일전 재계, 금줄		①~④ ⑦
	관음리	꼭두 바위	동고사	산신당 (나무) 수구당 (돌탑)	1월 초 택일	헌관 1 기타 1	12월 말 생기복덕을 가려 정함	3일전 재계, 금줄	갹출	①~④
	관음리	황정	동고사 산신제	산지당 (나무) 성황당 (당집)	1.14 자시	헌관 1 기타 1	5일전 유사가 정함	1일전 재계, 금줄	마을 기금	②,④
가은읍	왕릉1리	왕릉	산신제	산지당 (당집)	1.15 자시	헌관 1 기타 1	1.10 노인회에서 정함	3일전 재계, 금줄	마을 기금	①~⑥ ⑧
	왕릉2리	본동	동고사	산지당	1.14 자시	헌관 1 축관 1	동회에서 정함	3일전 재계, 금줄	갹출	②~⑧
	갈전1리	갈밭	동고사 산신제	산신당 (당집)	1.15 자시	헌관 1 축관 1 기타 1	5일전 동회에서 생기복덕을 가려 정함	3일전 재계, 금줄, 황토	갹출	②~⑦
	갈전2리	아차	동고사	골맥이 서낭당 (입석)	1.15 자시	헌관 1 기타 1	이장 부부가 제관이 됨	3일전 재계, 금줄	마을 기금	①~⑤

축문	위패 (畵像)	파제 후 행사	기타	사진			
		음복 (회관)					
		음복 (제관댁)					
	위패 도난	음복 (유사댁)					
없음	山王神	음복 (1.15 회관)					
새로 만듦	제기, 병풍	음복, 풍물 (회관)					
백 년 이상 됨		음복, 풍물 (주판, 회관)					
없음		음복 (회관)					

읍면동	리	마을 (호수)	동제 명칭	동신	제일	제관 수	제관 선정방법	재계	제비용	제수(①메, ②떡, ③실과, ④포, ⑤채소, ⑥적, ⑦육류, ⑧기타)
	작천2리	무릉동	동고사	서낭당 (당집)	1.15 자시	헌관 1 축관 1	7일전 생기복덕을 가려 정함	7일전 재계, 금줄	갹출	①~⑥
	성저1리	성밀	동고사	동신당 (나무)	1.15 자시	헌관 1 축관 1	정초 노인회에서 정함	7일전 재계, 금줄	마을기금	②~④
	수예리	수예	동고사	골맥이 (입석)	1.15 자시	헌관 1 축관 1 기타 1	1월 7일 깨끗한 집으로 정함	7일전 재계, 금줄	갹출	①~④ ⑦
	민지2리	더대	동고사	산제당 (제단) 서낭당 (돌무더기)	1.15 자시	기타 3	이장과 반장이 제관이 됨	2일전 재계, 금줄	마을기금	②~④
	전곡1리	큰골	동제	산제당 (나무)	1.15 자시	헌관 1 축관 1	1월 5일경 생기복덕을 가려 정함	3일전 재계, 금줄, 황토	마을기금	①~⑥
	성유1리	성녀메	동고사	산지당 골맥이 (돌탑)	1.14 자시	헌관 1 축관 1	10일전 동회 정함	10일전 재계, 금줄, 황토	갹출	①~④
	죽문1리	죽문	동제	서낭당 (느티, 돌)	1.1 인시	헌관 2 축관 1 기타 20	12월 30일에 윤번제로 정함	1일전 재계, 금줄	갹출	②,③

축문	위패 (畫像)	파제 후 행사	기타	사진		
백 년 이상 됨		음복 (회관)				
새로 만듦		음복 (회관)				
멸실됨		음복 (헌관댁)				
백 년 이상 됨		음복, 문서닦기 (회관)				
없음	돌, 한지	음복 (제관댁)				
백 년 이상 됨		음복 (헌관댁)				
백 년 이상 됨		음복 (회관)				

읍면동	리	마을(호수)	동제명칭	동신	제일	제관 수	제관 선정방법	재계	제비용	제수(①메, ②떡, ③실과, ④포, ⑤채소, ⑥적, ⑦육류, ⑧기타)
	완장리	본동	동제	산제당(당집)	1.2 미시	헌관 1 기타 1	이장이 선정함	1일전 재계	마을기금	③,④
	원북1리	모래실	동고사	성황당(당집, 나무)	1.14 자시	헌관 1 축관 1 기타 1	1월 10일 동회에서 정함	3일전 재계, 금줄, 황토	마을기금	①~⑦
	원북2리	홍문정	동고사	성황당(당집, 나무)	1.14 자시	헌관 1 기타 1	20일전 동회에서 정함	3일전 재계, 금줄, 황토	위토	②~⑦
	하괴1리	하구산	동고사	산제당(당집)	1.14 해시	헌관 1 기타 7	9일전 이장이 정함	7일전 재계, 금줄	마을기금	①~⑥
	하괴2리	중구산	동고사 산신제	산제당(당집) 성황당(당집)	1.15 자시	헌관 1 축관 1 기타 1	1월 10일경 이장이 정함	3일전 재계, 금줄	마을기금	③
영순면	의곡1리	갬실	동고사	골맥이(훼나무)	1.16	헌관 1 축관 1 기타 1		당일 재계, 금줄	마을기금	③,④
	사근리	무림	동고사	할아버지당 할머니강(돌)	1.15 자시	헌관 1	생기복덕을 가려 정함	3일전 재계, 금줄, 황토	마을기금	①~⑥

축문	위패 (畫像)	파제 후 행사	기타	사진			
없음	여신 사진	음복 (회관)					
백 년 이상 됨	지방	음복 (성황당)	2005년부터 중단				
새로 만듦		음복 (유사댁)					
없음		음복 (회관)					
백 년 이상 됨	한지	음복 (회관)					
멸실됨		음복, 풍물 (회관)					
백 년 이상 됨		음복 (회관)	10년마다 크게 모심				

읍면동	리	마을 (호수)	동제 명칭	동신	제일	제관		재계	제비용	제수①메, ②떡, ③실과, ④포, ⑤채소, ⑥적, ⑦육류, ⑧기타
						수	선정방법			
	왕태1리	보밑	동고사	골맥이 (회나무, 돌)	1.14 자시	헌관 1 기타 1	제일 음복 후 동회에서 정함	3일전 재계, 금줄, 황토	마을 기금	①~⑤
	왕태2리	길가 왕태	동제	골맥이 (느티나무)	1.15 자시	헌관 1 축관 1 기타 4	제일 음복 후 생기복덕을 가려 정함	3일전 재계, 금줄, 황토	마을 기금	⑦ ①~⑥
	이목1리	금포	동제	할아버지당 (입석) 할머니당 (입석)	1.14 자시	헌관 1 (남성 주민 모두)	생기복덕을 가려 정함	재계, 금줄	갹출 마을 기금	
	이목2리	백포	동제	골맥이 (소나무, 제단)	1.15 자시	헌관 1 축관 1 기타 1	음복 후 생기복덕을 가려 정함	3일전 재계, 금줄, 황토	마을 기금	①~⑥, ⑦ 국수
	율곡2리	하율	동고사	골맥이(돌)	1.14 자시	헌관 1 축관 1	7일전 생기복덕을 가려 정함	3일전 재계, 금줄	갹출	②~⑥
산양면	녹문리	금천	동제	동제나무 (고목)	1.15 자시	헌관 2 축관 1 기타 1	동제 후 호별 윤번제로 정함	7일전 재계, 금줄, 황토	마을 기금	①~⑦
	녹문리	녹문	동고사	당목 (느티나무)	7.7	헌관 3 축관 1 기타 1	전년 1월 호별 윤번제로 정함	3일전 재계, 금줄, 황토	갹출	①~⑦

축문	위패 (畵像)	파제 후 행사	기타	사진		
		음복, 윷놀이 (회관)				
백 년 이상 됨		음복 (회관)				
		음복				
멸실됨		음복 (회관)				
백 년 이상 됨	돌	음복 (회관)				
새로 만듦	새끼, 솔, 한지	음복, 문서닦기 (회관)				
새로 만듦	신단	음복, 문서닦기 (현장)				

읍면동	리	마을 (호수)	동제 명칭	동신	제일	제관		재계	제비용	제수(①메, ②떡, ③실과, ④포, ⑤채소, ⑥적, ⑦육류, ⑧기타)
						수	선정방법			
	현리	웃마을	동고사	서낭당 (당집)	1.14 자시	헌관 1 축관 1 기타 1	7일전 이장의 추천으로 정함	3일전 재계, 금줄, 황토	갹출	①~⑦
	현리	아랫 마을	동고사	구봉당 (당집)	1.15 자시	헌관 1 축관 1 기타 1	7일전 노인회의 추천으로 정함	3일전 재계, 금줄, 황토	갹출	①~⑦
	과곡1리	과상골	동제	상당 (소나무) 중당(반석) 하당 (왕버들)	1.15 자시	헌관 1 축관 1 기타 1	3일전 생기복덕을 가려 이장이 정함	3일전 재계, 금줄, 황토	마을 기금	② ①~⑤⑦ ①~⑦
	과곡2리	과하	동고사	서낭당 (상당) 서낭당 (하당)	1.15 자시	헌관 1 축관 1	15일전 생기복덕을 가려 정함	3일전 재계, 금줄, 황토	마을 기금	①~⑦
	과곡3리	점마	동고사	서낭당	1.14 자시 (당년적 임자 없을시 7.7)	헌관 1 축관 1 기타 1	10일전 생기복덕을 가려 정함	3일전 재계, 금줄, 황토	갹출	①~⑦
	과곡3리	말기 (두 개)	동고사	(느티나무)	1.15 자시	헌관 1 축관 1	10일 전 노인회에서 정함	3일전 재계, 금줄, 황토	갹출	①~⑦
	형천리	큰구리 고모	동고사	산지당 (입석)	1.14 자시	헌관 1 축관 1	10일전 생기복덕을 가려 정함	5일전 재계	마을 기금	①~⑦

축문	위패 (畫像)	파제 후 행사	기타	사진		
새로 만듦	禪王堂 (宣祖讓位)	음복, 문서닦기 (당주집)				
새로 만듦	철마2 용조각	음복 (당주집)				
새로 만듦	거북돌 (하당)	음복, 풍물, 문서닦기 (회관)				
새로 만듦		음복 (회관)				
새로 만듦	입석	음복 (당주집)				
	입석	음복 (당주집)				
백 년 이상 됨	王衣山神	음복 (당주집)				

읍면동	리	마을(호수)	동제명칭	동신	제일	제관 수	제관 선정방법	재계	제비용	제수(①메, ②떡, ③실과, ④포, ⑤채소, ⑥적, ⑦육류, ⑧기타)
	위만1리	우마이	동고사	산지당(상당, 바위)중당(입석)하당	1.15 자시	헌관 1 축관 1 기타 3	13일전 생기복덕을 가려 정함	3일전 재계, 금줄, 황토	마을기금	①~⑦
	우본2리	송본	동제	당목(느티나무)	1.15 자시	헌관 1 축관 1	10일전 생기복덕을 가려 정함	5일전 재계, 금줄, 황토	마을기금	①~⑤
	연소1리	연소	산신제 동고사	산신당(소나무)골맥이(팽나무)	1.15 자시	헌관 1 축관 1 기타 1	7일전 생기복덕을 가려 정함	3일전 재계, 금줄, 황토	마을기금	①~⑦
	연소2리	연화	동고사	골맥이(느티나무)	1.15 자시	헌관 1 축관 1	4일전 생기복덕을 가려 정함	3일전 재계, 금줄, 황토	마을기금	①~⑦
	불암리	불암	동고사	성황당(당집)	1.14 자시	헌관 3 축관 1 기타 11	정초에 지관이 생기복덕을 가려 정함	5일전 재계, 금줄, 황토	마을기금	①~⑦
	존도1리	잔두리	동고사	(고목)	1.16 자시	헌관 1	1.13 제일, 일진, 연령 등을 감안하여 정함	3일전 재계, 금줄, 황토	마을기금	①~⑦
	봉정1리	굴골	동제	(느티나무)	1.15 자시	헌관 2	1.13 생기복덕을 가려 정함	3일전 재계, 금줄, 황토	각출	②~④ ⑦

축문	위패 (畫像)	파제 후 행사	기타	사진		
새로 만듦		음복, 문서닦기 (당주집)				
새로 만듦	입석	음복, 풍물, 문서닦기 (회관)				
새로 만듦		음복, 풍물 (당주집)				
새로 만듦		음복 (회관)				
새로 만듦	입석	음복, 풍물, 문서닦기, 놀이 (회관)				
백 년 이상 됨		문서닦기 (제관집)	예전 10년마다 별신굿			
없음	탱화	음복 (회관)	부정 타면 새로 날을 받아 지냄			

읍면동	리	마을(호수)	동제명칭	동신	제일	제관 수	제관 선정방법	재계	제비용	제수(①메, ②떡, ③실과, ④포, ⑤채소, ⑥적, ⑦육류, ⑧기타)
	봉정2리	탑골	산신제	산신당(당집) 서낭당(느티)	1.14 유시	헌관 2	1. 13 길한 집으로 정함	1일전 재계, 금줄, 황토	갹출	①~⑤ ⑦
	반곡1리	반곡	동고사	양근석나무	1.15 자시	헌관 1 기타 1	1.11일전 생기복덕을 가려 정함	4일전 재계, 금줄	위토	①~⑦
	평지리	하평지	동고사	동고사당(느티나무) 우물당	매3년마다 1.15 자시	헌관 2 축관 1	4일전 생기복덕을 가려 정함	3일전 재계, 금줄, 황토	갹출	①~⑤
	신전1리	신전	동제	솔개(느티나무)	1.16 자시	헌관 1	1.13 생기복덕을 가려 정함	3일전 재계, 금줄, 황토	위토	①~⑦
	신전2리	장잠	동제	산신당(소나무)	1.15 자시	헌관 2	1.13 생기복덕을 가려 정함	3일전 재계, 금줄	마을기금	①~⑦
호계면	견탄리	개열	동제	동신(돌) 벌샘(우물)	1.14 자시	헌관 1 축관 1 기타 1	정초에 이장, 지도자, 반장 협의	3일전 재계, 금줄, 황토	마을기금	①~⑦
	별암리	자라바위	동제	동신나무(느티)	1.14 자시	헌관 1 축관 1	1월 5일 생기복덕을 가려 정함	4일 재계, 금줄, 황토	마을기금	①~⑦

축문	위패 (畫像)	파제 후 행사	기타	사진		
없음	탱화	음복 (제관집)				
멸실됨		문서닦기 (회관)				
백 년 이상 됨		음복 (제관집)	예전 10년마다 별신굿			
백 년 이상 됨		음복 (회관)				
백 년 이상 됨		음복 (제관집)	동제 중단 후 젊은 사람들이 죽어 다시 지냄			
백 년 이상 됨		음복, 문서닦기 (회관)				
새로 만듦		음복, 문서닦기 (제관집)				

읍면동	리	마을(호수)	동제 명칭	동선	제일	제관 수	제관 선정방법	재계	제비용	제수(①메, ②떡, ③실과, ④포, ⑤채소, ⑥적, ⑦육류, ⑧기타)
	호계리		동제	서낭당(당집) 골맥이(느티) 우물 3곳	1.14 자시	헌관 1 축관 1 기타 1	1월 3일 생기복덕을 가려 정함	3일전 재계, 금줄, 황토	위토	①~⑤ ⑦
	부곡리	와야	동제	국사당, 상당(노송) 하당(돌, 느티)	1.14 자시	헌관 1 축관 1	동제후 반별 차례를 정함	5일전 재계, 금줄, 황토	위토	①~④ ⑦
	부곡리	삼실	동제	서낭당(느티, 돌조산)	1.14 자시	헌관 1 기타 1	1월 10일 생기복덕을 가려 정함	4일전 재계, 금줄, 황토	마을 기금	③,④
	부곡리	막골	동고사	서낭당(동고목) 골맥이(시무나무)	1.14 자시	헌관 1 기타 1	1월 10일 가구순으로 결정	3일전 재계, 금줄, 황토	마을 기금	③,④
	선암1리	하선	동제	골맥이(느티)	不定日(1.5일 내)	헌관 1 기타 1	12월말 부부의 생기복덕을 가려 정함	4일전재계, 금줄, 황토	마을 기금	①~⑤
	선암2리	상선	산신제 동제	산 제당(당집) 골맥이(마을입구 양쪽바위)	1.3 자시	기타 7	1월 1일 정성있는 사람으로 결정	3일전 재계, 금줄, 황토	마을 기금	① ②~④ ⑦
	가도리	본동	산신제 동제	산제당(당집) 골맥이(돌2기)	1.14 자시	헌관 1 기타 1	1월 10일전 이장, 지도자 협의 결정	3일전 재계, 금줄	위토	①~④ ⑥,⑦

축문	위패 (畫像)	파제 후 행사	기타	사진		
백년 이상 됨	당집 대들보에 한지	음복 (제관집)				
없음		음복 (제관집)	<별신>부분 참조			
없음		음복 (제관집)				
없음		음복 (제관집)				
없음		음복 (제관집)				
없음	범과 동자 사진	음복 (회관)				
멸실됨	산신령액자	음복, 문서닦기 (회관)	정성 부족시 범이 나타남 재택일하여 지냄			

읍면동	리	마을 (호수)	동제 명칭	동신	제일	제관 수	제관 선정방법	재계	제비용	제수(①메, ②떡, ③실과, ④포, ⑤채소, ⑥적, ⑦육류, ⑧기타)
	가도리	본동	신씨 할머니 제	신씨할머니	매년 한식	헌관 1 기타	1월 10일경 이장, 지도자 협의 결정	3일전 금줄	위토	①~⑦
	가도리	금사	동제	시무나무 느티나무	1.14 자시	헌관 1 기타 1	1월 10일경 이장, 지도자 협의 결정	3일전 재계, 금줄, 황토	갹출	①~④
	구산리	구미	동제	골객이 (마을제방)	1.15 인시	헌관 1 기타 1	3일전 반장 중에서 결정	3일전 금줄	갹출	③④⑦
	구산리	동달	동고사	골맥이 (입석, 느티)	1.15 인시	헌관 1 기타 1	반장 중에서 결정	3일전 재계, 금줄	위토	③④⑦
	우로리	우로실	동제	골맥이 (석장승)	1.15 자시	헌관 1 기타 1	1월 7일 생기복덕을 가려 정함	6일전 재계, 금줄	갹출 위토	①~④⑦ 옛날 소희생
	막곡1리	막실	동고사	(돌, 느티)	1.15 인시	헌관 1 기타 1	1월 10일 노인회장 이장, 지도자 중에서 결정	4일전 재계, 금줄	마을 기금	①~④⑦ 물명태
	막곡2리	구막실	동제	골맥이 (노송, 돌)	1.15 자시	헌관 1 기타 1	1월 10일 마을총회에서 부부를 정함	5일전 재계, 금줄, 황토	마을 기금	③④

축문	위패 (畫像)	파제 후 행사	기타	사진			
없음		음복, 품삯 결정 (회관)					
없음		음복, 총회, 문서닦기 (노인정)					
없음		음복, 문서닦기 (유사집)					
없음		음복, 문서닦기 (노인 회관)	神木을 베었다가 즉사한 사례 있음				
없음		음복, 총회, 문서닦기 (제관집)					
없음		음복, 문서닦기 (회관)					
없음		음복 (회관)					

읍면동	리	마을(호수)	동제명칭	동신	제일	제관 수	제관 선정방법	재계	제비용	제수(①메, ②떡, ③실과, ④포, ⑤채소, ⑥적, ⑦육류, ⑧기타)
산북면	봉서1리	굽봉서	동고사	골맥이 (바위, 소나무)	1.14 자시	헌관 1 기타 2	1월 14일 마을총회 결정	당일 재계, 금줄	마을 기금	③④
	봉서2리	잿봉서	동제	산제당 (바위 소나무)	1.14 자시	헌관 1 축관 1 기타 1	1월 10일 생기복덕을 가려 정함	4일전 재계, 금줄	마을 기금	①~⑤
	서중리	서중	동고사	서낭당 (당집)	1.16 자시	헌관 2	보름전 생기복덕을 가려 정함	7일전 재계, 금줄	위토	①~⑤⑦
	대상2리	지보실	동고사	산지당 (당집) 골맥이당 (느티)	1.15 자시	헌관 2	3일전 생기복덕을 가려 정함	2일전 재계, 금줄, 황토	마을 기금	①~④,⑥⑦
	대하1리	웃한두리	동고사	동곡(느티)	1.10	헌관 1 기타 1	설 후 생기복덕을 가려 정함	3일전 재계, 금줄, 황토	마을 기금	①~④,⑥⑦
	대하2리	영각	동제	골맥이 (소나무)	1.15 자시	헌관 1 기타 1	1월 3일 마을모임에서 정함	3일전 재계, 금줄, 황토	갹출 마을 기금	②~④⑥⑦
	대하2리	광천	동제	골맥이 (나무)	1.4 자시	헌관 1 기타 1	연말 마을모임에서 정함	3일전 재계, 금줄, 황토	갹출 마을 기금	②~⑦

축문	위패 (畫像)	파제 후 행사	기타	사진		
없음		음복, 풍물, 문서닦기 (회관)				
		음복, 총회, 문서닦기 (회관)				
백 년 이 상 됨	돌	대동회, 음복, 문서닦기				
없음	돌, 한지	음복, 문서닦기 (제관집)				
없음	돌	음복, 문서닦기 (회관)				
백 년 이 상 됨		음복 (당주집)				
백 년 이 상 됨		음복 (당주집)				

읍면동	리	마을 (호수)	동제 명칭	동신	제일	제관 수	제관 선정방법	재계	제비용	제수(①메, ②떡, ③실과, ④포, ⑤채소, ⑥적, ⑦육류, ⑧기타)
	대하2리	막곡	동제	골맥이 (나무)	1.4 자시	헌관 1 기타 1	연말 마을모임에서 정함	3일전 재계, 금줄, 황토	갹출 마을 기금	②~④⑥⑦
	이곡리	배나무 정	동고사	서낭당 (느티)	1.5 자시	헌관 1	12월말 마을모임에서 정함	2일전 재계, 금줄, 황토	마을 기금	②~④
	우곡1리	웁실	동제	서낭당 (느티)	1.3 자시	헌관 2	12월말 윤번제로 결정함	1일전 금줄	갹출	①~④⑦ 식혜
	우곡2리	도치 대조	서낭제	산지당 (당집) 서낭당 (나무)	1.2 (도치) 1.5 (대조)	헌관 1 기타 1	섣달그믐 택일하여 일진으로 선택	3일전 재계, 금줄, 황토	마을 기금	②~④
	석봉리	큰마	동고사	도사봉 성황 서낭당 (천지당샘) 골맥이 (느티)	1.10 자시	헌관 1 기타 2	이장이 생기복덕을 가려 지명함	1일전 재계, 금줄, 황토	마을 기금	①~④⑦
	김용리	웃갯마	동고사	오미당 나무 갯마돌 므더기 웃갯마당집	1.15 자시	당주 3	지난해 파제 후 음복시 윤번제로 결정	3일전 재계, 금줄, 황토	마을 기금	①~⑦
	거산리	큰마	동제	산지당 (바위)	1.3 미시	헌관 1 기타 1	지난해 파제 후 음복시 윤번제로 결정	1일전 재계, 금줄	마을 기금	①~⑦

축문	위패 (畵像)	파제 후 행사	기타	사진			
백년 이상 됨		음복 (당주집)					
없음		음복 (제관집) 풍물 (서낭당)					
없음	돌	음복, 문서닦기 (회관)					
백년 이상 됨	한지	음복, 문서닦기 (제관집)					
백년 이상 됨	돌	음복, 문서닦기 (유사집)					
백년 이상 됨	탱화 2점	음복, 문서닦기 (회관)	<별신>부분 참조				
멸실됨	돌	음복, 문서닦기 (회관)					

읍면동	리	마을 (호수)	동제 명칭	동신	제일	제관		재계	제비용	제수(①메, ②떡, ③실과, ④포, ⑤채소, ⑥적, ⑦육류, ⑧기타)
						수	선정방법			
	거산리	사촌	동제	서낭당 (돌무더기, 나무)	12월 그믐 미시	헌관 1 기타 1	지난해 파제 후 음복시 윤번제로 결정	1일전 재계, 금줄, 황토	마을 기금	①~⑦
	전두리	창전마	동고사	서낭당 (돌무더기)	12.29 미시	당주 1	12월 20일 윤번제로 결정	1일전 재계, 금줄, 황토	마을 기금	①~④⑦
	전두리	큰마	동고사	동신당 (당집)	12.29 사시	당주 1	12월 20일 윤번제로 결정	1일전 재계, 금줄	마을 기금	③④⑦
	전두리	구암	동고사	서낭당 (느티)	12.29 사시	당주 1	지난해 파제 후 음복시 윤번제로 결정	15일전 재계, 금줄, 황토	마을 기금	③④⑦
	가좌리	가좌	동고사	서낭당 (돌무더기)	1.2 해시	헌관 2 축관 1 기타 1	양력 12월 24일 동회의시 윤번제로 결정	3일전 재계, 금줄	마을 기금	③④⑦
	창구리	창구	동고사	서낭당 (돌무더기)	1.3 진시	헌관 1 축관 1 기타 1	12월 27일 마을모임에서 결정	2일전 재계, 금줄	마을 기금	①~⑦
	소야리	작은마	성황제	서낭당 (당집)	1.15 자시	제관	지난해 파제 후 윤번제로 결정	1일전 재계, 금줄, 황토	마을 기금	②~④

축문	위패 (畫像)	파제 후 행사	기타	사진
없음		음복, 문서닦기 (회관)		
없음	돌, 한지	음복 (서낭당)		
없음		음복, 문서닦기 (당주댁)		
없음	성황대신지위	음복, 문서닦기 (유사댁)		
멸실됨	돌, 한지	당일 음복 (회관)		
없다		동제 후 음복 (회관)		
멸실	돌	음복 (제관집) 윷놀이		

읍면동	리	마을 (호수)	동제 명칭	동신	제일	제관 수	제관 선정방법	재계	제비용	제수 ①메, ②떡, ③실과, ④포, ⑤채소, ⑥적, ⑦육류, ⑧기타
	소야리	큰마	성황제	성황당 (당집)	1.1 사시	당주 2	마을모임에서 택일하여 결정	1일전 재계, 금줄, 황토	마을 기금	①~④⑥
	내화리	화장	동제	서낭당 (당집) 골갱이(돌)	1.15 자시	헌관 3 축관 1 기타 1	1월 13일 동네회의에서 결정	3일전 재계, 금줄, 황토	마을 기금	①~⑦
	약석리	구룡판	동제	서낭당(돌)	1.8 자시	당주 1 유사 1 기타 1	윤번제로 결정	2일전 재계, 금줄, 황토	마을 기금 위토	③④⑦
	약석리	배골	동고사	들맥이당 (소나무)	1.4 자시	헌관 1 기타 1	1월 2일 윤번제로 결정	1일전 재계, 금줄, 황토	각출	②~⑤
동로면	마광리	마베이	동제	상당 (돌무더기) 하당(느티)	1.15 자시	헌관 1 축관 1 기타 6	1월 6일 생기복덕을 가려 정함	3일전 재계, 금줄, 황토	마을 기금	①~⑥
	인곡1리	원터	동제	산제당 (돌무지)	1.14 자시	헌관 1 기타 4	4일전 마을모임에서 결정	4일전 재계, 금줄, 황토	각출	①~⑥
	인곡2리	몽고지	골맥이	산신당 (돌무더기)	1.14 술시	헌관 1 기타 3	4일전 생기복덕을 가려 정함	4일전 금줄, 황토	마을 기금	①~⑦

축문	위패 (畵像)	파제 후 행사	기타	사진			
백년 이상 됨	화상 (최윤덕) 쇠말 4필	음복 (당집) 문서닦기					
백년 이상 됨	허씨삼모녀옷	음복, 풍물, 문서닦기 (회관)	화장성황제 <별신> 참조				
멸실됨		음복 (회관)					
없음	음복 (유사집) 1월 15일 풍물(회관)						
		음복 (제관집)					
없음		음복 (제관집)					
멸실됨		음복 (제관집)					

읍면동	리	마을 (호수)	동제 명칭	동신	제일	제관 수	제관 선정방법	재계	제비용	제수 ①메, ②떡, ③실과, ④포, ⑤채소, ⑥적, ⑦육류, ⑧기타
	수평1리	창마	골맥이	산신당 (당집)	1.14 자시	헌관 1 기타 4	반별로 돌아가면서 담당	7일전 재계, 금줄	위토	①~⑦
	수평2리	무라이	동제	산신당 (소나무, 바위)	1.14 자시	헌관 1 기타 1	5일전 생기복덕을 가려 정함	5일전 재계, 금줄	마을 기금 위토	①~⑦
	간송1리	천주 마을 불당골	천주산 신제	산신당 (바위)	1.14 자시	스님 외 10				①~⑦
	간송1리	간좌골	동제	산신당 (당집) 하당(느티) 골맥이 (거북돌)	1.14 자시	헌관 1 축관 1 기타 3	4일전 생기복덕을 가려 정함	3일전 재계, 금줄	마을 기금	①~⑥
	노은1리	노래이	동제	산제당 (소나무) 서낭당 (돌탑)	1.14 자시	헌관 1 축관 1	생기복덕을 가려 정함	재계, 금줄 (말모양, 부자방망이모양)		
	노은2리		동제	산제당 (당집)	1.14 자시	헌관 1	생기복덕을 가려 정함	재계, 금줄		
	노은3리	도화동	동제	상당(당집) 하당(느티)	1.14 자시	헌관 1	생기복덕을 가려 정함	재계, 금줄		

축문	위패 (畫像)	파제 후 행사	기타	사진		
멸실됨		음복 (제관집)				
멸실됨		음복 (회관)				
	山王之位		10년 전 마을에서 밭 200평 희사 후 천주사에서 지냄			
		음복 (제관집)				

149 　　　　　　　　　　　　　　　　　　　　　문경의 마을공동체신앙 ‖ 안태현

읍면동	리	마을(호수)	동제 명칭	동신	제일	제관 수	제관 선정방법	재계	제비용	제수(①메, ②떡, ③실과, ④포, ⑤채소, ⑥적, ⑦육류, ⑧기타)
	명전리	명전	동제	산신당(당집) 서낭당(당집)	不定日(보름 전에 지냄)	기타 3-4	생기복덕을 가려 정함	재계, 금줄 12월 31일 택일함		
	적성리	큰마	동제	산신당(당집) 중당(당집) 하당(소나무)	1.14 자시	헌관 2 기타 1	5일전 택일 생기복덕을 가려 정함	재계, 금줄	마을 기금	①~⑤⑦ 메밀묵
	적성리	장자동	동제	산신당(바위) 중당(샘) 서낭당(느티)	1.14 자시	헌관 1	생기복덕을 가려 정함	재계, 금줄		
	적성리	쇳골	동제	서낭당(당집, 소나무)	1.14 자시	헌관 2	생기복덕을 가려 정함	재계, 금줄		
마성면	모곡리	띠실	동고사	산신당(당집)	1.15 자시	헌관 1 축관 1 기타 2	1월 3일 동회에서 결정	10일전 재계, 금줄, 황토	갹출 마을 기금	③④
	정리1리	솔골	동고사	산제당(당집) 골맥이당 샘고사당	1.15 자시 7.15 자시	헌관 1 축관 1 기타 2	10일전 반장회의에서 결정	7일전 재계, 금줄, 황토	갹출	②③ ⑥⑦
	정리2리	새터	동고사	제단(입석) 섬고사당(당집)	1.15 자시	헌관 1 축관 1 기타 2	이장이 선정	7일전 재계, 금줄, 황토	갹출	①~④ ⑥⑦

축문	위패(畫像)	파제 후 행사	기타	사진		
	山神堂 현판					
백 년 이상 됨	상당(赤誠主山 上壇城隍神位) 하당(赤誠主山 城隍神位)	음복 (회관)				
	제단					
	탱화	음복, 윷놀이, 문서닦기 (경로당)				
백 년 이상 됨	성주산산신	음복, 문서닦기 (회관)				
새로 만듦		음복, 문서닦기 (회관)				

읍면동	리	마을(호수)	동제명칭	동신	제일	제관 수	제관 선정방법	재계	제비용	제수①메, ②떡, ③실과, ④포, ⑤채소, ⑥적, ⑦육류, ⑧기타
	상내1리	나실	동고사	산제당(당집) 하당 골맥이당(조산)	1.14자시	헌관 1 축관 1 기타 1	1월 3일 생기복덕을 가려 정함	3일전 재계, 금줄, 황토	각출 마을기금	②~④ ⑦-염소
	상내2리	한실	동고사	할배당(당집) 할매당(바위)	1.15 묘시 7.7 10.7	헌관1	1월 7일 동회에서 결정	7일전 재계, 금줄, 황토	각출	②~⑤
	하내1리	고사땀	동고사	산신당(당집) 동신당(당집)	1.14 자시	헌관 2 축관 2 기타 4	1월 3일 생기복덕을 가려 정함	3일전 재계, 금줄, 황토	각출	①~⑦
	신현1리	돌고개	동고사 성황제	성황당(당집)	1.15 자시	헌관 2 축관 2 기타 4	1월 15일 동회에서 결정	3일전 재계, 금줄, 황토	마을기금	①~⑦
	신현2리	목고개	동고사	서낭당(돌무더기)	1.15 인시	헌관 1 축관 1 기타 35	이장이 선임	15일전 금줄, 황토	각출	①~④
	외어3리	금곡	동제	산신	1.14 자시	헌관 1 기타 2	동회에서 결정	15일전 재계, 금줄, 황토	각출	①~⑦
	남호1리	대실	동고사	산제당(느티,입석)	1.15 자시	헌관 1 축관 1 기타 3	1주전 생기복덕을 가려 정함	7일전 재계, 금줄, 황토	각출	①~④ ⑦

축문	위패 (畵像)	파제 후 행사	기타	사진		
새로 만듦		음복, 풍물 (회관)				
		음복 (제관집)				
백 년 이상 됨	지방	음복, 풍물, 윷 (제관집)				
새로 만듦		음복 (회관)				
백 년 이상 됨		음복, 풍물 (회관)				
		음복, 윷놀이 (회관)				
새로 만듦		음복 (현장)				

읍면동	리	마을(호수)	동제명칭	동신	제일	제관 수	제관 선정방법	재계	제비용	제수(①메, ②떡, ③실과, ④포, ⑤채소, ⑥적, ⑦육류, ⑧기타)
	남호1리	화산	동고사	산제당 (느티나무)	1.15 자시	헌관 1 축관 1 기타 2	1주전 생기복덕을 가려 정함	7일전 재계, 금줄, 황토	갹출	①~⑥
	남호2리	진장터	동고사	산제당 (느티나무)	1.5 자시	헌관 1 축관 1 기타 3	설 전 동회에서 결정	5일전 재계, 금줄, 황토	마을기금	②~④ ⑦
농암면	농암1리	구장터	파출소 무사고 기원	(느티나무)	1.15 자시	축관 1	파출소에서 주관	3일전 재계	면에서 지원	③④
	농암1리	구장터	동고사	산제당 (도로변)	1.1 자시	헌관 1 축관 1	일진을 가려 정함	3일전 재계, 금줄	마을기금	③~⑤
	농암2리	가실목	동고사 산신제 동제	골맥이당 3개소	1.2 자시	헌관 2	동지에 동회에서 결정	3일전 재계, 금줄	마을기금	①~④ ⑥
	종곡2리	뒷바리	동고사	동고사당	1.15 자시	기타 2	정초에 생기복덕을 가려 정함	3일전 재계, 금줄, 황토	마을기금	①③④
	종곡3리	한우물	동고사	산제당	1.1 자시	기타 2	12월 26일 일진을 가려 정함	3일전 재계, 금줄, 황토	위토	①~④ ⑥

축문	위패 (畫像)	파제 후 행사	기타	사진		
백 년 이상 됨		음복, 문서닦기 (제관집)				
새로 만듦		음복 (회관)				
		음복 (파출소) (방범대원 참석)	1951년 폭발물사고로 경찰순직 이후 지냄			
멸실됨	돌, 한지					
멸실됨	돌, 한지	음복 (회관)				
없음	한지					
새로 만듦	돌, 한지	음복 (회관)				

읍면동	리	마을(호수)	동제 명칭	동신	제일	제관 수	제관 선정방법	재계	제비용	제수 ①메, ②떡, ③실과, ④포, ⑤채소, ⑥적, ⑦육류, ⑧기타
	연천1리	상담 중담 벌마	동고사	산지당	不定日	기타 2	동회에서 일진을 가려 정함	7일전 재계, 금줄, 황토	위토	①③④⑥
	궁기리	상궁 중궁 하궁	동제	산제당 서낭당(돌) 성황당(느티)	1.3 자시	헌관 1 축관 1 기타 1	12월 27일 일진을 가려 정함	3일전 재계, 금줄, 황토	갹출	①③④⑥
	내서2리	서재	동제	산지당	10.5 자시	축관 1 기타 3	9월말 생기복덕을 가려 정함	3일전 재계, 금줄	갹출	①~④ ⑥⑦
	화산1리	상비치	산신제	산령각(당집)	1.2 신시	축관 1 기타 3	동회에서 일진을 가려 정함	3일전 재계, 금줄, 황토	갹출	②~④
	화산1리	중리	동고사	산지당(당집)	1.1 자시	기타 2	동회에서 일진을 가려 정함	3일전 금줄	마을기금	①~⑥
	화산2리	귀밀	동고사	산제당(나무)	1.1 자시	기타 2	12월말 호별 윤번제로 함	1일전 재계, 금줄, 황토	갹출	①③④
	화산2리	상중하	동고사	산지당	1.2 자시	기타 2	양력 12월 20일 호별 윤번제로 함	3일전 재계, 금줄	갹출	①~⑥

축문	위패 (畵像)	파제 후 행사	기타	사진		
새로 만듦	돌, 한지	음복 (회관)				
새로 만듦		음복 (제관집)				
멸실됨	한지	음복 (유사집)				
백 년 이상 됨		음복 (제관집)				
없음	한지	음복 (회관)				
멸실됨	한지					
멸실됨	한지	음복 (유사집)				

읍면동	리	마을 (호수)	동제 명칭	동신	제일	제관 수	제관 선정방법	재계	제비용	제수(①메, ②떡, ③실과, ④포, ⑤채소, ⑥적, ⑦육류, ⑧기타)
	율수2리	감막	동고사	산제당 (나무) 하당(돌)	1.2 자시	기타 2	동지 이튿날 호별 윤번제로 함	3일전 재계, 금줄	마을 기금	①~⑥
	갈동1리	웃갈골	산신제	산신당	12월 말 자시	헌관 1 축관 1 기타 2	생기복덕을 가려 정함	3일전 재계, 금줄	마을 기금	①~④ ⑥
	갈동1리	아랫 갈골	산신제	산신당 (당집) 골맥이 (느티)	1.1 자시	축관 1 기타 1	일진을 가려 정함	3일전 재계, 금줄	마을 기금	①~⑥
	갈동2리	농바위	동고사	산지당 (느티)	1.15 진시	기타 5	1월 10일 동회에서 결정	3일전 재계, 금줄	마을 기금	①③④
	지동1리	못골	동제	산제당 (느티)	1.2 자시	기타 2	이장, 마을총무가 정함	3일전 재계, 금줄	마을 기금	③④
점촌 1동	점촌동	안마			1.14 해시	헌관 1 참여자 전원	참여자 중 호선함		재단 법인 김두성 옹 유산 관리위	①~⑥
점촌 3동	홍덕동	홍덕	동제	돌므더기	12.14 자시	기타 3	통장이 의무적으로 함	1일전 재계, 금줄	마을 기금	①~⑤ ⑦

축문	위패 (畵像)	파제 후 행사	기타	사진		
멸실됨	한지	음복 (유사집)	불종지 득남			
새로 만듦	한지	음복 (유사집)				
새로 만듦	한지	음복 (유사집)				
멸실됨	한지	음복 (회관)				
멸실됨	한지	음복 (회관)	불종지 득남			
없음		음복 (노인회관)	김두성 옹이 토지를 마을에 희사함			
		음복 (회관)				

읍면동	리	마을(호수)	동제명칭	동신	제일	제관 수	제관 선정방법	재계	제비용	제수①메, ②떡, ③실과, ④포, ⑤채소, ⑥적, ⑦육류, ⑧기타
점촌 4동	홍덕동	갈밭깃골	샘고사	우물	1.14 자시	기타 1 (반장)	반별로 돌아가면서 함	금줄 황토	마을 기금	③④
	우지동	우지	동고사	느티나무	1.14 자시	축관 1 기타 2	1월 10일 생기복덕을 가려 정함	4~5일전 재계, 금줄, 황토	마을 기금	①~④ ⑦
	우곡동	아동	동고사	국사당 (당집)	1.14 유시	헌관 1 기타 1	1월 15일 깨끗한 사람으로 정함	7일전 재계, 금줄	마을 기금	①~④ ⑥⑦
	우곡동	신리	동고사	산제당 (당집)	1.15 자시	헌관 1 기타 3	1월 16일 윤번제로 함	1일전 재계, 금줄	갹출	③④
	우곡동	마본	동고사	성황당 (당집)	1.15 자시	헌관 1 기타 1	1월 동회에서 깨끗한 사람 선정	3일전 재계, 금줄	갹출 마을 기금	③④ ⑦
	우곡동	한절골	동고사	산신당 (당집)	1.15 자시 10월 첫 말날	헌관 1 축관 1	1월 10일 9월 20일 각각 결정	5~7일전 재계, 금줄	마을 기금	③④
	신기동	신기	동고사	산신당 느티나무	1.14 자시	헌관 1 축관 1 기타 7-10	정초 10통장 선정 후 동회 추인	5일전 재계, 금줄, 황토	마을 기금	①~⑦

축문	위패 (畵像)	파제 후 행사	기타	사진		
		음복 (회관)				
백 년 이상 됨		음복, 문서닦기	제기 매년 새로 구입 과거 송아지 희생			
없음	국사당 중수기	음복 (경노당)				
없음		음복 (당집) 문서닦기 (제관집)				
없음	城隍神 之神位	음복 (주관자집)				
새로 만듦	山王大 神神位	음복 (제관만)				
		음복, 풍물, 윷 (노인 회관)				

읍면동	리	마을 (호수)	동제 명칭	동신	제일	제관		재계	제비용	제수(①메, ②떡, ③실 과, ④포, ⑤채소, ⑥ 적, ⑦육류, ⑧기타)
						수	선정방법			
	불정동	안불정	동고사	느티나무	1.14 자시	헌관 1 기타 1	정초 통장이 주관함	7일전 재계, 금줄, 황토	마을 기금	③④ ⑦
점촌 5동	모전동	양지마 음지마	동고사	느티나무	1.14 자시	헌관 1 축관 1 기타 15	정초 통장이 주관함	7일전 재계, 금줄, 황토	마을 기금	①~⑦

축문	위패 (畵像)	파제 후 행사	기타	사진		
		음복 (회관)	40년 전 중지했다가 당시 초상이 자주나 다시 지냄			
새로 만듦		음복 (회관)				

문경의 별신굿

윤동현

문경의 별신굿

지금까지 별신에 대한 조사는 지역적으로 내륙지역보다는 해안지역의 별신굿 조사가 주를 이루고 있다. 내륙지역 또한 별신이 있으나 현재는 명맥만 남아있는 상태이다. 문경지역은 산북면 김용리, 석봉리, 동로면 적성리 등에서 별신이 연행되었고, 호계면 부곡리 와얏골 별신굿과 산북면 화장리 별신제가 전승되고 있다.

I. 호계면 부곡리 와얏골별신굿[1]

부곡리는 '막골'과 '와얏골', '삼실'이라 불리는 세 개의 자연촌락으로 이루어져있다. 1914년 전까지는 상주군 산서면 부성富城·와야瓦也·삼곡三谷 같은 이름으로 불렀다. 가장 큰 마을인 와얏골은 10년마다(만9년) 한 번씩 별신굿을 하고 있다.

별신이 언제부터 시작되었는지 정확히 알 수 없으나, 약 300~400년 전부터 있었다고 한다. 매년 엄숙하게 지내는 '동제사洞祭祀'와 다르게 서낭님을 마을로 모셔와 축제적 분위기에서 마을의 안녕과 평안을 빈다.

---

1) 이 마을의 한익수(남, 73세, 1934년생, 상쇠), 김종근(남, 70세, 1937년생, 노인회장), 한봉수(남, 69세, 1938년생) 씨께서 제보를 해주셨다.

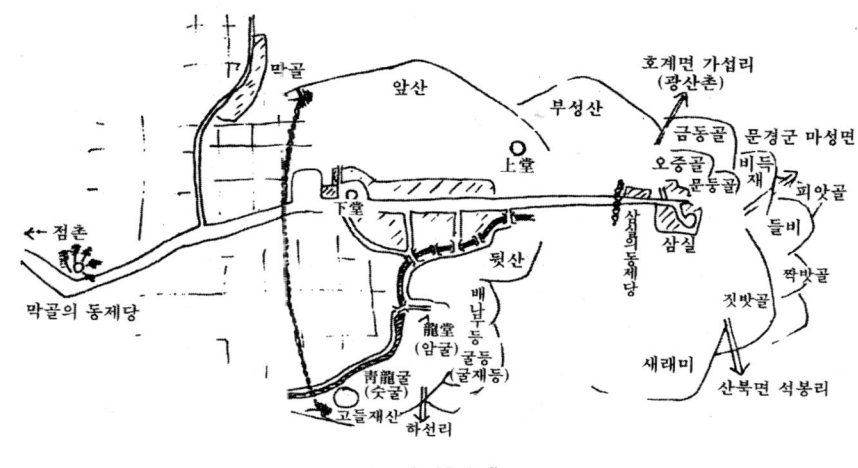

부곡리 마을지도[2]

동네 안녕을 위해 그래 해요. 동네 생기고 늘 해나왔는가 봐요. 어른들도 역사라 그런 거는 크게 없고, 중간에 왜정 36년도 겪고 6·25도 겪고 그래가지고, 6·25 났을 때도 가만히 그래 안하믄 안된다 하고 어른들이 주선을 해가지고 무당을 데려다가 한 예도 있고 그랬는데. 10년만큼 특별히 하는 거지요. 거창하지요. 그날은 (인간)사태가 나요. (한익수·김종근)

1. 준비과정

제관은 정월 초사흗날 선출한다. 매년 모시는 동제사의 제관 3명(제관, 축관, 집사) 이외에 별신굿의 제물을 장만하는 죽관(주관 또는 당주라고도 함)을 2명 더 선정한다. 동네 어른들 중 택일하는 분이 생기에 맞춰 제관을 뽑았으나 현재는 돌아가면서 제관을 한다.

별신굿에 소요되는 비용은 합성계에서 마련한다. 동대지비(洞垈地費), 합성계 기금(상가집의 일을 돕고 받은 돈), 마당걸립(지신밟기) 등을 통하여 모은 돈으로 충당한다.

---

[2] 이기태, 『공동체 신앙으로 본 지역문화사의 민속학적 인식』(민속원, 2004), 378쪽 참고.

빗신(별신)을 할라그라믄 무당들 노비도 줘야하고 그래기 때문에 돈이 많이 필요하단 말야. 돈은 어디서 나오나 하믄 상가집에 돈 나오는 게 있단 말야. 한 푼도 안 쓰고 줘모아 가지고 뭉채놓은 게 모지래믄 다당걸립을 하지. 그래믄 몇 백만 원 거뒀거든요. 그래가지고 별신을 치뤄요. 별신한다 하믄 알뜰이 모으죠. (한익수)

별신하기 전에 자금이 적으니께 자금 조성할라고 하는 기지. 설 아래서부터 회의해가지고 날을 정하지. 11년 전에 했으니께 돈 많이 낸 사람은 한 20만 원 낸 집이 댓집 되여. 보통 10만 원, 5만 원 정도. (김종근)

마당걸립은 매년 하지 않고 별신을 하는 해에 돈이 모자란 경우에만 한다. 정초에 회의를 통해 마당걸립 할 날짜를 정해 마을을 돈다. 마지막으로 별신을 한 1995년에도 마당걸립을 했다.

제물은 죽판집에서 제관부인들이 모여 준비하는데, 이때 다른 사람의 출입을 금한다. 동제사의 제물과는 달리 특별하게 진설하는 것은 '용떡'이다. 용떡 외에 백설기·돼지머리·오곡밥·쌀밥·탕·나물·과일 등을 장만한다.

별신할 때는 떡이 틀리여. '용떡'이라고 시루에다가 짚이나 이런 걸 넣고 절편을 둘둘 말아가지고 올리지. 그땐 음식이 많아여. 별신제에는 용떡이 둘이고, 백설기라고 흰떡 그것도 있고. 그 다음에 오곡밥기 드가고 백밥도 하고. 가진 나물 다하고. (김종근)

정월 열이튿 날은 줄 매는 날이다. 용당을 청소하고, 마을 입구에 금줄(동줄)을 친다. 금줄의 길이는 250~300m정도로 양쪽 산의 나무에 매어 외부인과 잡신의 출입을 금했다.

이것(금줄)도 간소화를 했지. 옛날에는 산 이짝에 나무하고 저짝 건네 나무하고 연결했다고. 잡귀 못 들어오고 험한 사람들 통행 못하도록 그래 했어요. 그러면 모여서 한나절 드리지 뭐. 그 기 잡귀를 방지한다고, 옛날 어른들 해놓은 거 보믄 말도 있고, 부채도 있고, 방망이도 있고 불의한 사람 오면

치라고 그런 걸 하고 그랬는데 말하자믄 무쇠방맹이라. 잡신들 이런 게 오믄 방맹이로 쳐서 못들어온다 그런 뜻이지. 지금은 간소화를 하니께 금줄도 짧고. (김종근)

동제사나 별신을 할 때는 금기가 엄해서 금줄은 단 이후에는 조심한다. 과거 정월에 초상이 나서 다시 동제사 날을 받아 3월에 한 적도 있었다.

우리 할매 돌아가서가지고 그때(정월) 못하고 3월 달에 했지. 동네 초상이 나가지고 장거리 해놓고 못했지. 새로 날 받아가지고 3월 달에 했는데요. (한봉수)

제관의 선출방식이나 금줄의 형태는 간소화되었으나 제관들은 금줄을 친 이후에 음주, 흡연을 금하고 외부출입을 자제한다. 또한 매일 밤 용담에 목욕재계하여 몸과 마음을 정결하게 한다. 그러나 모든 제의가 끝나는 날부터 제관은 일반사람과 마찬가지로 행동에 제약을 받지 않는다.

2. 별신굿 절차

무당은 정월 열나흘 날 점심 무렵이나 이른 오후에 마을 입구에 도착한다. 마을에서는 미리 농악대를 꾸려 무당 맞을 준비를 한다. 마을회관 앞에서 풍물을 울리고는 마을입구로 들어오는 무당을 맞이하러 간다. 무당과 일정한 거리를 두고 마주선 뒤, 마을사람이 "술령수" 하고 외치면 무당이 "예이"라고 대답한다. 이때 예포를 울리고 한바탕 놀음을 벌인다.

굿을 한 마당하믄, 무당 오믄 동민들이 "술령수"라고 소리 세 마디 질러여. 명이 내려오는 걸 허가를 했으니께 들어오시요 하는 소리라. 잡귀 못 오라고 숨어서 총을 쏘고. 무당은 무당대로 춤을 추고 쟁과리 북 뚜드리고, 우리는 여대로 놀고 같이 해서 상을 차래놓고 모두 앉애가지고 서로 술대접하고, 길에서 그래 답례를 하고 일로(이리로) 모시지. (한익수)

무당을 맞이하고 대접한 후에는 무당이 선두에 서서 마을사람의 안내를 받아 상당과 하당의 서낭을 맞으러간다. 상당 서낭은 수령이 800년 정도 된 소나무이고, 하당 서낭은 상당의 소나무와 거의 같은 수령의 소나무였으나 광복이 된 후에 고사하여 느티나무로 대신한 것이다. 먼저 상당 서낭님과 하당 서낭님을 찾아뵙고 인사를 드린다. 이어 무당은 다음날 별신을 지낼 용당에 들려 인사를 드린 뒤에 여장을 풀고 당을 꾸밀 준비를 한다.

무당이 점심 때에 올 때도 있고, 점심 먹고 올 때도 있고. 여 와가지고 서낭(상당, 하당)에 가서 절을 하고 신을 내려야지. 신을 내려서 용당(암굴)에 갔다 모셔놓고, 밤에는 그 분들이 전부 제사지낼 당을 준비허여. 꽃을 맨들고 희안한 거 맨들고 하더라고. (김종근)

이날 자정에 동제사 제관들은 제물을 가지고 먼저 상당에 가서 제사를 올린다. 제의는 '강신→초헌→삽시→제반부복→서낭님 소지→각호 소지→출향인 소지→농사 소지→우마 소지→재배'의 순으로 진행된다. 상당에서 제사가 끝나면 하당에서도 상당에서와 마찬가지로 제사를 드린다.

정월보름날 아침이 되면 무당들은 상당, 하당, 용당의 신을 서낭대에 내려 굿당으로 모신다. 이후 죽판집으로 가서 굿당에 놓을 제물을 운반한다. 제물을 운반하는 남자들은 바지저고리에 조끼를 입고, 어깨에는 붉은색과 파란색 띠를 양쪽에 걸치고, 허리에는 노란색 띠를 맨다. 그리고 긴 광목을 어깨에 멘다. 이들은 상에 제물을 얹어 머리에 이고, 입에는 한지로 만든 근봉謹封을 문다. 이것은 제물을 운반하는 도중에 말을 하거나 침이 튀는 것을 막기 위한 것으로 부정을 막기 위한 하나의 방편이다.

별신제에 제물을 주판집에서 가지고 나가잖아. 상을 하나씩 이고, 지꺼지(말하지) 말라고 입에다 한지를 물고, 광목 줄을 다리 양쪽에 끼고서는 일렬로 용왕제 지내는 곳으로 가여. 40명도 넘어여. 그 보믄 한 가지 한 가지라. 나물도 한 가지 한 가지 이래 놔 가지, 제사지내는 거 매로 업쳐 가지 않아여. 밤도 한 접시, 꽃감을 해도 한 접시 이래 상에다 놓고 가여. (김종근)

제물을 운반할 때 상노인과 제관, 무당들이 앞장을 선다. 뒤를 이어 용떡, 백설기, 돼지머리, 오곡밥, 쌀밥, 탕, 나물, 과일, 잔상의 순으로 선다. 죽판집에서 굿당까지 거리는 그리 멀지 않지만 운반하는데 1시간 넘게 걸린다. 제물 운반행렬을 보기 위해서 이웃한 마을에서 많은 사람들이 구경 오기도 한다.

굿당에 도착하면 제상에 제물을 차려놓은 뒤 소지를 올리면서 치성을 드린다. 소지는 서낭소지, 농사소지, 우마소지, 무병기복소지의 순으로 올린 후에 각 호별 연장자 순으로 소지를 올린다. 눌린 고기로 만든 잔상은 호별 잔을 올릴 때 쓰는데, 잔상의 개수는 호수와 같다.

> 그걸 가지고 차례대로 용떡부터 내려서 진설을 해어. 거기서 인제 제사를 지내지. (한봉수)

소지를 올리고 음복이 끝나면 무당들은 굿을 시작한다. 굿은 정월보름부터 열엿새 날 오전까지 계속된다. 별신굿에는 보통 5명 정도의 무당이 참여하는데, 별신을 할 때마다 인근에서 이름 있는 무당을 섭외했다. 1959년과 1968년에는 점촌 '달판네' 무당이 왔고, 1977년에는 안동 '애숭이' 무당이 왔다. 그리고 나서 1986년에는 예천의 무당이 했고, 1995년의 별신굿에서는 상주의 무당이 왔다.

> 내가 작년(2004년)까지 세 번을 무당 구하러 다녀봤는데, 이게 한군데 사는 게 아이고, 안동서 일류 잘한다는 무당을 찾아가믄, 예천도 하나 살고 저 김천도 하나 있고 여 상주도 하나 있고 그 분들끼리 손발이 맞는 사람끼리 서로 연락이 되가지고 그래 오지.
> 작년에 무당을 구하러 가서 무당들 하고 얘기를 한참 하니께, "그래, 얼매 줄라카느냐." 이래이께, 한 사람 앞에 500만 원씩 돌라카더라고. 그래가지고 우리는 마을에 별신제할라고 돈 천만 원 모아났는데, 오명이 오면 2,500만 원 아니야. 그러이 배보다 배꼽이 더 큰데 할 수가 있어야지. (김종근)

별신굿을 할 때마다 주무당이 교체되기 때문에 굿의 형식은 일정하지 않다. 그러나 대체로 부정을 치고 마을의 안녕과 복을 비는 축원굿을 한다. 1995년에 행한 별신굿에서는 무당의 성격에 따라 앉은 비손과 독경을 하기도 하고, 선굿을 하기도 했다. 굿을 마칠 무렵에는 신이 잘 응감했는지 살펴보기 위해 제상에 올린 돼지머리로 사실을 세웠다.

무당들은 굿을 마칠 무렵 서낭대를 들고 먼저 하당으로 가서 서낭을 좌정시키고, 다시 상당으로 가서 서낭을 좌정시켰다. 다시 용당으로 돌아와서 식수와 농수가 많이 나오도록 기원했다. 기원을 드린 뒤 서낭님이 굿을 잘 받으셨는지 알아보기 위해 대내림을 했다. 마지막으로 모든 잡귀를 물리치기 위한 뒤풀이를 하고 별신굿이 끝났다.

부곡리의 별신은 내륙지역 별신의 모습을 유추하는데 좋은 본보기가 된다. 또한 부곡리의 농악은 별신굿을 거행할 때도 중요한 위치를 점한다. 또한 장단이 우수하여 1995년 전국농악대회에 경북대표로 선정될 정도이다.

그러나 전승에 따른 어려움으로 제의가 점차 간소해지고 있다. 가장 큰 문제는 경제적인 어려움이다. 합성계에서 10년 동안 모은 기금 대부분을 별신굿에 써야 하는데다가 이마저 충분하지 못한 상황이다. 2004년 할 예정이었던 별신도 경제적인 문제로 현재까지 하지 못하고 있다. 또 다른 문제는 굿 내용이 정형화되어 있지 않다는 점이다. 할 때마다 무당이 바뀌면서 별신굿의 진행을 잘 알지 못하는 무당이 치제하는 상황이 되었다.

삼일동안 그 사람들(무당들) 품값을 줘가매 있기 때문에 최소한도 2~3,000만 원 드니니 경비가 겁이 나서 못했지. 그래서 전부 모여서 동회를 했는데, 동민들이 모여 하는 얘기가, "우리가 정성을 드리면 되지. 이렇게 들어서는 못한다." 하고, "간소화를 하자." 이래서 별신이 작년(2004년)부터 못했지. (김종근)

3. 도신제향기 禱神祭饗記

도신禱神은 별신의 다른 이름이다. 도신제향기는 1959년(己亥年)과 1968년(戊申年) 기록이 남아있다. 별신은 10년두리(만9년)로 한 것을 알 수 있으며, 제물의 내용을 비교할 수 있다. 특히 1968년에는 접대용으로 쓰인 물품이 별도로 기록되어있다. 또한 별신굿의 과정을 기록한 도신행사기禱神行詞記와 굿당의 제상 도면, 제물위치를 설명한 그림도 부가되어 있다.

己亥年禱神時物品代 (1959년 별신 제물 비용)

草席	一笠	九百圜也
廣木	三十馬	五千圜也
시루 통동우 오기 종지 접시	一介 二介 二介 一介 一介	九百圜
丈紙 白紙	一卷 三卷	千五百圜
北魚 미러치	一浮 一表	參千圜
목저	二封	
배차	五介	千四百圜
海衣	三톳	壹百五拾圜
힛초	二벵	六拾圜也
무수	一접	參百圜
羊燭	一動	壹百圜
인조紅色 인조黃色	嗎半 半嗎	五百圜
高登魚 石魚	三損 二尾	九百五拾圜也
샷탕가루	一斤	百參拾圜也
石油	一升	貳百九拾圜也
牛頭	壹首	七千五百圜也
烟草	두보루	參千圜也
食초	一壺	參百圜
午饒		千○八拾圜也
以上合計貳萬七千○六拾圜也		
酒判大記條 四千圜也 糯米 貳升 豆五合又车分 五升 洪年康신장대빗金 千圜		

짚자리	1립	900환
광목	30마	5,000환
시루 동이 오기 종지 접시	1개 2개 2개 1개 1개	900환
장지 백지	1권 3권	1,500환
북어 멸치	1부 1포	3,000환
나무젓가락	2봉	-
배추	5개	1,400환
김	3톳	150환
미역	2벵	60환
무	1접	300환
양초	1동	100환
홍색천 황색천	1.5마 1.5마	500환
고등어 조기	3손 2마리	950환
설탕	1근	130환
석유	1되	290환
소머리	1개	7,500환
담배	2보루	3,000환
식초	1병	300환
오요		1,080환
이상 합계 27,060환		
주판대기조 4,000환 찹쌀 2되 콩 5합(반 되), 모분 5되 홍년강 신장대비 1,000환		

戊申年禱神物目記(1968년 별신 물목기)

草席	一笠	酒米	二斗	통동우	二個	餠米	九升
시루	一個	찹쌀	二升	오개	二個	두부	四八모
종지	一個	적가루	三升	접시	一個	乾柿	一접二꼬지
장지	一건	香	一封	백지	四건	白菜	四포기
北魚	一띠	大根	半접	미러치	半포	眞油	二종지
洋燭	二封	木절	一〇〇枚	牛頭	一首	紅色	一馬
廣木	三〇馬	밤	一升	대추	一升		

짚자리	1개	제주용 쌀	2말	동이	2개	떡 만들 쌀	9되
시루	1개	찹쌀	2되	오개	2개	두부	48모
종지	1개	부침가루	3되	접시	1개	곶감	120개
장지	1권	향	1통	백지	4권	배추	4포기
북어	1띠	무	반접	멸치	0.5포	참기름	2종지
양초	2봉	나무젓가락	100개	소머리	1개	홍색천	1마
광목	30마	밤	1되	대추	1되		

接待用(접대용)

공치	三〇尾	石魚	四尾	食초	一병	味元	一封
海台	三톳	다시마	四〇원	酒藥	四〇원		

꽁치	30마리	조기	4마리	식초	1병	미원	1봉
김	3톳	다시마	40원	술약	40원		

禱神行詞記(별신 행사 기록)

一. 陰正月十四日 舞堂入洞時 洞前約五〇米地點에서 座停後 禮衣着服後 放砲一聲後 入洞

一. 上下堂 및 井湖人事 入住함.

一. 陰正月十五日 새벽 上堂前에서 不正굿後 上下堂任侍從後 굿堂入室.

一. 井龍主任侍從後 굿堂入室.

一. 致誠굿.

一. 同日朝飯後主堂宅入室 酌盤를 굿堂에로 侍從함.
一. 陰正月十六日午後 上下堂 및 龍堂還送함.
一. 退굿은 同日夜十二時後에 施行함.
以上

· 음력 정월 14일 무당이 마을에 들어올 때 마을 입구에서 50m 지점에서 좌정한다. 이 때 예를 갖춰 옷을 입은 후에 예포 한 방을 울리고 마을로 들어온다.
· 상·하당과 용당에 인사를 하고 집으로 들어간다.
· 음력 정월보름날 새벽에 상당 앞에서 부정굿을 하고 상·하당의 신을 모시고 굿당으로 온다.
· 용당의 용신을 모신 후에 굿당으로 온다.
· 치성굿을 한다.
· 같은 날 아침식사를 하고 죽판집에서 마련한 제물을 굿당으로 나른다.
· 음력 정월 16일 오후에 상·하당 및 용당의 신을 환송한다.
· 뒤풀이는 같은 날 밤 12시에 시행한다. 이상

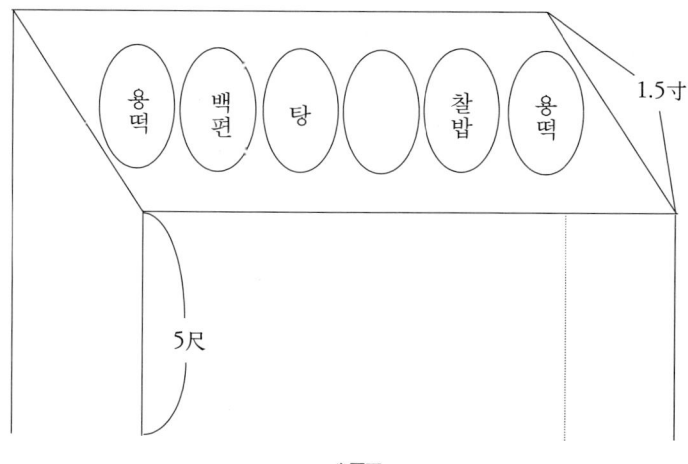

堂圖面

Ⅱ. 산북면 내화리 화장별신제[3]

내화리 화장花庄마을은 1914년 이전에 예천군 화장면에 속하였으나 이후 지방행정구역 개편 시에 문경군 산북면에 속하면서 내화로 개칭되었다. 마을에는 양천허씨陽川許氏가 처음으로 이주 정착하였다고 한다.

화장마을에서는 매년 정월보름에 서낭제를 지내며, 자년子年과 오년午年이 드는 6년마다 별신제를 행한다. 이것을 '잔상올린다' 혹은 '별신제'라고 한다. 서낭제와 별신제는 마을의 평안과 풍요를 기원한다. 별신제는 매년 행하는 서낭제보다 큰 규모로 지내고, 마을주민 전체가 화합하는 장이자 오락의 장이 되기도 한다.

화장마을에는 '동산모리'에 여신인 서낭이 있고, '수지끝'과 '한밭'에 서낭의 딸들이 있다. 삼모녀신三母女神을 모시는데 이와 관련된 당신화堂神話는 다음과 같다.

지금으로부터 약 400년 전에 설씨(薛氏), 허씨(許氏) 부부가 어린 두 자매와 함께 황사등(隍死嶝)에 살고 있던 중 설씨가 출타하여 오랫동안 돌아오지 않았다. 두 자매와 곤궁(困窮)하게 살아가던 차에 인근에 살던 무뢰한이 허부인의 화용월태에 현혹되어 야간에 침입하여 겁탈하고자 하니 수절코자 사투하다가 역부족으로 사절하였다. 어린 두 자매는 모(母)의 죽음도 모르고 시신에 매달려 울부짖다가 아사(餓死)하였다.

동민이 애통해 하여 동리 근처에 장사지냈으나 그 후 원혼이 되어 행인이 말을 타고 이곳을 지나면 말굽이 땅에 붙었으며, 음식물을 가지고 지날 때는 필히 고사(告祀)를 지내야 무사하였다. 그래서 산을 피해 천방으로 다녔으나, 동리에 불상사가 연발했으며, 농사는 흉년이 거듭되니 동민이 두려워 전전긍긍하였다.

그러던 차에 동리 존로(尊老)에게 허부인이 머리를 산발하고 남루한 옷을 입고 두 자매를 안고서 현몽하기를, "나는 원래 천상의 선녀로서 반화원(蟠花園)에 복숭아꽃이 너무 아름다워 두 시녀와 함께 가지를 꺾어다가 거실에 장식하였더니 옥황상제께서 보시고 '꽃가지를 꺾으면 결실을 할 수 없지 않느냐' 하며 대노하시고, '너희들은 내려가서 화장(花庄)을 잘 가꾸어 좋은 결실을 맺어 지은 죄를 씻고 돌아오라' 하였거늘 천명을 다하지 못하고 원혼이 되었으니 우리의 사체(死體)를 화장(火葬)하고 잘 안치해서

---

[3] 이 마을의 김함규(남, 74세, 1933년생), 유익석(남, 63세, 1944년생) 씨께서 제보를 해주셨다.

정성들여 기도해 주면 화장 동리의 영원한 수호신이 되리라." 하며 홀연 사라지니 비몽사몽일러라.

이에 곧 대동회를 열어 중의에 따라 사체를 화장하니 많은 구슬이 나와 청홍주머니에 넣어 행목(杏木)대에 달고 삼모녀(三母女) 옷을 입혀 삼인일신(三人一神)으로 당에 모시니 현재의 성황님이시다.

성황제는 정월 십삼일 동회를 열어 무고하고 정결한 사람을 골라 삼 일간 목욕재계하고, 대보름날 자시子時에 행한다. 자오년(子午年)에는 식년(式年)이라 하여 성황님을 동답(洞畓)의 좌우로 육갑(六甲) 육정(六丁) 36장군을 모시고, 화장 동리에 입주한 차례로 각문별로 헌관을 뽑고 집사를 정하여 유교제례에 토속을 겸하여 제사를 지낸다. 제사를 마치고 농악을 울리며 가가호호 방문할 때 성황님께 복(구슬)을 받는다는 뜻에서 청홍주머니에 동전을 넣어서 성황님이 차고 있던 주머니와 바꾸어 차기도 하고 자기 집의 성주 앞에 놓기도 하는 풍속이 있다.

1. 준비과정

별신굿은 음력 정월 초닷새 날이나 초엿새 날이 되면 마을사람들과 유사(전년도에 뽑힌 유사, 임기는 보통 2~3년이다)가 모여 상의를 한다. 이후 10일경에 동회의에서 제물과 행사 전반에 대한 회의를 하고, 13일에는 제를 모실 헌관을 선출하고, 제물을 구입한다.

보통 3~4일 전에 뽑아야 해. 옛날(30~40년 전)에는 일주일 전에 뽑았는데, 일주일 전에 뽑으면 담배도 못 피우고 술도 못 먹고. 집안에 아무 탈 없는 사람, 부정없는 사람, 집안에 임신한 매느리가 있거나 이래도 안되고. 말하자면 깨끗한 사람. 출입도 자주 해서 안되고, 나가서 더러운 거 볼 수 있으니까. 그런 사람 제관 못 뽑지. 또 찬물에 들어가 목욕재계하고 정월에 냇가 찬물에 들어가 목욕해야 하거든. 지금은 그래 안하고, 중책이 무거우니까 하루 이틀 전에 뽑아가지고 하지. (유익석)

우선 많이 뽑아. 한 10명 이상 뽑을 걸. 거기서 고장 나는 사람 있잖아. 예를 들어 가정에 큰일이 생긴다 이래 되면 빠지는 사람이 있단 말야. 비공식적으로 뽑아 놨다가 공식적인 사람만 나오고. 보통 (제관이) 7~8명 정도 나오지. (김함규)

제관을 선출할 때는 부정을 가리며 엄숙하게 금기를 지킨다. 제관으로 선출되면 집과 당에 황토를 뿌리고 금줄을 쳐서 부정을 막는다. 이날부터 문밖출입을 금하고 부정한 것을 가린다. 마을사람들 역시 제관의 집에 가는 것을 삼가하며 정월보름 제사를 지내기 전에는 초상이 나더라도 곡을 하지 못하고 서낭제를 지낸 뒤에 곡을 해야 된다.

제관은 초헌 반남박씨潘南朴氏, 아헌 예안김씨禮安金氏 종헌 영월엄씨寧越嚴氏가 한다. 이는 입향한 순서에 따른 것이라고도 하며, 세 문중의 원로들이 이 공동체 질서를 유지하는 데 중심적인 역할을 하는 것으로도 볼 수 있다. 30~40년 전까지는 제관이 일주일동안 금기를 지켜야 했지만 현재 금기기간은 이틀정도로 줄어들었다. 그러나 치성을 드리기 전에 반드시 앞내에 가서 목욕재계를 한다.

40년 전에는 매년 서낭제('서낭당에 잔 드린다'라고도 함)를 지낼 때 소임이 제물준비를 했다. 소임은 동답을 부치는 대신에 제물을 차리거나 동네 큰일이 있을 때 심부름을 했다.

> 예전엔 소임이라 했는데, 동네서 부려먹는 심부름꾼이 있었단 말야. 한 마디로 말해서 종이지 뭐. 그 집에서 모든 걸 다 했다고. 돈만 우리가 대주고 그래지. (김함규)

> 그땐 마이크도 없고 스피커도 없고 하니까 동네 집회를 하자면은, "동네 모이소" 하고 저 우 가서 한번하고, 이 아래 가서 한번하고, 골골이 가가지고 소리친다고. 대신 동네 대여섯 마지기 있는 거 공짜로 부치고 대신 음식 차리고, 동네 큰일 심부름 해주고, 옛날엔 그랬어. 지금은 그런 사람이 없으니까 온 동네 동민이 합심해서 하는 기지. (유익석)

서낭당에 잔 드릴 때는 동답의 도지(마지기 당 쌀 4말, 또는 쌀 40되)만 있어도 비용이 충분했지만, 별신을 지낼 때는 모자라기도 했다. 부족한 비용은 걸립으로 충당했다.

> 도지 받는 걸로 안되는데, 예를 들어 백만 원이 드갈꺼 같으믄 도지 받는 게 50만 원 정도면, 부족하는 건 집집마다 다니면서 걸립을 해가지고 거뒀지. 너도나도 있는 데로 성의껏 내니까. 그 돈이면 충분히 충당하지. (유익석)

옛날에는 돈이 없어가지고 서낭님 모시고 집집마다 가믄 믿음이 있으니까 쌀 한 되나 두 되 갖다놓고 절하고 그걸 걷어가지고 돈을 장만해가지고 동네돈도 만들고. 지금은 그런 게 없지. 자체적으로 동비를 마련해놓으니께. 지금은 동비로 하고 그래지만 옛날에는 걸립 많이 했어요. (김함규)

현재 별신제의 비용은 동비로 충당한다. 도가집에서 별신제에 쓰일 제물을 마련하고 부정이 없는 사람들 또한 지원하여 제물장만을 돕는다.

2. 별신제 절차

화장마을 별신제의 절차는 1996년 3월 3일부터 3월 4일까지(음력 1월 14일~1월 15일) 양일간 행해진 별신제를 중심으로 서술한다.[4] 이 해의 음력 정월 14일 오전 11시 10분경 마을회관의 앞마당과 동답의 옆에서 풍물을 울렸다. 오후 2시경 풍물패와 유사 엄주식 씨를 선두로 서낭님을 모시러 가기 위해 행렬을 지어섰다. 행렬은 '농기→옷을 든 유사→상쇠→부쇠→징→북 2명→장구 1명→소고 8명→잡색(포수, 원숭이, 양반), 제관' 등의 순으로 이동했다.

서낭당은 마을의 북쪽에 위치한 동산모리의 산 입구에서 100m 정도의 높이에 있으며 동쪽을 향해 당집이 세워져 있다. 당집은 한두 평 정도의 크기이며, 문은 양쪽 여닫이로 열 수 있는 나무문으로 되어있다.

오후 2시 10분경에 당집에 도착해서 먼저 청소를 하고 서낭님에게 옷을 갈아입혔다. 서낭의 신체는 세 개의 고깔과 세 벌의 옷을 겹쳐 입은 모습으로 형상화되어 있다. 그 위에 새로 준비해간 옷을 덧입히고 머리에 한지로 만든 고깔 3개를 씌워 고정되도록 무명실로 묶었다. 서낭에게 옷을 갈아입힌 다음에는 서낭을 모시러 왔음을 고하는 제사를 올렸다. 이때 제상에는 북어 한 마리와 술 석 잔을 제물로 진설했다.

제를 마친 후 2시 35분경에는 유사가 서낭의 신체를 모시고 마을로 내려왔다. 마을을

---

4) 문경시청 기획감사담당관실의 박창희 씨가 제공한 VTR과 이를 캡쳐한 사진자료를 제공하였다.

한 바퀴 돈 다음에 도가집으로 서낭을 모셨다. 도가집 안방에는 미리 병풍이 쳐두고 서낭을 맞을 준비를 해놓는다. 병풍 앞에 서낭의 신체를 세운 후에 도가집부부가 술 석 잔을 부어 올린 후 재배하고 물러나와 밤을 지새웠다.

도가집에서는 서낭제와 별신제에 쓸 제물을 장만하느라 분주했다. 도가집 부부와 제관들은 제상에 올릴 떡을 장만하고, 잔상에 놓을 산적과 제물 위에 꽂을 한지로 만든 꽃을 만드느라 여념 없었다. 잔상은 육갑 육정의 장군들의 상으로 36개의 상을 차려야 하기 때문에 많은 양의 산적을 꿰어야 했다.

이날 저녁 9시 50분경에는 도가집에 모여 있던 제관들이 목욕재계를 하기 위해 앞내로 갔다. 10시경 도착하여 찬물에 들어가 몸을 씻었다. 제관들은 목욕을 마친 후 잠시 쉬었다가 11시 30분경 제물을 차려 산지당과 골매기, 천룡에게 제를 지내러 갔다.

산지당은 마을의 동북쪽에 위치하고 제관 세 명이 참석했다. 제당에 올라가면서 바가지의 물을 나뭇가지로 찍어 뿌리며, "물 위 부정, 물 알 부정, 온갖 부정 다 물러가소" 하고 부정을 쳤다. 15일 0시경에 도착하여 백설기를 시루채 놓고, 돼지고기·명태·과일 등을 진설했다. 이후 '분향→강신→참신(재배)→독축→재배→부복→재배→소지올리기'의 순으로 제를 진행했다. 독축을 할 때에 미리 준비해간 주산축을 읽었다. 그리고 소지를 올릴 때는 동네의 무사안녕을 비는 소지를 먼저 올리고, 농사소지, 우마소지 등을 읽었다. 끝으로 제물 중 떡과 고기의 일부를 떼어 산지당의 바위 앞에 놓은 후 하산하였다.

옛날에는 굿을 하는 사람을 데리고 갔어. 온 동네가 편하도록 해달라하고 지끼고, 잔 붓고, 절하고, 소지도 올리고 내려왔단 말이야. 지금은 가가지고 잔 부어놓고 절하고는 우리들이 소지올리고 고루 편케 해달라고 내래오지. (유익석)

같은 시각 마을 입구의 천룡당에서도 제가 진행되었다. 산지당의 제차와 마찬가지로 '분향→강신→참신→독축→재배'의 순으로 진행되었고, 음복과 헌식을 한 다음 소지를 올렸다. 소지를 올릴 때는 산지당과 마찬가지로 동네 안녕을 비는 소지와 각 가정의 무고를 비는 소지, 농사나 우마를 비는 소지를 올렸다.

산지당 제물진설도	천룡당 제물진설도
술잔 백설기시루 돼지고기　　명태1 밤　배　사과3　대추 향	술잔　술잔　술잔 백설기 돼지고기　　돼지고기 명태2 배2　사과5　향　밤　대추

산지당에서 읽는 주산축 主山祝

維歲次 某年某月某日 幼學 某

敢昭告于

主山之神功德之南淑氣磅礴主山作高惟神斯赫鎭我閭井

昭闡靈德何災迎祥驅凶納吉妖魔毒蝱囚首屛息歌鼓塡巷

歡笑盈室三農穰登六蓄繁殖何莫神賜自古在昔月正上元

歲薦芬苾豈日報賽惟誠之格尙　饗[5]

유세차 ○년 ○월 ○일 유학 ○○○는

감히 밝혀 고하나이다.

　주산의 신이시여. 공덕(공덕산)의 남쪽에 맑은 기운 널리 넓혀 주산을 높게 지으셨습니다. 오직 신께서 이를 빛나게 하시어 우리 마을을 중하게 여기시고 신령한 덕을 밝게 여겨서 재앙을 꾸짖어 상서로움을 맞게 하시고, 흉함을 몰아내어 길함을 들게 하시고, 요마(妖魔)와 독진(독한 벌레)들도 머리를 가두어 쉬게 하시고, 즐거운 웃음소리 집마다 가득하게 하시고, 농사는 풍년이 들게 하시고, 가축이 번성하여 번식케 하시니 어찌 신께서 주신 것이 아니겠습니까? 옛부터 그 옛날에도 있었으니 정월달 상원에 해마다 무당시켜 제사드림이 어찌 굿이라고만 이르겠습니까? 오직 정성에 감동하옵소서. 상향

---

5) 모든 축문의 형식은 예안김씨 휘는 인규(1858~1916)라는 분이 쓰셨다고 한다.

천룡당에서 읽는 천룡축川龍祝

維歲次 某年 某月 某日 幼學 某
敢昭告于
靈原作川 維龍得所 護我村巷 融結四抱 赫赫靈神
德施斯普 時雨時賜 豊登滿溝 呵災滋祥 歡娛塡塗
神惠實多 賽祀何報 虔薦芬苾 格我誠禱 尙 饗

유세차 ○년 ○월 ○일 유학 ○○○는
감히 밝혀 고하나이다.
신령한 근원이 내를 이루어 놓아 용께서 사실 곳을 얻으시고, 우리 마을을 보호하시와 두루 안아 화합으로 맺게 하시네. 혁혁하신 영신이시어 덕을 고르게 베푸시어 때맞추어 비오고 때로는 화창하여 가득히 풍년이 들게 하시고 재앙을 꾸짖어 쫓고 상서로움을 더하시어 골 가득히 즐겁게 하시니 진실로 신의 은혜가 많습니다. 그 보답으로 굿을 하며 제사 드리며 정성껏 분필(芬苾)하오니 저의 정성된 기도에 감응하옵소서. 상향

밤을 지내고 정월보름날 아침 9시 30분경에는 동회관 앞에 모여 풍물을 맞춰 치기도 하고 별신제가 거행될 장소에 '솔포(천막)'를 쳤다. 9시 50분경 마을사람들이 모두 모여 서낭님을 모시러 도가집으로 갔다. 갈 때부터 풍물을 울리며 도가집에 도착하면 한바탕 풍물판을 벌인다.

당주(도감)가 서낭님의 신체를 들고 앞장서면 뒤를 이어 제관, 풍물꾼, 제물을 든 마을사람들이 따라갔다. 제물은 무거운 떡시루를 제외하고 모두 여자들이 들었다. 여자들은 한복을 입고 머리에 흰 수건을 둘렀고, 제물을 머리에 이었다. 제물을 든 사람들은 부정이 타지 않도록 폭 한 치, 길이 일곱 치 되는 한지를 입에 물었다.

10시 15분경 마을의 동답의 솔포 안에 도착하여 제상 뒤에 서낭의 신체를 모시고 제물을 진설했다.

초				초
백설기	돼지고기	어물	돼지머리	잡곡밥
두부	전	탕	탕	탕
밤	과줄 전병	사과	배 곶감	대추

별신제 제물진설도

　10시 55분경 제관들이 참석하여 유교식 제의로 별신제를 거행했다. 헌관은 모두 3명으로 초헌관은 박씨, 아헌관은 김씨, 종헌관은 엄씨가 맡았다. 집례를 보는 사회자 1명, 축관 2명(한문축을 읽는 사람 1명, 한글로 축을 풀어주는 사람 1명), 헌관을 모시는 알자 1명, 찬인 1명, 집사자 4~5명, 당주 1명이 집례했다.

　풍물패와 마을사람들은 솔포 밖에서 제의가 끝날 때까지 지켜봤다. 제의를 마치면 음복을 하고 서낭의 신체를 든 유사가 풍물패가 안으로 들어와 춤을 추며 놀았다. 이후 서낭을 모시고 각 집에 가서 걸립을 했다. 서낭을 맞을 집에서는 미리 마루에 쌀을 놓은 상을 준비하여 기다렸다. 서낭이 들어오면 상 앞에 모시고 집주인들이 돈을 놓고 재배를 했다. 앞소리를 하는 사람은 성주풀이를 하고, 그 집의 재수소망을 빌었다.

성주풀이1	성주풀이2
에라 만수	경상도라 안동땅에
에라 대신이여	제비원에 솔씨를 뿌려
성주본이 어데메뇨	그 솔이 점점 장성하야
제비원이 본일너라	이 집 재목이 되었구나
제비원의 솔씨를	이집 성주는 초가집 성주
이편 데편에 던졌더니	초가집 성주도 와가집 성주
그 솔이 점점 장성해	아들나면은 효자가 되고
소장목 되고 대장목 되어	딸이 나면은 열녀가 되고
도리기둥이 되었네	소가 나면은 늑대우 되고

남의 집 성주는 초가집 성주 말이 나면은 용마가 되고
우리 집 성주는 와가집 성주 개가 나면은 청삽살 되고
서낭님을 모셨으니 닭이 나면은 봉이 나소
재수소망을 빌어주고 에라 만수
만수무강을 빌어주세
아들이 나면 효자요
딸이 나면 열녀라
말이 나면 용마고
소가 나면 늑대우
개가 나면 청삽살
닭이 나면 봉황이다
에라 만수
어라 대신이여

서낭님이 오기를 요청한 각 집을 모두 돌고난 후 오후 5~6시경에 서낭당으로 이동하여 서낭당 안에 서낭의 신체를 모시고 제를 지냈다. 이때 제물은 술과 포만 간단히 올린다. 이때는 축문으로 환당축還堂祝을 읽었다.

還堂祝(환당축)

維歲次庚午元月戊寅朔十五日丙午 幼學潘南朴贊孝告辭于
憧恐城隍自至式年 不備傍牀 四民夷丹 色荒曲怨今以還堂 造化協贊 率神將軍 里洞守護
百拜伏望虔告謹告

유세차 ○년 ○월 ○일 유학 ○○○는
황공하옵게도 성황님께 고하나이다. 식년에 이르러 잔상을 갖추지 못하고, 온 마을사람의 착한 마

음의 거칠어짐을 덮고, 소소한 것은 용서하옵소서. 이제 당으로 돌아가오니 조화로 도우시고 신과 장군을 인솔하셔서 마을을 수호하여 주심을 백번 절하며 엎드려 바라옵니다. 정성들여 고하며 삼가 고하나이다.

모두 재배한 후에 서낭당집의 문을 닫은 후 풍물이 시작되고 마을로 돌아와 놀았다. 70여 년 전만 하더라도 무당과 사당패들이 초청되었다고 하나 지금은 풍물과 유교식 동제의 모습만 남아있다. 또한 농촌의 고령화로 인해 제의를 전승할 사람이 줄어들고 있다.

자오년에 서낭당에서 여까지 왔다가 여 터논에서 징 장구치고 한나절 놀다가 올라가는데, 지금은 사람들이 전부 70대 이상이라. 내년 저 내년(2008년)인데 과연 하겠는가. 그것도 앞으로 축소가 될끼구만. (유익석)

Ⅲ. 산북면 김용리 별신굿[6]

산북면 김용리金龍里는 김씨 성을 가진 사람이 부모님에게 효성이 극진하여 용이 되어 승천한 것에서 유래한 이름이라고 한다. 또는 김룡사金龍寺 절을 창건한 이후에 김룡이라는 동명이 붙여졌다는 말이 있다.

김용리는 '김용', '오산동', '갓마'의 자연 마을로 이루어져 있다. 김용리에 속한 김용, 오산, 갯마 세 동네는 각각 동고사를 모시지만 별신은 함께 지냈다. 김용리의 별신은 5년두리로 무당을 불러 큰굿을 했다. 김용리 서낭당은 서낭부부를 모시는데 이와 관련된 당신화堂神話는 다음과 같다.

오래전 김용리에 사는 노부부는 운달산에서 땔나무를 채취하며 살고 있었다. 하루는 나뭇짐을 지고 산에서 내려오는 중에 나뭇짐 위에서 달랑달랑하는 방울소리가 들렸다. 신기하게 여긴 노인은 나뭇짐

---

[6] 이 마을의 김삼룡(남, 91세, 1916년생), 김학수(남, 79세, 1928년생) 씨께서 제보를 해주셨다.

을 내려놓고 뒤져보았으나 아무것도 없었다. 다시 나뭇짐을 지고 집까지 오는데 여전히 방울소리가 계속 나는 것이었다. 집에 돌아온 노인은 다시 나무를 샅샅이 살펴보니 나뭇짐 속에서 방울이 하나 있었다.

노부부는 그 방울을 방으로 가지고 가서 벽에 걸어두고는 밤이 되어 잠을 잤다. 그런데 꿈에 백발노인이 나타나 말하기를, "그대는 오늘 나뭇짐에 딸려온 방울을 따뜻하고 깨끗한 곳에 모시고 위하면 이 마을이 번창하고, 그대에게 드리는 고마움도 길이 남을 것이다." 하고 사라졌다.

잠에서 깨어난 노부부는 꿈이 신기하여 동리의 어른들에게 방울의 경위와 꿈 이야기를 설명했다. 그리고 현몽한 대로 양지바른 곳을 택하여 1848년(道光28年, 戊申)에 당을 지어 방울을 모셨다. 그 뒤부터 동리가 부자마을이 되었다고 한다.

그로부터 동리에서는 매년 음력 정월대보름날 성황당에 제사를 올리니 해를 거듭할수록 방울의 영험함이 이웃 동리까지 널리 알려져서 동리에서는 5년마다 별신제를 올렸다고 한다.

방울을 가져왔던 노부부가 슬하에 혈육 하나 없이 별세한 후 방울을 모셨던 움막을 헐고 보니 방울도 함께 사라졌다고 한다. 그 후 1903년(光武7年, 癸卯) 방울이 모셔져 있던 곳에 성황당을 세우고 노부부의 초상을 제작하여 모셔놓고 매년 제사를 받들고 있다.

노부부의 초상이 어찌나 영험한지 제물을 씻은 물까지도 제사가 끝난 뒤에 버려야 했으며 만약에 제물을 씻은 물을 개나 닭이 먹으면 한 발짝도 못가서 죽는 일이 있었다고 한다.

별신을 하면 동네가 편하고 농사도 잘되며 마을사람들이 병에도 걸리지 않는다고 믿었다. 그러나 별신은 1945년까지 하였고 지금은 중단되었다.

별신을 하는 해에는 별신하기 10일 전에 동회를 개최한다. 동회에는 동네어른들과 구장(이장)이 주체가 되어 세 동네 모두 모여 별신을 준비한다. 동회에서는 1년간 살림을 맡을 유사를 선출하고, 뽑힌 유사는 봄에 돈이나 곡식을 빌려주었다가 가을에 이자를 받아서 마을 재정을 관리한다.

별신에 드는 비용은 동네돈과 걸립을 통해 충당한다. 동네유지는 자기 성의대로 내고, 동네 젊은이들은 걸립을 하여 비용을 마련한다. 걸립은 하루정도 돌았는데, 걸립패는 약 30명 정도였고 선두에 동네 서낭기를 들고 다녔다. 걸립을 통해 거둔 쌀과 곡식을 팔아서 돈을 마련하고, 유사가 관리하는 동네돈과 합쳐서 별신에 쓸 제물과 무당에게 줄 돈을 마련한다.

동회에서는 별신에서 제를 모실 제관 1명과 제물을 만들 당주 1명을 생기를 맞춰 선정한다. 제관과 당주는 바깥출입을 자제하고 부정한 것을 가린다. 또한 제관으로 선정되지 않은 사람들 중에서도 궂은일을 본 사람은 제관과 당주집에 얼씬도 하지 않고 조심한다.

13일 아침에 제관과 유사는 당에 올릴 제물을 사기 위해 장을 보러간다. 다른 사람들은 아침식사를 마치고 당이나 제관, 당주집에 금줄을 친다. 금줄은 마을에 잡귀가 들어오지 못하도록 치는 것이다. 마을 입구를 지키는 신인 골매기서낭에 치는 금줄은 왼새끼를 꼰 굵은 짚에 한지를 달고, 짚으로 말을 만들어 매단다. 말을 매다는 것은 서낭님이 말을 타고 오시라는 뜻이다. 그리고 서낭님이 말을 타고 줄을 왕래할 때에 잡신이 풍물을 치고 따라간다는 의미로 징과 방망이를 달아놓는다. 금줄을 친 뒤에는 황토를 뿌리고 솔가지를 꽂는다.

마을사람들은 무당이 오기 전에 별신 할 장소에 '소포(천막)'를 쳐서 준비를 해놓는다. 별신은 서낭당 건너편에 논과 밭이 있었던 곳(현재 주차장)에서 행해졌다. 무당이 13일 낮에 동네 입구에 들어올 때 마을사람들은 풍물을 치며 무당들 맞으러 갔다. 별신을 할 당시에 신기(문경시 신기동)의 무당을 부르면 총 암무당이 2명, 숫무당이 2~3명가량 왔었다. 그러나 별신을 할 때마다 무당을 각처에서 데려와서 다른 무당들은 어디에서 왔는지 알 수가 없었다. 마을사람들이 풍물치고 무당을 맞아 마을로 들어왔다. 무당들은 우선 서낭당에 가서 기도를 드리고, 별신터에 모여 있는 마을어른들께 인사를 한다.

무당들은 별신을 할 동안 마을 유사집에서 숙식을 한다. 유사집에 기거하면서 굿에 쓰일 고깔을 만들고, 당집에 걸어둘 종이 장식과 제물에 장식할 종이꽃도 만든다. 반면 당주는 굿을 하기 전에 서낭을 내려 받을 소나무 신장대를 베어온다. 신장대 윗부분에는 한지를 매달아놓는다.

본격적인 굿은 14일부터 시작하여 15일까지 한다. 무당과 풍물패가 마을 입구의 골매기에 들려 간단하게 굿을 한 다음 당주집으로 간다. 당주집에서는 장만한 음식과 떡을 열두 상 정도에 차려놓는다. 제물은 두부·소고기·돼지고기·삼실과·부침·편·포·백설기·팥시루떡 등을 올린다.

특히 별신을 할 때는 여러 가지 떡을 장만한다. 시루도 새로 사서 시루채로 올린다. 그리고 특별하게 '동우떡'을 올린다. 동우떡은 시루 속에 깨끗한 짚을 꽉 채워놓고, 물들인 절편이나 인절미를 끊어지지 않게 시루 겉에 층층이 잡아 돌린다. 그리고 거기다가 대추씨를 발라내고 껍질을 절편에다 박아 떡에 장식한다. 각 음식과 떡에는 한지를 꽃처럼 오려서 붙인 다음 지릅(껍질을 벗긴 삼대)이나 싸리꼬챙이에 꽂아 장식한다.

서낭에게 올릴 제물은 깨끗한 마을 청년들이 어깨에 광목을 연결해서 운반하는데, 입에 종이를 물어 말을 하지 못하게 한다. 운반한 떡은 김용서낭당에 가져가서 떡시루 안의 종지에 참기름을 넣어서 심지에 불을 켜놓는다. 서낭의 화상 앞에도 촛불 2개를 켜놓는다. 당주와 제관은 절을 하고, 무당은 마을사람에게 대를 내린다. 신장대는 무당이 "무슨 생이래야 대가 잘 내리고, 신장이 온다."고 해서 마을사람 중에 생기가 맞고 깨끗한 사람을 고른다. 보통 당주의 생기가 맞으면 잡기도 하고, 대가 잘 내리는 사람이 잡기도 한다. 신장대를 내릴 때 풍물을 울려서 대가 흔들리면 서낭이 내린 것이다. 신이 내리면 마을사람들은 절하고 마을이 무사하고 농사가 잘되기를 빌었다.

떡을 제외한 나머지 제물들은 포장을 친 별신터에 진설한다. 또한 별신터에 서낭의 화상을 모셔놓고 밤새도록 굿을 한다. 무당이 춤추고 소리를 하면 돈이 많이 쏟아졌다. 마을사람들은 무당이 꽹과리 들고 돌아다니면 뒤에서 돈을 던져주었다.

15일 오전에 서낭님 떠날 때에는 서낭 내릴 때와 마찬가지로 신장대를 잡아 하직인사를 드린다. 무당들과 마을사람들은 "서낭님, 우야든 동네 잘되도록 맨들어 주이소" 하고 기원을 한다. 그런 다음 서낭의 화상을 당으로 다시 모신다.

별신을 모두 마치고 나면 유사·구장·동네유지 등이 모여 동회를 연다. 별신에 들어간 제물과 무당에게 해준 식사비, 무당품값 등을 결산한다. 굿을 마치고 나면 음복을 하고 신명이 오른 사람들은 무당에게 돈을 쓰면서 더 놀기도 한다. 특히 젊은 무당이 오면 같이 노래도 부르고 춤도 추며 노는 사람도 있었다. 특히 돈이 좀 있는 사람이나 건달들이 오면 무당들이 돈을 많이 벌 수 있었다. 무당이 일을 마치고 갈 때는 돈과 음식을 한보따리씩 챙겨가지고 갔었다.

별신을 할 때는 인근의 석봉·거산·부곡·이곡·산북 소재지 등 산북면민이 모두 구경하러 와서 별신 장소가 꽉 들어차 인간사태가 날 정도였다. 지금처럼 즐기고 놀거리가 없었던 당시에 별신은 큰 구경거리였다. 별신을 하면 사람이 많이 모이기 때문에 주변에 임시가게와 장사꾼이 모여들었다. 마을사람이나 외지사람들이 가게를 짓고, 돼지를 잡아 고기나 순대국을 술과 함께 팔기도 했다. 그리고 무당굿과는 별개로 별신에 놀러 와서 술을 먹기도 하고, 모여서 노름판도 벌어졌다.

김용리 별신은 일제강점기에도 계속해서 이어졌지만, 광복 후부터 경제적 여건이 여의치 않아 지내지 못했다. 그 대신 별신이 든 해에 동고사를 지낼 때에는 제물을 많이 차려서 풍족하게 지내거나 경을 읽는 사람을 불러 기도를 드리기도 했다. 지금은 간략하게 정월 14일 밤에 서낭님에게 밥·술·떡 등을 가지고 가서 고사를 올린다.

Ⅳ. 산북면 석봉리 샛골 별신굿[7]

석봉리는 크게 석봉은 '봉상'과 '봉하'로 나누고, 열두 골짜기마다 사람들이 살았다고 해서 '샛골'이라고도 한다. 영산김씨가 가장 먼저 입주한 곳으로 마을이 생긴 지 약 400년 정도 되었다.

별신제는 약 300년 전부터 계속된 것으로 당시 마을 뒷산 '주춧밭골산' 아래 대여섯 가구가 살고 있을 때, 어느 날 저녁 김씨네 아이가 행방불명이 되어 마을사람들이 산과 들을 탐색하였으나 찾지 못했다. 얼마 후 모개나무골 '견호장犬虎場'에서 호랑이에게 물려 사체로 발견되었다. 그 뒤에 계속 우마계견牛馬鷄犬의 호환이 많이 발생하여 이를 두려워한 동민이 서로 상의하여 산제를 올리기로 하고 이를 '별신제'라고 하였다. 이후 국사봉에 산제당을 설치하고 갑甲자가 드는 해마다 별신제를 하였다.

석봉리의 별신은 무당을 불러 하는 마을굿으로 1980년경에 중단되었다. 동고사는 석봉리의 각 자연마을별로 지내지만, 별신은 석봉마을 전체가 같이 지낸다. 별신은 국수봉 서

---

7) 이 마을의 이종필(남, 84세, 1923년생), 임억순(여, 86세, 1921년생) 씨께서 제보를 해주셨다.

낭님을 모시고 정월 14일부터 16일까지 지냈다.[8] 현재 80세 이상인 촌로의 증조부들도 별신을 했다고 한다.

별신을 하는 해가 되면 정월에 마을이장과 동네어른들, 주모자들이 모여서 누가 무엇을 어느 정도 낼 것인지 결정한다. 초사흗날부터 곡식과 돈을 거둬 별신에 쓸 제물과 무당에게 줄 돈을 준비한다. 그러나 해마다 걷지는 않고 별신이 든 해에만 거둔다.

별신을 할 때는 부부의 생기를 맞춰서 깨끗하고 부정하지 않은 당주를 두 명 선출한다. 당주집은 별신에 쓸 제물을 장만해야 되기 때문에 집이 커야 한다. 그러나 별신을 하지 않은 해에는 당주를 한 집만 뽑는다.

제물은 마을사람들이 당주집에 모여 같이 장만하는데, 제물에 침이 튀어 부정이 타지 않도록 한지를 입에 물고 말도 하지 않는다. 또한 제물로 올릴 음식은 절대 맛보지 않는다. 제물은 '동우떡'(동우에 찰떡을 감아 콩과 팥을 넣고 칭칭 감아 올려놓은 떡)과 두부·적·돼지고기·소고기·과일 명태포 등을 올린다.

별신을 하는 해가 되면 무당들이 미리 와서 굿하기를 자청했다. 무당들은 석봉에서 별신을 하면 그해 재수가 있다고 해서 서로 오려고 했다. 무당은 인근 지역인 문경·마성·우곡 등지에 왔다. 보통 단골이 있어서 이전 별신을 진행 사람이 계속해서 맡아서 했고, 그 무당이 별신에 올 무당을 섭외했다.

별신은 현재 마을 입구의 축사가 있는 논에서 행하였다. 예전에 별신을 할 때에는 밭이 있었는데, 무당이 오기 전에 동네의 병풍을 모두 거두어 쳐놓고, 집집마다 멍석을 가져와서 밭에 펴놓았다. 동네 유지와 나이 많은 어른들은 깨끗하게 도포를 차려입고 멍석 위에 방석을 깔고 빙 둘러 앉아서 무당을 기다렸다.

14일 낮에 무당이 마을 입구에 들어오면서 풍물을 친다. 보통 남자무당을 포함하여 3~4명 또는 5~6명이 온다. 무당이 도착하면 그중 대표 무당을 불러 마을어른들께 데려가면, 어른들이 "니가 여 우에 왔노(네가 여기 어떤 일로 왔느냐)?" 하고 묻는다. 무당은 별신하러 왔다고 대답하고, 어른들은 동네 편안하고 농사가 잘되도록 서낭님께 잘 빌라고 청한다. 그

---

8) 일설에는 1주일간 별신굿을 했다고도 한다.

런 다음 마을사람들도 풍물을 두들기고 같이 논다.

14일 무당이 오기 전에 당주 중 한명이 산에 올라가서 곧고 좋은 소나무를 베어 신장대를 만든다. 미리 베어놓은 신장대를 당주가 짊어지고 무당과 함께 국수봉서낭님을 모시러 간다. 무당이 절하고 빌면 대가 흔들리는데, 무당이 "내려갈까요?" 하고 묻고는 국수봉 서낭님을 모셔와 포장을 친 별신터에 모셔놓는다.

당주집에서는 장만한 음식과 떡을 소반 스물일곱 개에 나누어 놓는다. 각 음식과 떡에는 꽃을 꽂아 장식한다. 당주집에서 별신터로 제물을 옮기는 동네 젊은 남자들은 말하지 못하도록 입에 한지를 물린다. 어깨에 광목 한통을 연결해서 소반을 메고 중간에 쉬지 않고 별신 장소까지 제물을 옮긴다. 제물은 소나무로 만든 신장대 앞에 놓은 제상에 진설했다.

무당은 제물 앞에서 자리 깔아놓고 늦은 밤까지 굿을 하는데; 밤을 새지는 않았다. 마을 사람들은 밤에도 제장을 비우지 않고 모닥불을 쬐면서 굿이 끝나는 날까지 지킨다. 16일에 무당들이 서낭님에게 올라가시라고 빌면 신장대가 흔들리고 이것으로 굿을 마친다.9) 별신이 끝나고 나면 신장대는 먼 곳에 내다버린다. 그리고 무당들에게 음식을 대접하고 수고비를 준다.

별신은 인근지역 내의 큰 구경거리여서 다른 곳에 알리지 않아도 때를 맞춰 사람들이 많이 찾아왔다. 구경꾼이 인산인해를 이룰 정도라서 마을사람들은 손님치레를 해야 할 정도였다. 또한 별신을 하면 근방에 술이나 떡국 등을 파는 가게가 서고, 장사꾼이 많이 와서 길을 걸을 때 서로 부딪쳐서 다니지 못할 정도였다고 한다.

別神告祝文

有歲次 ○年 ○月 ○日 祭官 ○○○ 敢昭告于

海東 朝鮮 慶尚北道 聞慶郡 山北面 石鳳里 今爲 天神 地神 四海龍主神 八方諸位神 山靈 青龍 白虎 朱雀 玄武 五方后土 土地神 天地神明 維何言哉 告之卽應 神其靈矣 東里 西村 南隣 北洞 家家戶戶 男女

---

9) 행사를 마치는 날에는 '거리푸리잔상'을 꾸며 비교적 정결한 사람 두세 명이 소반 2~3개에 각종 제물을 차려왔다. 올 때 상을 어깨에 올려놓고 소반 사이로 무명으로 긴 줄을 만들어 연결하고 백지를 오려 입에 물었다. 한마음으로 발을 맞춰 동리 주위를 돌면서 모든 액운을 물리친다는 뜻으로 '거리푸리'를 하고 일주일동안의 별신굿이 끝났다고 한다(『聞慶誌』 증보판 하권, 문경시, 2002).

老少 伏乞伏祝 願成就 兵戈不侵 盜賊消滅 妖鬼邪神 千里退送 僥之日月 舜之乾坤 四時有序 雨順風調 千山萬野 五穀豐登 山獸遠滅 野虫消滅 天地劫殺 年殺 月殺 時殺 三災八難 官災口舌 三百四疾 一時消滅 各姓諸位 出入往還 相逢吉慶 鷄犬六畜 牛馬繁盛 災殃春雪 福祿無窮 沐浴齋戒 焚香四拜 伏惟尊靈 一時感應 淸酌一杯 謹告 尙 饗

별신고축문

유세차 ○년 ○월 ○일 제관 ○○○ 감소고우

해동 조선 경상북도 문경군 산북면 석봉리 금위 천신 지신 사해용주신 팔방제위신 산령 청룡 백호 주작 현무 오방후토 토지신 천지신명 유하언재 고지즉응 신기령의 동리 서촌 남린 북동 가가호호 남녀노소 복걸복축원 원성취 병과불침 도적소멸 요귀사신 천리퇴송 요지일월 순지건곤 사시유서 우순풍조 천산만야 오곡풍등 산수원멸 야충소멸 천지겁살 연살 월살 시살 삼재팔난 관재구설 삼백사질 일시소멸 각성제위 출입왕환 상봉길경 계견육축 우마번성 재앙춘설 복록무궁 목욕재계 분향사배 복유존령 일시감응 청작일배 근고 상 향

○년 ○월 ○일 제관 ○○○ 감히 고합니다.

해동 조선 경상북도 문경군 산북면 석봉리에서 이제 천신·지신·사해용왕신·팔방의 모든 신·산령·청룡·백호·주작·현무·오방의 토지신·천지신명께서 어찌 말씀이 있겠습니까 만은 고하면 응하시니 신의 영험함입니다. 등쪽마을 서쪽동리 남쪽이웃 북쪽동네 집집마다 남녀노소 엎드려 빌고 송축하면 원하는 소원이 성취되고, 전쟁이 없게 하고, 도적이 없어지고, 요사하고 사악한 귀신은 천리 밖으로 물러갑니다. 요임금 때의 세월 같고 순임금 때의 세상이 되어 사시(四時)의 차례가 있고, 비는 순조롭고 바람을 골라서 많은 들과 산에 오곡풍년이 들고, 산짐승도 멀리 없어지고, 들에 벌레도 소멸됩니다. 천지의 겁살·연살·월살·시살·삼재팔난·관재구설·삼백 네 가지 질병을 일시에 소멸하고, 각성의 모든 사람들이 왕래할 때 서로 만나면 경사로 여기고, 닭 개 소 말 등 육축이 번성하고, 재앙은 봄눈 녹듯 사라지고, 복록은 무궁하게 해주십시오. 목욕재계하고 분향하고 사배를 드리오니 엎드려 비옵건대 존령께서는 일시에 감응하시옵소서. 맑은 술 한잔으로 삼가 고하니 신께서 제물을 받으소서.

V. 동로면 적성리 벌재큰마 별신굿10)

동로면東魯面은 조선시대 동로소면冬老所面이라고 하였고, 1914년 행정구역 개편으로 문경군에 예속되었다. 적성2리에서 허공다리부터 도하동道下洞까지를 '벌재'라 하는데, 여러 마을 중에서 가장 오래된 큰 마을이다. 적성리의 소재지로 지역의 중심마을이라는 뜻에서 '큰마' 또는 '벌재큰마'라고 한다. 벌재 주변에는 조선중기에서 후기에 걸친 백자요지가 분포한다.

서낭당은 상당·중당·하당이 있다. 상당은 마을 위쪽 황장산 줄기의 '산제당골'에 위치하고 있다. 당집 안에는 돌로 된 위패가 놓여있다. 위패에는 '적성주산상단성황신위赤城主山上壇城隍神位'라고 새겨져 있다. 중당은 '회향골(수영골)'과 칠성암으로 가는 갈림길 위의 논에 위치해 있다. 상당보다 아래쪽(남쪽)이지만 마을에서 보면 위쪽에 위치한다. 중당은 '젯마당'에 있던 것을 1903년(光武7年) 3월에 옮긴 것이다. 중당 역시 당집에 서낭이 모셔져 있다. 나무로 된 위패에는 '적성주산성황신위赤城主山城隍神位'라고 쓰여 있다. 하당은 마을 아래쪽 동로중학교 교정 안에 있다. 당집은 없으며 오래된 소나무를 모시고 있다. 적성2리 서낭의 유래에 대해서 조사한 무라야마 지준村山智順의 『부락제部落祭』(1937)에는 다음과 같이 기술되어 있다.

지금으로부터 1600여 년 전에 황씨 부부가 적성마을에 처음 터를 정하고 거주한 곳이다. 황씨 부부가 사망한 후 부락민이 현재 신역인 山上에 매장하고 신당을 세워 夫를 제사 지내고 이것을 男神이라 부른다. 남쪽에 제단을 지어 婦를 제사 지내며 女神이라 한다[距今一千六百餘年前黃氏夫婦가赤城部落에 最初基地를 定め 居住し 來たる 所, 同夫婦死亡後部落民が 現神域たる 山上に 埋葬し, 神堂을 設け 夫를 祀り 之를 男神と 稱し, 南方에 祭壇을 設け 婦를 祀り 之를 女神と 云ふ].

부락 개척자인 黃씨 夫婦가 죽은 후 夫를 山上의 신당에서 제사지내고, 婦는 南地의 신단에서 제를 지내는 부락제신으로 삼았다[部落開基者たる 黃氏夫婦の 死後, 夫를 山上の 神堂にまつり, 婦를 南地の 神壇

---

10) 이 마을의 임한규(남, 84세, 1923년생), 윤덕현(남, 72세, 1935년생) 씨께서 제보를 해주셨다.

にまつて部落祭神とす].

서낭당은 영험해서 말을 타고 가던 양반도 그 앞에서는 말굽이 떨어지지 않아 반드시 내려서 가야했다. 현재는 음력 정월보름날 새벽에 상당·중당·하당에서 서낭제사를 지낸다.

벌재큰마에서는 5년 또는 3년두리로 무당을 청해 와서 별신굿을 했다. 별신굿에서 상·중·하당의 신을 모셔놓고 동네의 안녕을 빌었다.

별신이 5년두리로 한 번쓱 했다가, 3년두리로 한 번 했다가 이런 식이 있는데, 왜 그러느냐 하면은 동네 안녕을 위해서 무당을 사가지고 와서는 신을 청했다고. 요 위에 벌재라고 카는 데가 동로 전체 소재지라. 별신굿이 구경꾼도 많고 아주 드시게(드세게) 했다고 상·중·하당의 신을 다 모셔다가 한 제상에 올려놓고 제사를 지내는 거라. (윤덕현)

별신굿을 할 때에서는 각 당마다 당주, 제주(祭官), 고양주(供養主)를 선출했다. 특히 산 부정이나 죽은 부정이 없고 깨끗한 사람을 가려 신을 모셨다. 별신굿의 비용은 자손이 없는 노부부가 동네에 기부한 토지에서 나오는 도지를 모아서 충당했다. 현재 이 부부를 위해서 10월 스무날에 하당에서 무후제無後祭를 지낸다.

無名夫婦頌德碑

유서 깊은 황장산 기슭에 자리 잡은 동로중학교 교정에는 장차 이 나라의 장래를 짊어지고 나아갈 소년소녀들이 힘차게 뛰놀고 있다. 그러나 이 땅이 어떻게 교정이 되고 학교를 세울 수 있었는지를 모르고 있기에 그 내력을 여기에 새겨 전하고자 한다. 어느 때인지도 모르고 성명도 모르는 노부부가 벌재에 살다가 평생 땀 흘려 장만한 논밭을 마을에 기증하고 돌아가셨다. 남기신 유산 617번지 밭 3,124평을 벌재 큰마을에서 학교로 기증하고 이 마을 기금과 쳇골 마을땅 344번지 1,200평을 매각하여 618번지 밭 2천 평을 매입하고 총부지 5,124평을 확보하여 1955년 본교 설립 시에 기증하여 오늘이 이르고 있다. 그 고마움을 길이 전하고자 여기에 비를 세운다. 한평생 땀 흘려 모은 자산 고향 위해 남기셔서 육영의 자산 되니 많은 영재 기르셨다. 그 뜻 길이 받들어 우리 모두 가꾸어가자.

1993년 10월 일
동로중학교장 박수용 육성회장 윤정렬 동창회원 일동
적성2리 동민 일동

제물은 공양주가 마련했다. 특히 서낭에게 올릴 메를 '새앙미'라고 하는데 '새앙(놋쇠로 된 솥)'에다가 따로 밥을 지었다. 새앙미를 지을 때는 물도 가려서 쓴다. 칠성암에 샘이 있는데 이 샘을 '당집샘'이라 한다. 여기서 물을 받아 새앙미를 지었다. 그 외에 백설기·소머리·삼실과·채소 등을 준비했다.

별신굿은 젯마당에서 하였고 증당을 옮긴 이후로는 중당 앞의 논에서 하였다. 현재는 논을 갈아 사과밭으로 경지를 전환했다. 별신을 할 때는 무당이 서낭을 별신터에 모셔놓고 보름 이상 굿을 했다. 무당 10여 명이 교대로 굿을 하였는데, 굿 내용은 서로 달랐다.

전국에서 유명한 무당들을 끌어다 했었다고 하더라고. 어데 무당이라 하는 거는 기억도 안나고 혼자서는 못하는 기고, 교대 교대로 열 대여섯은 모아가지고 하루 종일하고. 밤 12시 자정이 넘어야 치우고, 그 이튿날 하고 그런 식으로. 남들이 구경을 할 때 무당이 행동을 바꿔가매 했다는 기라. 굿도 다르게 하고, 경문도 다르고 각각이 그랬다 하드라. (윤덕현)

벌재큰마의 별신굿은 규모가 크고 기간이 길어서 온갖 장사꾼들이 모여서 난장을 이루었다. 또한 씨름과 노름판도 벌어졌다.

그걸(별신굿을) 할 때는 약 보름동안을 신을 모셔다 해. 그러자까니 수월찮이 경비가 많이 들잖아. 보름동안 굿을 하는 기라. 그러면 산 안에 온 난장판이라. 씨름도 하고, 노름도 하고 주막집도 길가에 열어놓고 오만 거 파는 사람들, 요새 뭐 축제라카지. 보름이고 스무날이고, 많이 할 때는 한 달도 한다는 기야. 난장을 틔워놓고 축제 일주일 하는 그런 식으로 했었는 기라. 저 밑에 '허공다리'부터 술장사고 밥장사고 별 장사가 다 있었다는 기라. 인간 사태가 났다 이기야. (윤덕현)

별신굿을 마칠 때는 서낭신을 돌려보냈다. 마지막 회향하는 날에는 마을사람들도 정갈하게 새 옷으로 갈아입고 제를 지냈다. 무당이 대나무 위에 솔가지와 종이 뭉치를 단 서낭대에 신을 내려서 회향을 시켰다. 서낭대는 신이 돌아가는 '회향골'로 가져가 불로 태우고는 별신굿을 마쳤다.

별신굿이 중단된 시기는 촌로들 사이에서 의견이 분분하다. 현재 80세 이상인 어른은 열네다섯 살 때 봤다고 하고, 70대의 어른은 그 이전에 중단되었다고 한다. 종합해 보면, 1900~1930년대에 중단된 것이 확실하다. 별신에 관하여 조사한 무라야마 지준村山智順의 『부락제部落祭』에는 1910년경에 중단되었다고 기록되어 있다.

20년 전까지는 3년마다 별신굿을 행했으나 그 후에는 이것을 폐했고, 동민이 풍물치고 춤을 추면서 즐겨왔다[二十年前迄は三年每に別神を行ったが其後之を廢し洞民等朝鮮農樂により舞踊して樂しむ].

90년은 훨씬 넘었어. 나도 별신굿을 어떻게 지내는가 알라꼬 추적을 해봤지. 그래니께 이 동네 제일 나이 많은 어른이 얘기하더라고. 그걸 내가 들었거든. 이걸 내가 어떻게 아느냐. 아버지(癸巳生, 1893년생)가 그때 9살 먹었다 했으니까. 내가 우리 아버지보다 연세 많은 양반한테 가서 물었잖아. "우리도 그때 그래하는 거는 나이 여남은 살 먹고 열두어 살 먹었을 땐데 추워가지고 구경가봤는데 어려서 어째 지내는가를 모르겠다." 하더라고. 열대여섯 살 먹어도 왜 저래 제사지내는가도 몰랐다 하는 기라. 그래 우리 선친보다 더 나이 많은 이한테 물어봤지. (윤덕현)

우리 외가가 예천읍인데, 우리 외숙모(1870년대 생)가 그러더라고 여 별신 할 때 와봤다는 얘기를 내가 들었고. 예천 읍내사람도 구경했데. (윤덕현)

참고문헌

국립문화재연구소 예능민속연구실, 『산간신앙Ⅱ-경북·경남편』, 국립문화재연구소, 1999.
聞慶市誌編纂委員會, 『聞慶誌 下』, 聞慶市, 2002.
이기태, 『공동체 신앙으로 본 지역문화사의 민속학적 인식』, 민속원, 2004.
천혜숙, 「花庄마을 堂神話의 要素 및 構造 분석」, 『民俗硏究』 6, 安東大學校 民俗學硏究所, 1996.
村山智順, 『部落祭』, 朝鮮總督府, 1937.
崔允鎭, 「별신굿에 나타난 空間移動의 樣相과 通過儀禮的 意味」, 안동대학교 학사논문, 1996.
한국향토사연구전국협의회, 『별신이 남은 마을』, 수서원, 1996.

■ 별신굿 화보

• 호계면 부곡리

1	2	3
4	5	6
7	8	9
10	11	12

부곡리 - 금줄
1 1995년 부곡리 별신제
4~6 줄나르기
8 금줄에 달아놓을 말과 방망이
10 금줄에 말, 부채, 방망이를 매는 장면
12 금줄에 걸린 부채, 방망이, 말
2~3 줄드리기
7 금줄
9 금줄매기
11 마을입구에 매어놓은 금줄

1	2	3
4	5	6
7	8	9
10	11	12

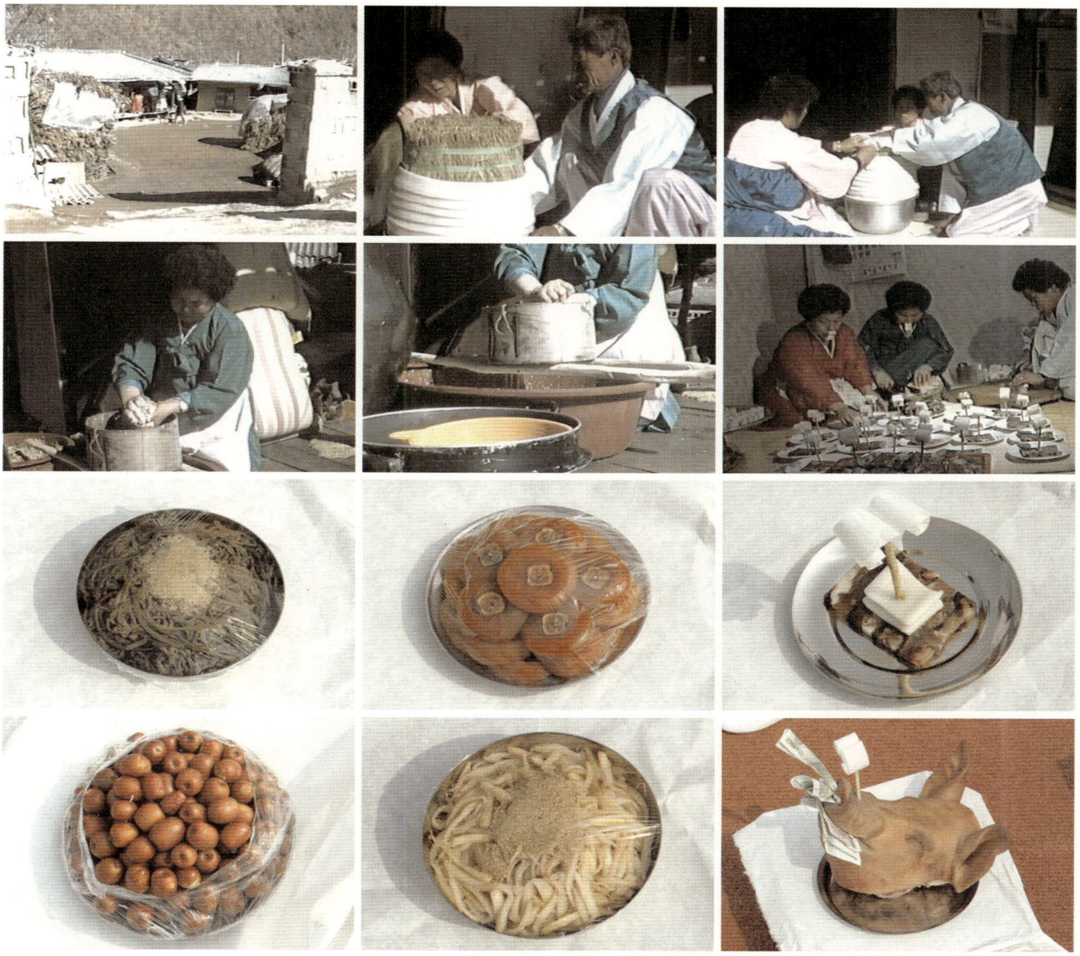

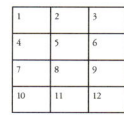

부곡리 – 제물준비

1 금줄을 친 죽판집
2~3 용떡만들기
4~5 술담기
6 각 호별 잔 올릴 때 쓸 제물준비
7 고사리나물
8 곶감
9 눌린고기
10 대추
11 도라지나물
12 돼지머리

1	2	3
4	5	6
7	8	9
10	11	12

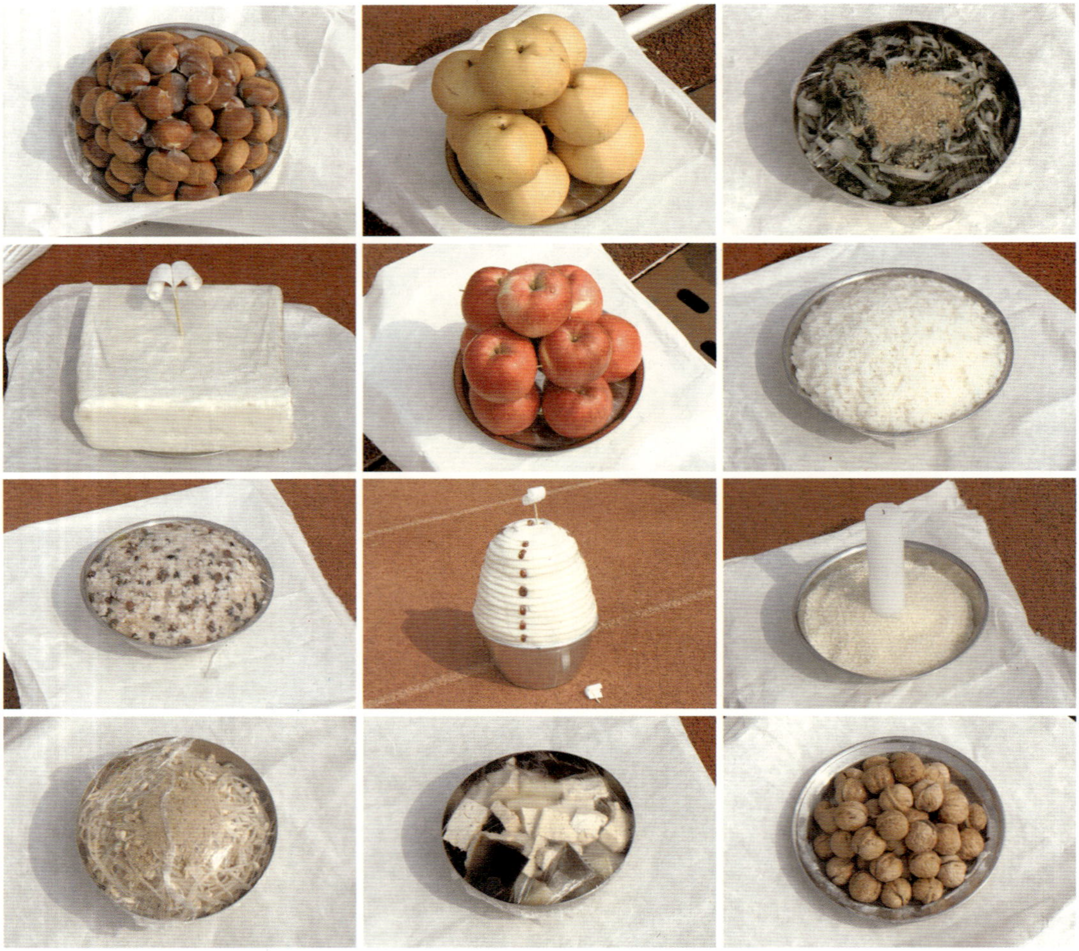

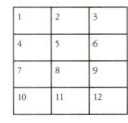

부곡리 – 제물준비
1 밤
2 배
3 배추나물
4 백설기
5 사과
6 쌀밥
7 오곡밥
8 용떡
9 초
10 콩나물
11 탕
12 호두

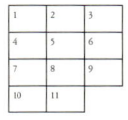

부곡리 - 무당맞이
1 풍물패의 고깔과 상모
2~3 마을회관 앞의 마을풍물패
4 무당을 맞이하러 가는 풍물패
5 무당을 대접하기 위해 음식과 상을 가져가는 마을사람
6 마을로 들어오는 무당들
7 마을풍물패와 무당패의 만남
8~9 무당 대접
10~11 마을로 들어오는 마을풍물패와 무당들

1	2	3
4	5	6
7	8	9
10	11	

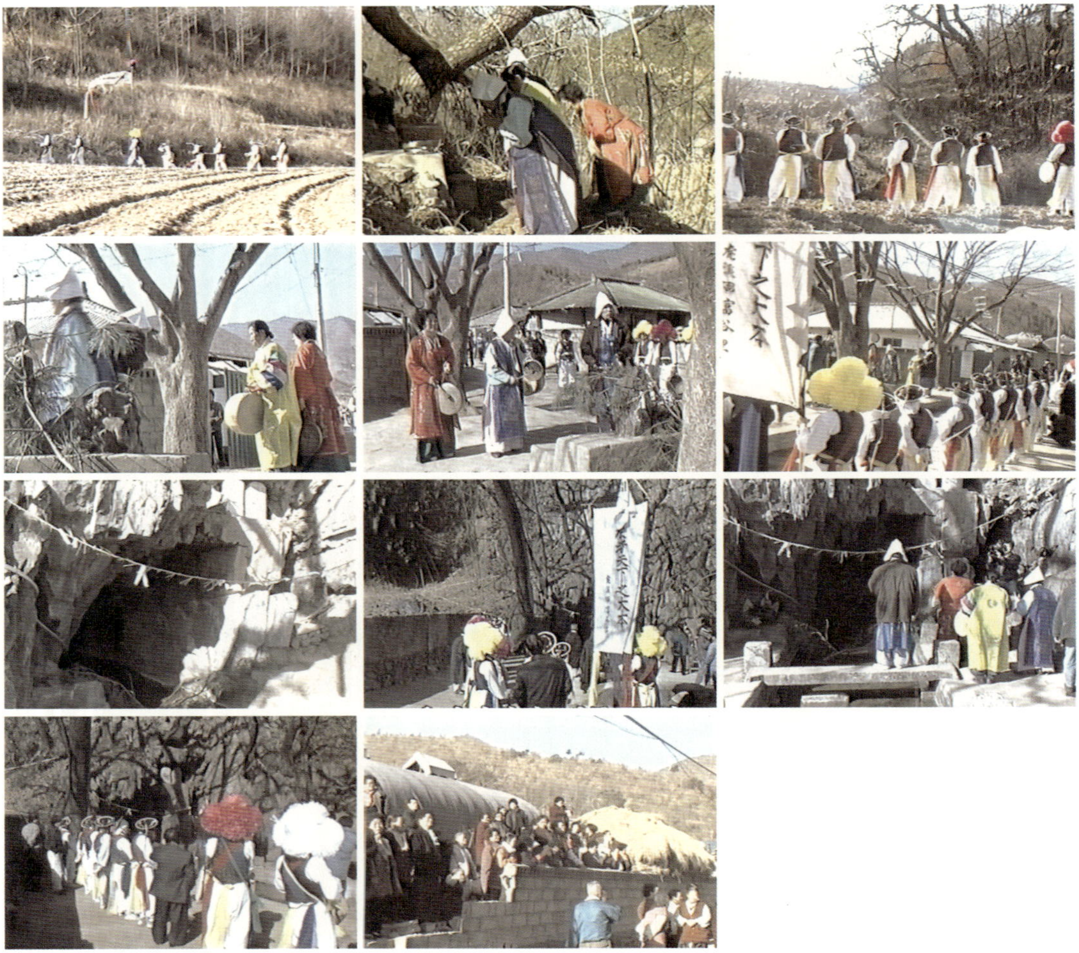

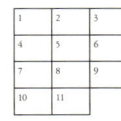

부곡리 - 당신에 고하기

1 (상당신)상당으로 가는 행렬
2 (상당신)상당신에게 예를 표하는 무당들
3 (상당신)당 아래 기다리고 있는 풍물패
4 (하당신)하당에 도착한 무당들
5 (하당신)하당에 예를 표하는 무당들
6 (하당신)하당에 예를 표하는 풍물패와 무당들
7 (용당신)용당
8 (용당신)용당에 도착한 무당과 풍물패
9 (용당신)용당에 예를 드리는 무당들
10 (용당신)마을풍물패
11 (용당신)구경나온 마을사람들

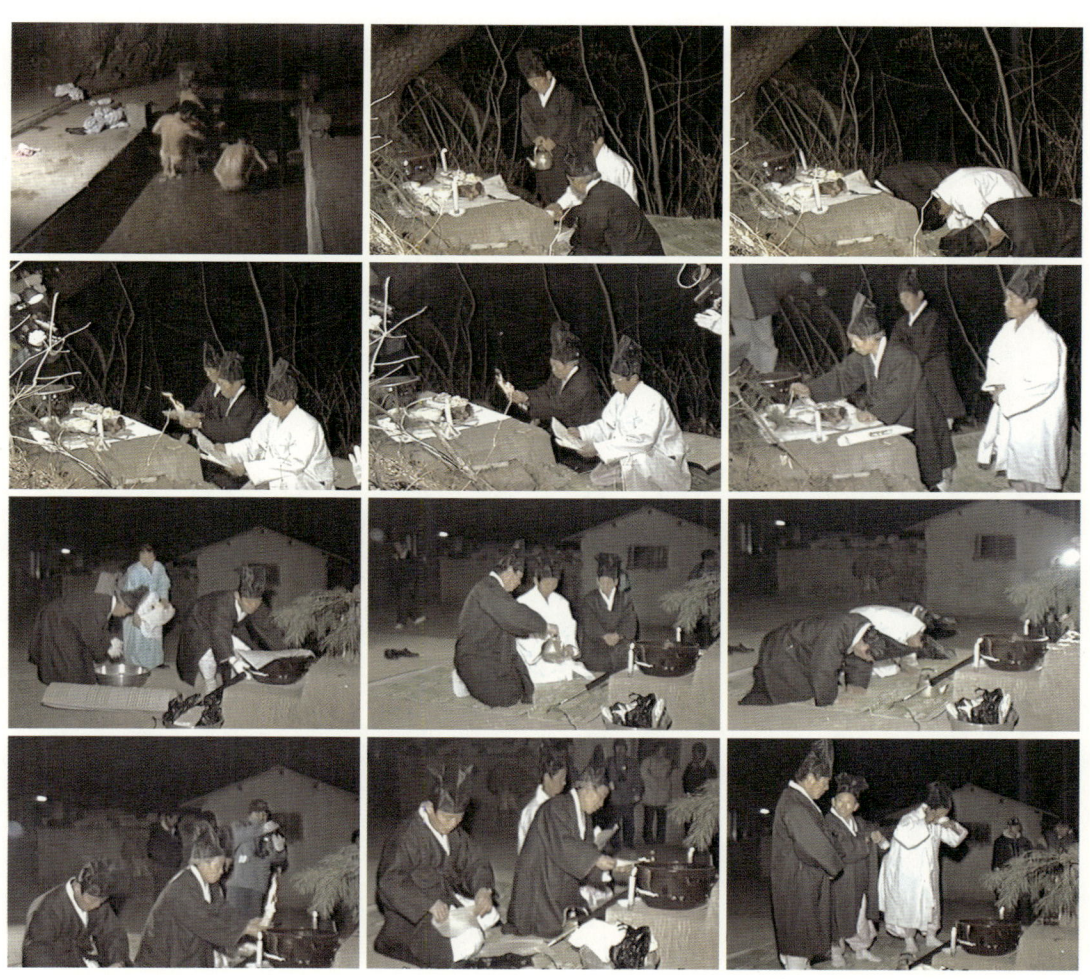

부곡리 – 동제사
1 목욕재계
2~6 상당제
7~12 하당제

부곡리 - 제물나르기
1~3 당신을 굿당으로 모심
4 제물을 나르기 위해 대기하는 사람들
5~7 제물준비
8 죽관집에서 제물을 들고 나르는 모습
9 근봉
10~12 제물나르기

부곡리 - 제물나르기, 각 호별 소지 올림
1~7 제물나르기
8 각 호별 소지 올림
9~10 호주명단
11 호별 소지 올리기
12 무당의 소지

부곡리 – 별신굿
1 서낭대
2 서낭대와 제상
3~7 선굿
8~12 앉은굿

부곡리 – 별신굿
1~8 용당굿
9~12 사실세우기

부곡리 – 별신굿
1~7 거리상
8~10 거리굿

부곡리 - 구경나온 사람들

• 산북면 내화리

내화리
1~3 풍물연습
4~9 서낭 모시러 가기
10~12 서낭당

내화리
1~10 서낭 옷 입히기
11~12 풍물패

내화리
1~3 서낭모시는 제사
4~12 도감집으로 서낭모시기

내화리 - 제물장만
1~11 떡찌기

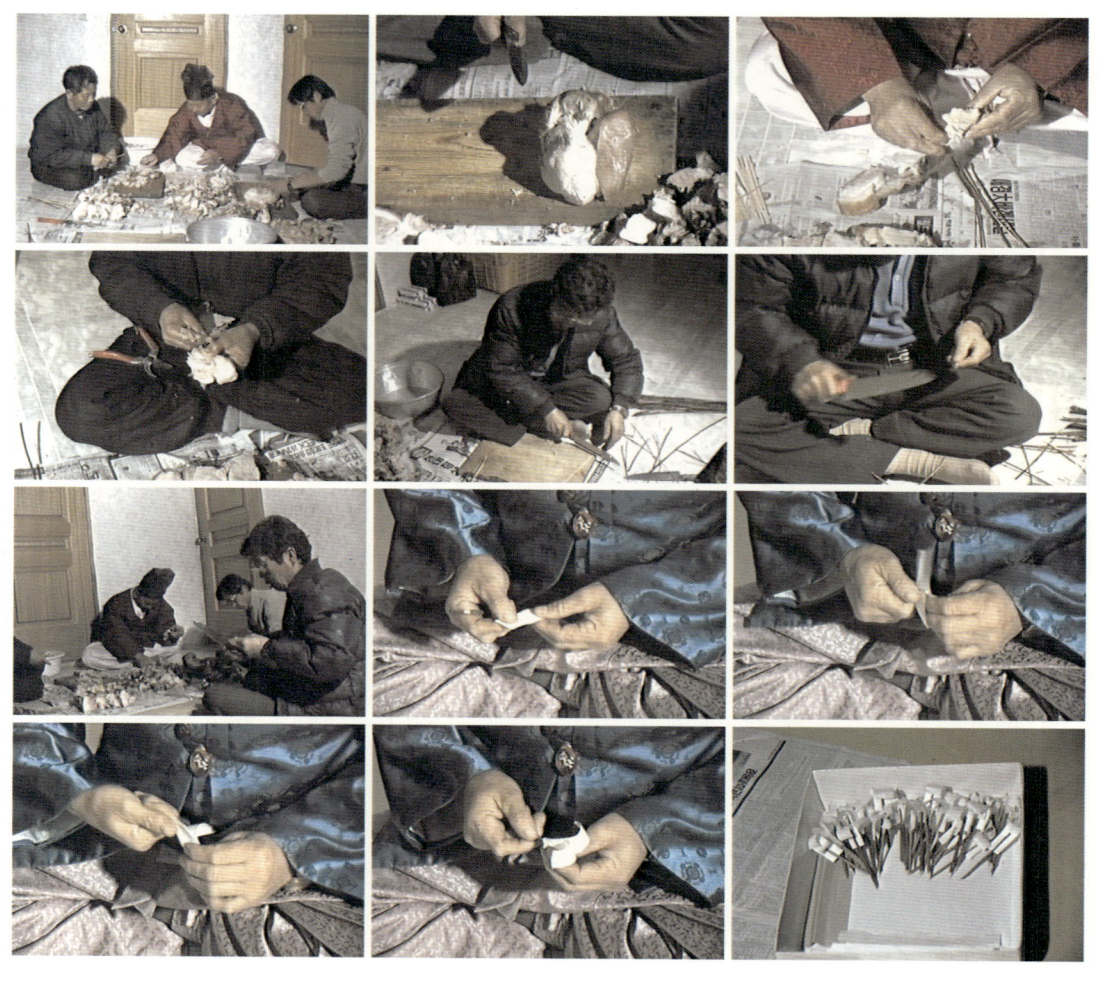

내화리 - 제물장만
1~7 산적만들기
8~12 꽃만들기

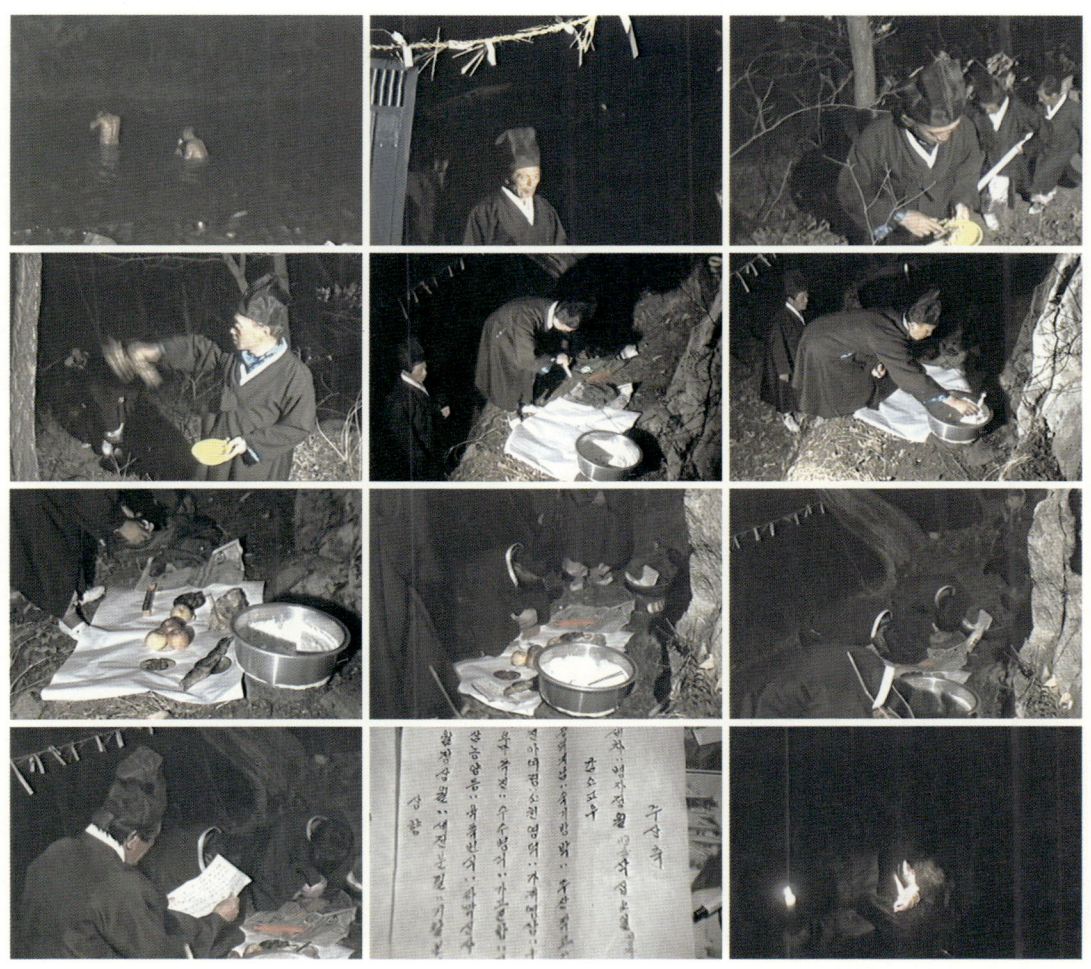

내화리 - 산지당제
1 목욕재계
2 산지당으로 출발
3~4 부정치기
5~7 제물진설
8~12 산지당제

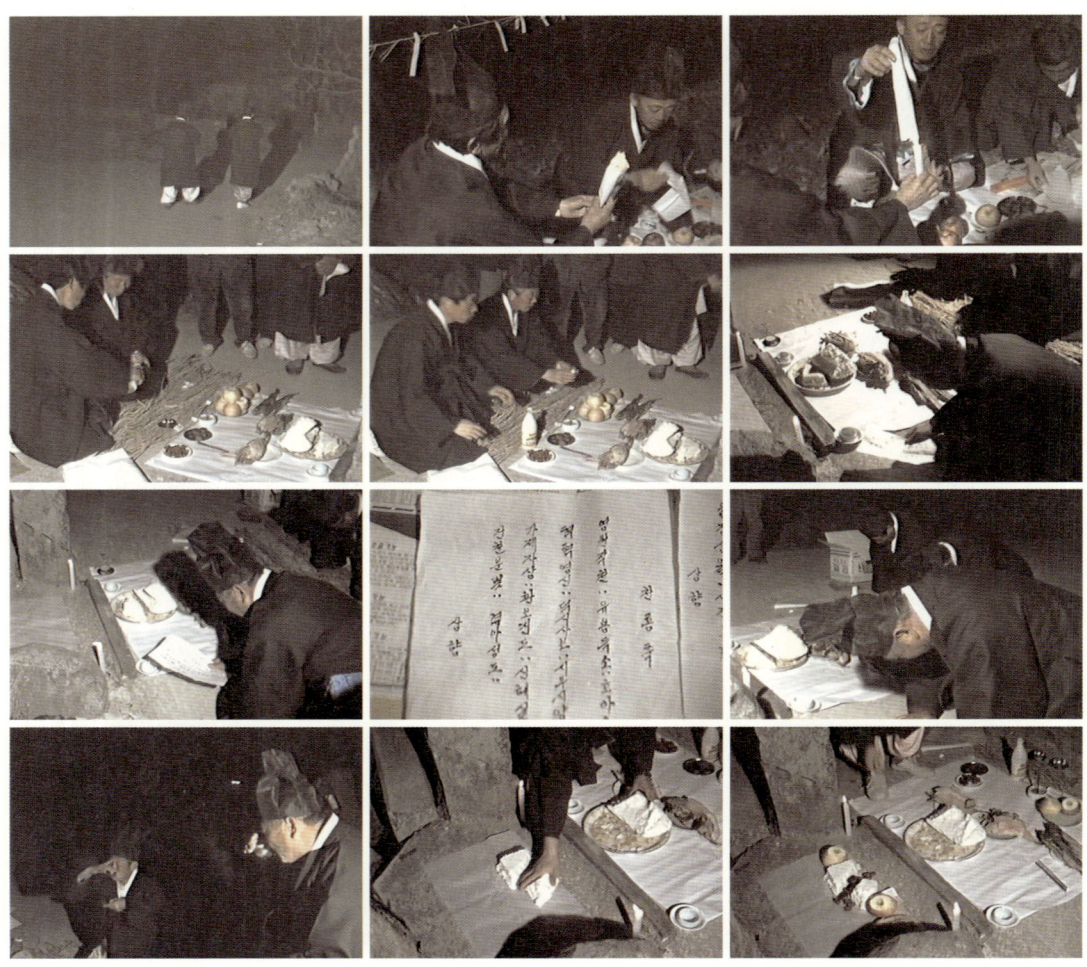

내화리 - 천룡제

1	2	3
4	5	6
7	8	9
10	11	12

내화리 - 제물행렬

내화리 - 유식제사와 풍물굿
1~8 제물진설
9~12 참석한 마을사람들

1	2	3
4	5	6
7	8	9
10	11	12

내화리 - 유식제사와 풍물굿
1~5 유식제사
6 음복
7~9 풍물굿
10~12 서낭에 복주머니 달기

1	2	3
4	5	6
7	8	9
10	11	12

내화리 - 걸립과 환당제
1~6 걸립
7~12 환당제

• 산북면 김용리

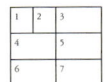

김용리
1~2 장씨성황, 김씨성황
3~4 서낭당 근경, 원경
5 별신터
6 갯마 골매기(누석)
7 갯마 골매기(소나무와 누석)

김용리
1 갯마 골매기(소나무)
2~3 오산동 골매기(느티나무)

• 산북면 석봉리

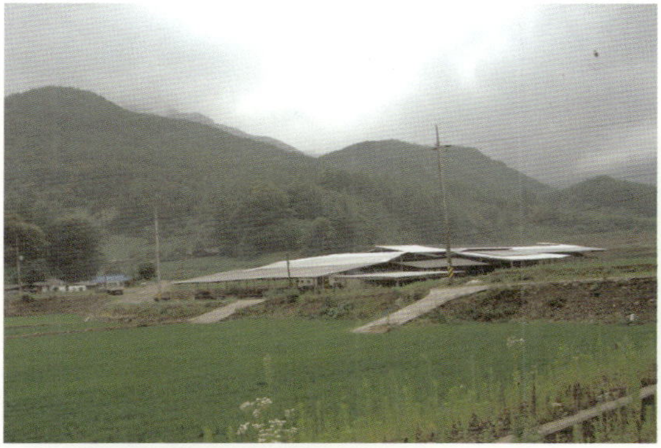
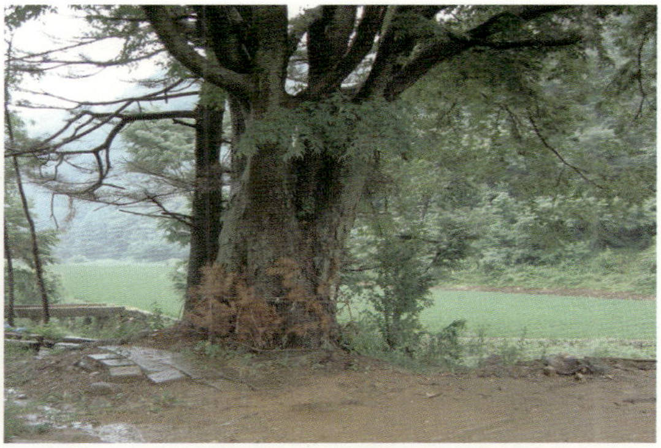
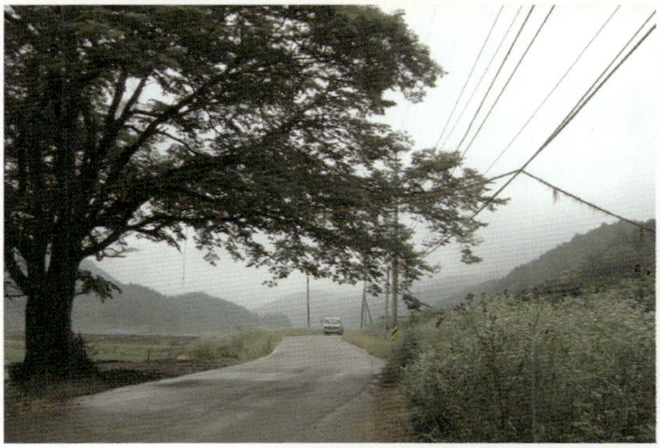
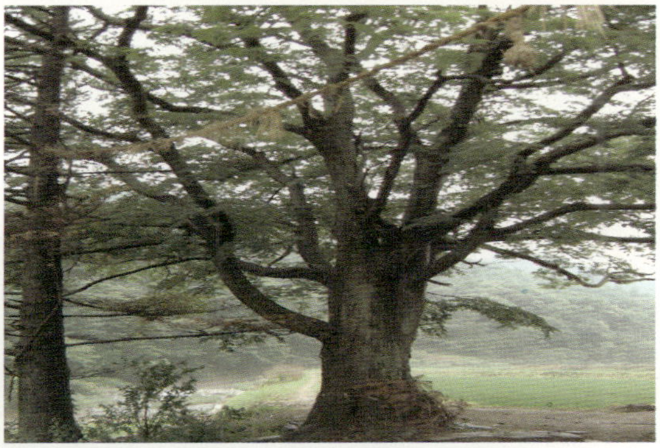
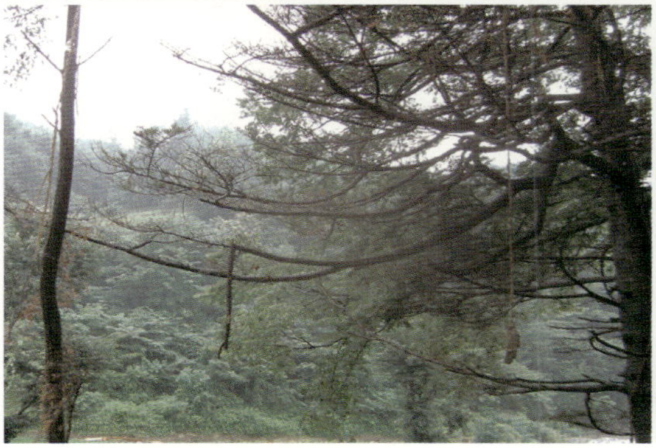
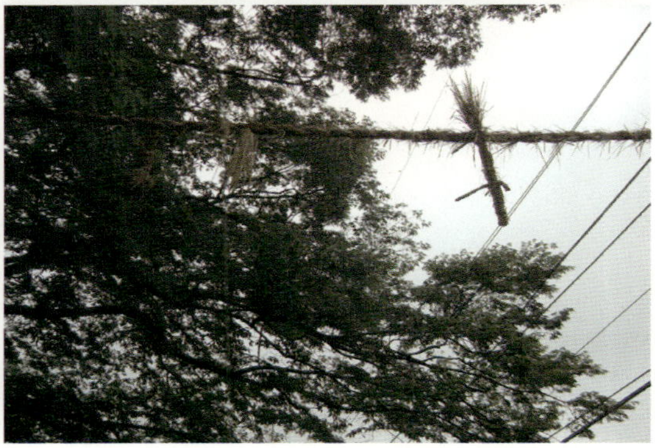

1	2
3	4
5	6

석봉리
1 별신터
2 골매기 제단
3~4 골매기와 금줄
5 금줄
6 금줄(말과 방망이)

• 동로면 적성리

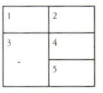

적성2리
1 무명부부송덕비
2 무명부부송덕비 뒷면
3 제물을 나르던 길
4 집의 뒷쪽이 중당 앞의 별신터이다.
5 하당

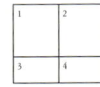

적성2리
1~2 하당
3 하우스 있는 곳이 잿마당이다.
4 회향골

문경의 기우제

김재호

문경의 기우제

I. 서론

　기우제는 가뭄이라는 자연적인 기후상태를 주술적 혹은 종교적으로 해결하고자 하는 인간의 대처방식이다. 그런 점에서 기우제는 자연을 극복하기 위해 인간이 고안한 기술문화이며, 그 방식은 때로는 예술적 방식을 취하기도 한다. 기우제를 지내는 방식은 세계적으로 대단히 다양한 양상을 띠며, 그 일단은 프레이저의 『황금가지(The Golden Bough: A Study in Magic and Religion)』에서 쉽게 확인할 수 있다. 프레이저의 보고에 의하면 국가별 혹은 민족이나 부족별로 다양한 기우제의 방식들이 존재하는 것을 알 수 있다.[1]

　하지만 기우제의 방식은 국가나 민족뿐만 아니라 그보다도 훨씬 좁은 범위에서도 다양한 유형이나 방식들이 전하고 있는데, 어쩌면 기우제를 지내는 곳마다 모두 독특한 양식과 그 방법들이 있다고 하여도 결코 과장되지 않다. 결국 국가나 민족의 범위를 넘어서 시대별로 혹은 지역별로 매우 다양한 모습들을 드러내는 것이 기우제라고 할 수 있다.

　기우제의 전승방식이 그렇듯 다양한 이유는 기우제라는 것은 삶의 방식과 관련된 것이기 때문인데, 비를 내리게 하는 방법들을 각기 자신들이 겪어온 경험적인 삶 속에서 체득

---

1) 프레이저, 장병길 역, 『황금가지 I』(삼성출판사, 1990), 104~122쪽.

하고 있다. 따라서 인접한 마을 간에도 완전히 다른 방식의 기우제를 지내는 예가 허다하며, 어떤 경우에는 서로 다른 기우제가 전승되고 있다는 사실 자체를 주민들은 서로 알고 있지 못하는 경우도 많다.[2] 이는 기우제라고 하는 것이 매해 정해진 날짜에 규칙적으로 지내는 마을제사와 다르게 가뭄이라고 하는 아주 긴급한 상황과 시기에 부정기적으로 특별히 지내는 것이기 때문인데, 각기 자신들이 봉착한 문제를 해결하기에 급급하다보니 다른 마을에 대한 신경을 쓰지 못한 결과로 빚어진 것이 아닐까 생각된다. 기우제의 전승은 기본적으로 그런 맥락을 갖고 있기 때문에 삶의 흔적들을 기록으로 거의 남기지 못한 민중들의 기우제는 모두 일일이 마을주민들을 직접 만나지 않고서는 확인할 수 없는 경우가 대부분이다.

그리고 시대적으로도 보아도 기우제는 매우 다양한 양상을 띤다. 그것은 기우제가 필요한 시대적 상황이 역시 서로 달랐기 때문인 것으로 추측되는데, 간단히 고려시대와 조선시대를 비교해 보면, 먼저 『고려사』 기록을 통해 볼 때, 고려 475년간 기우제는 전체 204회 이루어졌고, 그것을 월별로 살펴보면, 3월 12회, 4월 59회, 5월 88회, 6월 35회, 7월 10회로 나타난다.[3] 그리고 조선시대의 경우, 『조선왕조실록』 기록을 통해 보면, 1392년에서 1863년간 지낸 기우제는 모두 1142회이고, 그것을 월별로 보면 3월 3회, 4월 13회, 5월 192회, 6월 460회, 7월 242회, 8월 175회, 9월 38회 등으로 나타난다.[4] 이를 통해 볼 때 국가에서 지낸 기우제가 고려시대보다는 조선시대에 훨씬 많았음을 알 수 있으며, 월별 분포에서도 고려시대에는 5월(43.1%)에 가장 많이 분포하고, 조선시대에는 6월(40.3%)에 가장 많은 기우제를 지낸 것으로 나타난다. 이러한 차이에 대해서는 당시의 기후상황이나 농업사적 배경 등의 심도 있는 분석을 요하는 대목이라 여기서는 소개 정도에 그친다.

이러한 맥락에서 본 논의는 문경이라는 특정지역을 중심으로 기우제의 전승양상을 집중적으로 살펴보고자 한다. 한 지역을 중심으로 하여 기우제의 전승양상의 이모저모를 집중

---

2) 이는 뒤에서 논의하겠지만 문경지역의 경우, 문경읍 당포1리와 2리, 지곡1리와 2리, 가은읍의 갈전1리와 2리 등에서 그런 점들이 드러난다.
3) 김재호, 「고려시대 기우제에 대한 연구」(안동대학교 대학원 민속학과 겨울세미나 발표집, 1995), 21~22쪽.
4) 김용헌, 「朝鮮王朝實錄에서 본 朝鮮時代의 降雨, 祈雨祭와 祈晴祭, 雨雹, 서리 및 안개」(공주대학교 교육대학원 석사학위논문, 1996), 16쪽.

적으로 살핀 예는 많지 않다. 주로 특정 기우제의 유형들을 소개하거나, 주술적 원리 등을 논의한 것이 기우제 연구의 주를 이루고 있다고 하겠다. 그와 비하면 본 논의는 문경이라는 지역을 중심으로 이 지역에 전승되고 있는 기우제를 전반적으로 조사하여 분석함으로써 기우제의 전승을 지역문화와의 관련성 속에서 기우문화가 어떤 모습으로 지역을 중심으로 전승되는 지에 초점을 맞추고자 한다.

그렇게 하기 위해서는 자료의 수집이 통공시적으로 이루어져야 하는데, 시대적으로 보아 조선시대 이전 문경지역의 기우제에 대한 문헌을 찾기는 쉽지 않고 또 아직까지 알려진 바도 없기 때문에 조선시대 이후에 한정하기로 한다. 그리고 통시적인 측면이라고 하더라도 반드시 사료에만 의존하지 않고 현지답사를 통해 확보된 자료들과 상호 검토함으로써 기우제 전승의 전반적인 맥락을 찾아보고자 한다. 그리고 공시적인 측면은 현지답사를 통할 수밖에 없으며,5) 단편적으로 기존에 연구된 문헌자료를 참고하고자 한다.

논의의 전개방식은 편의상 각종 지리지를 비롯한 고문헌에 전하는 기우제들을 먼저 살피고, 그 다음으로 현지조사의 사실들을 제시하고자 한다. 그렇게 하면 국가기관에서 행한 기우제와 민간에서 전승되었던 기우제와의 상호관련성을 살필 수 있을 것이고, 또한 역사적으로 기우제가 어떻게 변화해왔는가 하는 점도 단편적으로나마 살필 수 있을 것이라 기대된다. 그렇게 했을 때 문경지역에서 전승되던 기우제의 전체모습을 성글게나마 조망할 수 있을 것이라 기대된다.

고문헌에 전하는 기우제의 경우는 『조선왕조실록』과 각종 지리지, 그리고 권섭權燮의 문집인 『옥소고玉所稿』를 참고로 하였으며, 민간에서 전승된 기우제는 필자가 직접 현지답사를 통해 얻은 자료와 문경새재박물관에서 발간한 『문경민속지 - 세시풍속 편』 등을 참조하였음을 밝혀둔다.

---

5) 현지조사는 2006년 10월에서부터 12월까지 집중적으로 하였음을 밝혀둔다.

Ⅱ. 고문헌에 전하는 기우제

문경지역의 역사를 개괄적으로 이해하고자 하면 무엇보다도 각종 지리지地理誌가 유용할 것이다. 문경지역의 상황을 담고 있는 지리지는 신후식申厚湜의 『집주集註 문경사聞慶史』(문경사 발간위원회, 1997)를 참조할 때 1145년(고려 인종 23년) 김부식金富軾이 지은 『삼국사기』「지리지」에서부터 1937년 정원호鄭源鎬가 지은 『교남지嶠南誌』에 이르기까지 대략 20여 권의 지리지가 있다. 이들 지리지에서 기우제의 사실을 전하고 있는 것은 『여지도서輿地圖書』, 『문경현지聞慶縣誌』, 『문경군 읍지聞慶郡邑誌』, 『경상도 읍지慶尙道邑誌』, 『문경부지聞慶府誌』, 『영남읍지嶺南邑誌』, 『조선환여승람朝鮮寰輿勝覽』, 『교남지嶠南誌』 등의 12권이다. 이들 지리지 중에서 기우제의 사실을 최초로 확인할 수 있는 것은 1757년(영조 33년) 홍양한洪良漢이 편찬한 『여지도서輿地圖書』이다.

『여지도서輿地圖書』「산천山川」조에는 대야산大耶山, 불일산佛日山, 그리고 용뢰산龍磊山에서 기우제를 지냈음을 기록하고 있다. 대야산의 경우, 기우제를 지내면 감응이 있다고 하였고, 불일산의 경우는 기우단祈雨壇이 있다고 하였으며, 용뢰산의 경우는 기우제를 지내면 역시 감응이 있다는 사실을 단편적으로 전하고 있다. 이러한 사실은 이후 발간된 모든 지리지에 그대로 이기移記되어 전한다. 그것은 모든 지리지에 전하는 기우제의 내용이 자구에서조차 큰 변화가 없을 정도로 동일한데서 확인된다. 다만 차이가 있다면, 불일산의 경우 어떤 곳은 불일산이 대야산에서 뻗어온 것이라 하고 있고, 어떤 곳은 화산華山에서 뻗어나온 것으로 기록하고 있다. 물론 화산 역시 대야산에서 뻗어 온 것이기 때문에 궁극적으로 큰 차이는 없다고 하겠다.

그에 비하면, 『조선왕조실록』에는 주흘산主屹山에 대한 기우제의 사실이 조선시대 전기인 1455년(세조 1년)부터 있었음을 확인할 수 있다. 1455년 6월 23일의 조선왕조실록의 기록을 살펴보면 다음과 같다.

경상도 관찰사(慶尙道觀察使)가 아뢰기를,
"이제 백곡이 그 발수기(發穗期)를 당하여 수십 일 비가 오지 않고 있으니, 청컨대 향과 축문(祝

文)을 내리어 주흘산(主屹山)에 기도하게 하소서."

하니, 명하여 두루 명산(名山)·대천(大川)에 기도하였다.

이 밖에도 1604년(선조 37년) 5월 6일의 기사에는 주흘산에 기우제를 준비하는 과정이 실려 있고, 동년 5월 26일의 기사에는 기우제를 지낸 사실이 실려 있다. 관련기사의 내용 중 중요한 부분을 인용해보면 아래와 같다.

> 1604년(선조 37) 5월 6일
> 경상도 관찰사 이시발이 장계하였다.
> "…(전략)… 도내에서 더욱 심하게 비가 내리지 않은 고을들은 기우제(祈雨祭)를 경건하고 정성스럽게 지내 비가 내리기를 기대하고 있습니다. 만일 10여 일을 기다려도 다시 비가 내리지 않는다면, 주흘산(主屹山) 등 기우제를 지낼 여러 곳에 쓸 향축(香祝)과 예폐(禮幣)를 계청(啓請)하려고 계획하고 있습니다."

> 1604년(선조 37) 5월 26일
> 경상도 관찰사 이시발이 장계하기를,
> "한재가 너무 심합니다. 가야산(伽倻山)·우불산(于弗山)·주흘산(主屹山) 등처에 기우제를 지낼 향축(香祝)과 예폐(禮幣)를 내려 보내소서."
> 하였는데, 예조에 계하하였다.

위 기사들은 가뭄이 심하여 1차적으로 고을마다 기우제를 지냈으나 그에 대한 효험이 없자 다시 가야산, 우불산, 주흘산에서 기우제를 지내게 된 것임을 드러내고 있다. 아쉽게도 당시 주흘산에서 기우제를 지낸 결과에 대한 내용은 실록의 기록으로는 확인이 되지 않는다. 중요한 것은 국가기관에서 지내는 국행기우제의 경우 12제차(祭次)가 숙종(1704년) 이후 확립되는 것으로 알려져 있지만[6] 이미 1세기 전에도 그런 제차가 성글게나마 보인다는 점이다. 바로 1차적으로 고을마다 기우제를 지냈지만 효험이 없자 2차로 가야산, 우불산,

주흘산에서 기우제를 지냈다는 것은 당시에도 나름의 기우제차가 있었음을 시사하는 것으로 여겨진다.

주흘산은 조선 초기 1414년(태종 14년)에 소사(小祀)로 지정되어[7] 경상도에서 울산의 우불산于弗山과 함께 유일하게 사전祀典제도에 오르는 명산이 되었으며, 따라서 소재관所在官이 사전제도에 의해 수시로 치제致祭를 올렸다. 앞의 『조선왕조실록』 기사들은 바로 그런 점을 드러내고 있는 것이다. 하지만 각종 지리지에는 기우제와 관련해 주흘산이 언급된 예는 전혀 없다. 대야산, 불일산, 용뢰산만이 언급되고 있다. 그런 점에서 조선시대 기우제의 제도를 문경지역을 중심으로 다시 이해할 필요가 있겠다. 즉, 주흘산은 문경읍의 명실상부한 진산鎭山임에도 불구하고 각종 지리지에서 기우제와 관련한 기록이 전혀 드러나지 않고 대신 조선왕조실록에서만 언급되는 것은 소재관인 경상도 관찰사가 치제를 주관하더라도 그것은 바로 국가에서 왕이 관리하는 소사의 하나였기 때문인 것으로 판단된다. 반면에 대야산과 불일산, 그리고 용뢰산은 주흘산과는 달리 지역의 수령이 관장하는 기우제를 지낸 것으로 추측된다. 다 같은 국가기관에서 관장하는 국행기우제이지만 주흘산은 국가의 중앙기관에서 관할하고, 대야산과 불일산, 그리고 용뢰산은 지방 관아에서 관장했던 것으로 추측되며, 바로 그러한 정황이 조선왕조실록과 각종지리지에 반영된 것으로 해석된다.

하지만 그런 구분은 명백하지는 않았던 것으로 여겨지는데, 그 일단은 지금까지 전하는 몇 편의 기우제문을 통해 짐작할 수 있다. 즉, 권섭權燮(1671~1759)의 『옥소고玉所稿』「잡저雜著2」에는 기우제문 5편이 전하는데, 주흘산主屹山 기우제문이 3편, 용뢰산龍磊山 기우제문 1편, 대야산大冶山 기우제문 1편이 실려 있다. 이 중 대야산 기우제문은 원문에 '大治山'라 적고 있는데, 이는 대야산大冶山의 오기誤記로 보인다. 각종 지리지를 참고할 때 가은의 '大耶山'을 '大治山'으로 기록한 예는 비록 없지만, '大治山' 역시 그 소재가 묘연하므로 '大治山'은 대야산大耶山의 잘못된 기록으로 보는 것이 옳을 듯하다.

문제는 권섭의 문집에 실린 기우제문이 어떤 기우제에 사용된 것일까 하는 점이다. 그런 점을 확인하려면 먼저 권섭의 행적에 대한 이해가 필요한 것으로 여겨지는데, 일단 권섭權

---

6) 최종성, 「國行祈雨祭와 民間祈雨祭의 비교연구」, 『종교학연구』 16집(1997), 188쪽.
7) <CD>국역 왕조실록> 태종14년 8월 21일(신유) '예조에서 산천에 지내는 제사에 대한 규정을 상정하다' 참조.

燮은 관계官界진출을 거의 하지 않은 재야의 시인으로 문경현 신북면身北面 화지동花枝洞에 은거하였던 것으로 알려져 있다.[8] 그리고 오늘날 문화재자료로 지정된 그의 영정은 그곳의 후손이 소장하고 있던 것이다.[9] 화지동은 오늘날 문경읍 당포1리이며, 이곳에서는 오늘날까지 기우제의 전승이 강하게 이어지고 있는 곳이다.[10] 이런 정황으로 보아 권섭은 문경에 살았던 향촌사람이었다고 하겠으며, 따라서 그의 유고집에 실린 기우제문들은 소사의 국행기우제문으로 간주하기에는 다소 무리가 있다고 하겠다. 그렇다면 결국 민간이나 관아에서 주관한 기우제의 제문일 가능성이 크다고 하겠는데, 그런 점에서 주흘산은 소사를 통한 국가에서 주관한 기우제만이 아니라 향촌에서도 나름대로 거행했을 것으로 짐작된다. 특히 아래 제시한 기우제문들에는 '官守不臧'이라고 하여 날씨가 가문 것은 관리와 수령이 착하지 못한 것이기 때문이라는 대목이 ①, ②, ④의 제문에서 보이는데, 이는 바로 관아나 민간에서 기우제를 주관했음을 시사하는 대목이라고 하겠다.[11] 그리고 실제로 현지 답사를 통해 보면 주흘산 자락 아래에 자리를 잡고 있는 많은 동네들이 다양한 방식으로 주흘산에서 기우제를 지냈음을 확인할 수 있다.[12] 그리고 대야산, 불일산, 용뢰산 역시 민간에서 기우제를 지낸 사실들이 많이 확인되는데, 그런 점으로 미루어 볼 때, 중앙국가기관에서는 주흘산에서만 기우제를 지내고, 그리고 지방 관아에서는 대야산과 불일산 그리고 용뢰산에서 기우제를 지냈으며, 민간에서는 그런 구분 없이 영험하다고 판단되는 곳에서 모두 기우제를 지냈던 것으로 여겨진다.

조선시대 기우제의 상황에 대해 단편적으로나마 이해를 돕기 위해 권섭의 기우제문을 인용해보면 아래와 같다.[13]

---

8) 권섭(權燮)에 대한 인적사항은 문경새재박물관 엮음, 『내사는 곳이 마치 그림 같은데』(다운샘, 2003) 참조.
9) 옥소 권섭 영정은 문화재자료 349호(경북)로 1998년 4월 13일에 지정되었으며, 소유자는 문경읍 당포1리 184번지의 권희듣이다. 문화재청 홈페이지(http://www.cha.go.kr/) 참조.
10) 기우제의 자세한 내용은 3장의 문경읍 당포리 사례 참조.
11) 국행기우제의 경우 가뭄의 원인을 왕의 잘못으로 인정하여 죄수를 방면하거나 선정을 베푸는 등의 사례들은 이미 고대 국가시대에서부터 보이는데, 관리와 수령의 잘못을 인정하는 것은 바로 치자의 잘못을 지적하는 것으로 기우제문에 관리와 수령이 언급된다는 것은 기우제의 주제집단이 바로 관아나 수령일 가능성이 크다는 점을 시사한다고 하겠다.
12) 3장의 문경읍 상초리, 지곡리, 팔령리 등의 사례 참조.
13) 번역은 한자교육보급협회 이사장이신 이완규 선생님께서 하신 것이다.

① 主屹山祈雨祭文 代主倅作

惟神之居	신령님 계신 곳
屹主于南	주흘산 남쪽이라
神其靈異	신령하고 기이하며
恍忽弘涵	황홀하고 드넓도다.
其暘其雨	비 오고 해 날 때
瞻仰嚴嚴	높직이 우러러고
雲車風馬	구름 일고 바람 부니
澤施潭潭	은택이 깊숙하다.
極天司地	하늘이 땅을 맡아
與人相參	사람과 함께하니
堂焉饗神	당당하신 신령님
酬我誠諴	정성을 받으소서.
今玆孔嘆	혹심한 이 더위
寔丁夏三	여름날 석 달이라
百畝皆枯	논밭은 말라가고
禾苗如燖	곡식은 짓물렀다.
其雨不雨	올 듯 말듯 빗줄기
天意難探	하늘 뜻 어려우니
神不左右	신령님 안 도우면
不與我堪	우리 어이 견디리.

官守不臧	관리가 안 착하니
獲戾宜甘	죄 받음 마땅하나
汒汒黎首	수많은 백성들의
何疾斯威	막심한 고생이여.
虔誠必呼	성심으로 부르나니
萬謝愆愍	허물을 사하시고
神其壹心	신령님 마음 합쳐
與龍霽疊	비구름 부르소서.
承天之仁	하늘 뜻 받드시어
拂揮靈縿	신령함 휘날리고
騰波通氣	비구름 피워 올려
沛然斯覃	세차게 쏟으소서.
猶可及時	때맞춰 내리시어
萬生同含	만물을 살리소서
無或慳秘	아끼지 마시옵고
無乍神慚	넉넉히 내리소서.

② 主屹山祈雨祭文 代主倅作

何漢天彼	아득한 하늘이여
可哀民斯	백성들 불쌍한데
官之不臧	관리가 불량하지
民則何讐	백성이 원수일까?

烈日其嘆	타는 해 더위가
春夏連而	봄여름 이어서
旣麥失穫	보리농사 망쳤거늘
又禾愆期	벼농사도 기약 없다.
日夕不雨	여러 날 가뭄에
萬命靡遺	목숨이 꺼지니
天則至仁	지극하신 하늘을
神不承之	신령님 이으소서.
風雲舒慘	계절의 갈마듬을
攸神執持	신령님 주재하니
一邑爲鎭	우리 고을 진산이라14)
瞻仰不遲	끊임없이 우러본다.
總總沄沄	주룩주룩 많은 비
望神厥施	신령님 내리소서
遑遑左右	허둥대는 우리들이
疾痛告誰	하소연을 어디할꼬
如神不恤	구제하지 않으시면
民亦何爲	우리들은 어찌하오
尙勾冥應	응답하심 바라오니
監我危辭	우리 형편 살피소서.

---

14) 진산(鎭山) : 고을을 진호(鎭護)하는 큰 산. 문경의 진산이 주흘산이다.

亟霈甘澍	빠르게 비를 내려
亟垂慈悲	자비를 베푸소서.

③ 主屹山祈雨再祭文 代作

於神昭赫	혁혁하신 신령님
進我邑兮	우리 고을 오셨네.
胡今之旱	어찌하여 이 가뭄
莫睠及兮	돌보시지 않으시나.
一潤時雨	한때의 빗줄기야
旋又涸兮	이내 곧 마르도다.
若垂靈雨	주룩주룩 비 내리면
胡荐虐兮	모질다고 하겠는가?
烈日其杲	햇빛은 쨍쨍하고
凄風亟兮	바람은 처량하다.
夏牟旣失	보리농사 망쳤거늘
尽秋穡兮	벼농사도 사납구나.
守土匪職	농사일 버려두고
民弋暴兮	포악한 사람되리.
何訴不呼	하소연 하옵나니

不避瀆兮	더럽히지 마소서.
愍彼無辜	무고함을 근심하니
一其德兮	한결같은 덕이리라.
霏微乖始	부슬부슬 가랑비도
降膏澤兮	기름같은 은택일세.
天實至仁	지극하신 하늘님
不落莫兮	쓸쓸하지 않으리.
霏微卽止	가랑비도 그쳤거늘
豈成育兮	어찌 이삭 맺히랴
神其司握	신령님 맡았으니
必遡達兮	반드시 이루리라.
天實至仁	지극하신 하늘님
與矜怛兮	불쌍히 여기소서.
修誠退俟	몸가짐 닦았으며
牲幣潔兮	희생도 정결하다.
瀰沱霡霂	주룩주룩 비 내려
惠我卒兮	은혜롭게 하소서.

④ 大冶山祈雨祭文

| 雨我孔嘆 | 가뭄에 비를 내리면 |
| 識天意之非劉 | 알겠구나. 하늘 뜻 부드러움을. |

| 一犁卽暘 | 비오다15) 곧 해나면 |
| 豈復望於有秋 | 어찌 다시 가을 추수 기대하리오? |

| 其歌也嘯 | 노랫가락 울려도 |
| 亦遑遑而靡求 | 허둥지둥 급할 뿐 구할 데 없다. |

| 官守不臧, | 수령이 나쁘면 |
| 乃九重之分憂 | 구중궁궐 임금님 근심을 나눈다. |

| 一禱二禱 | 빌고 기도하며 |
| 悔微躬之愆尤 | 하찮은 우리의 허물을 뉘우친다. |

| 惟山西峙 | 서쪽 고갯마루 |
| 卽瞻仰其靈休 | 우러러 신령님을 바라봅니다. |

| 齋心潔牲 | 희생을 장만하여 |
| 亟奔走於冥幽 | 신령님의 가호를 바라나이다. |

| 毋作神恥 | 부끄럽지 않게 |
| 洽我田而油油 | 들판에 흠뻑흠뻑 비를 내리소서. |

---

15) 일리(一犁) : 한 보지락. 보지락은 비가 온 양을 나타내는 단위인데, 보습이 들어갈 만큼의 빗물이 땅에 스며든 정도로 적게 온 비를 가리킨다.

⑤ 龍磊山祈雨祭文 代作

積此磊磊	돌 쌓인 이곳에
中必泓潨	웅덩이 있거늘
殷殷鏊鏊	은은한 천둥이
吼雷鼓如	북소리 같구나.

幾處幽窟	그윽한 굴속에
龍應臥於	용신이 서렸으니
監民有急	급하게 돌보소서
卽不虛徐	꾸물대지 마소서.

日暘日雨	해나고 비 내림에
倚利疇畬	농사일 의지하며
司權左右	사방을 맡으시고
執厥慘舒	사철을16) 운행하네.

惔其夏旱	타는 듯한 여름 가뭄
萬命靡餘	온갖 생령 휩쓸리네
龍本神靈	용은 본래 신령하니
寔降臨余	우리에게 임하소서.

胡慳霈注	어이 비 아끼시나
卒瘏播鋤	농사일17) 허사로세
不雨數日	여러 날 가뭄에

---

16) 참서(慘舒) : 슬픔과 편안함. 겨울과 봄.
17) 파서(播鋤) : 경파서운(耕播鋤耘). 씨 뿌리고 김매다.

民盡溺胥	백성들 괴롭구나.
上帝至仁	지극하신 하늘님
哀此釜魚	불쌍히 여기소서
知時霢霂	내리고 내리시어
漲滿溝渠	도랑에 가득하리.
樂此生成	생활이 흐뭇하여
擧欣欣且	즐겁고 기쁘거늘
何又杲杲	쨍쨍한 이 햇빛[18]
虐魃肆魖	가뭄이 날뛰도다.
先時溥澤	오래된 연못마저
幻其歸虛	허사가 되었거늘
天豈夢夢	하늘은 흐릿하고
龍不發紓	용신은 잠잠하네.
龍何讐我	용신님 원수될까
必欲我沮	우리가 막으리니
民亦何負	어찌하여 저버리고
若疾仇諸	원수처럼 미워하리.
余來守土	내가 와서 지킨 땅
一心如初	한결같은 마음이라
誠以事神	성심으로 받드나니

18) 고고(杲杲) : 밝고 밝은 해. 햇볕이 쨍쨍 내리쬐다.

民則呴噓	우릴 보우하소서19)
靡禱不竭	끝없이 빌고 빌며
潔身整裾	몸가짐 바로 했고
我豚我㹠	도야지 잡아놓고
我酒我醴	탁주도 걸렀구나.
精賽誓龍	정갈한 이 굿판
龍與有耆	용신이 함께하니
龍本神靈	신령하신 용신님
豈應赴趄	응답도 빠르리라.
亟乃神靈	쏜살같은 신령이여
龍勿深居	들어앉지 말으소서.
衆生之仰	뭇 백성 우르나니
豈安虛譽	어찌하여 헛되리오.
稱謝永終	영원토록 칭송하리
龍歟龍歟	용신이여 용신이여!

이 중 ③은 일차적으로 기우제를 지냈지만 효험이 없자 거듭 지낸 '기우재제문祈雨再祭文'으로 국행기우제와 흡사하게 민간에서도 나름대로 기우제의 제차가 있었던 것을 확인시켜주는 자료라 하겠다. 그리고 ⑤는 권섭의 거주지였던 화지동(당포1리)의 뒷산인 용뢰산(오늘날 운달산이라고 함)에서 지낸 것으로 기우제터를 묘사한 제문의 앞부분은 암석으로 이루어진

---
19) 구허(呴噓) : 호흡. 보살피다.

운달산의 모습을 그대로 드러내고 있다고 하겠으며, 돼지를 희생으로 하였다는 내용 역시 오늘날의 기우제와 크게 다르지 않음을 확인할 수 있는 대목이라고 하겠다.[20]

Ⅲ. 민간에 전하는 기우제

1. 동로면

1) 수상水上지역[21]

검줄(금줄)을 집집마다 삽지걸에 걸고 수양버들을 갖다 꼽는데, 버드나무를 베어다 꼽기도 한다. 그렇게 하고 용소(생달 방향의 개울에 있음)에서 제를 지낸다. 예전에는 동로면을 크게 두 지역으로 구분하였는데, 수평리를 중심으로 상류 쪽인 간송리를 포함한 면소재지 지역을 '수상水上'이라고 하고, 수평리를 포함한 그 아래의 하류 지역을 '수하水下'라고 칭하였는데, 용소 무제에는 수상 사람들이 모여 함께 제를 지냈다.

무제를 지내는 방식은 용소에서 산 돼지를 잡아 피를 곳곳에 바르고 당시 기관장(당시 면장)이 초헌관이 되어 제를 올렸다. 그 뒤 곧바로 동네마다 산잔등에다 생솟갑(생솔가리)이며 생나무를 잔뜩 해다가 불을 피우는데 젖은 나무가 불기운에 말라서 불이 붙으려고 하면 다시 생나무를 갖다 얹어서 시꺼먼 연기만 치솟도록 하였다. 연기가 구름이 된다는 생각에서 그렇게 한 것이며 동네마다 연기를 피우기 때문에 흡사 봉화불을 피우는 것과 유사하였다. 신기하게도 그렇게 무제를 지낸 그날 비록 많이는 내리지 않았지만 비가 내렸던 것으로 제보자는 기억한다. 그리고 평생에 단 한 번 그렇게 기우제 지내는 것을 경험하였으며, 그 시기는 대략 40~50년 전으로 기억한다.

---

20) 용례산(혹은 운달산)의 기우제는 최근까지도 '당포 기우제'라고 하여 전승된 것으로 확인되는데, 간략한 사실은 문경문화원에 발간한 『문화재대관(文化財大觀)』(문경문화원, 1998)에서 확인할 수 있다.
21) 윤덕현(남, 76세) 씨께서 제보를 해주셨다.

2) 생달2리[22]

여우목고개, 대미산, 황정산 쪽에서 흘러내리는 물이 마을 앞에서 합쳐져 흐르는데, 무제를 지내는 곳은 용소이다. 마을 주막거리에서 차갓재 쪽으로 조금만 올라가면 효자각이 있고, 그 효자각 앞 거랑에 용머리 모양을 한 바위와 그 아래 깊은 소가 있다. 바로 용소의 용머리에 날이 가물면 산 돼지를 잡아서 피를 바르고 제를 지냈다.

무제에는 동민이면 누구나 참석할 수 있지만 부정한 사람은 안 된다. 대개 하지 무렵까지 비를 기다리고 기다리다가 무제를 지내게 되는데, 길바닥의 풀도 말라서 바짝바짝 말랐다. 그렇게 무제를 지내고나면 꼭 '소내기(소나기)'라도 한 줄기 오고 그랬다.

주막거리 앞의 생달교는 원래 '생다리'라고 하여 '산 다리'라는 의미를 갖고 있다. 그 다리에서는 신기하게도 소가 구루마를 끌고 가다가 떨어져도 죽지 않고, 사람이 떨어져도 살아서 그 다리에서 떨어져서 죽은 자가 없기에 붙여진 이름이며, 마을 이름도 거기서 유래하여 생달이라고 한다. 용소의 물은 이 생달리 아래를 흘러내려간다. 무제를 지낸 지는 40~50여 년 정도 되었으며, 왜정 때는 자주 지냈다.

3) 노은1리 노래이[23]

삽지걸에다가 양쪽으로 소나무를 베어다 세우고, 버드나무를 둘러서 꽂은 다음, 왼새끼 꼬아서 치고, 흰 종이를 끼워놓고 무제를 지냈다. 그런 점에서 무제를 지내는 장소가 따로 있었던 것은 아니며, 삽지걸에 임시 제장을 마련한 것으로 여겨진다. 소나무나 왼새끼, 그리고 흰 종이를 이용해 무제를 지내는 신성한 공간을 조성하였으며, 버드나무는 비를 부르는 주술물이었던 것으로 생각된다.

매해 정월 열나흘에 지내는 마을제사는 천주봉 중턱에 당이 있는 산신제와 동네 입구에 느티나무와 돌무덤으로 이루어진 조산에 동신제를 지내지만 무제를 지내지는 않았다. 마을

---

22) 방주혁(남, 77세), 김순임(여, 76세) 씨께서 제보를 해주셨다.
23) 정해수(남, 71세), 주의매(여, 63세) 씨께서 제보를 해주셨다.

은 59번 국도에서 천주봉 북쪽으로 들어와 있기 때문에 외부에서 잘 드러나지 않는다. 그런 폐쇄적인 지형으로 인해 예전부터 피난고지로 소문이 났고, 과거 6·25 때도 동네에서는 전쟁의 피해를 전혀 보지 않아 흔히 길지로 인식한다.

4) 간송2리 할미새이(할미성, 할무성, 고성)[24]

날이 가물면 마을 뒤쪽 고성姑城(할미성)을 향하여 동네 주민들이 집에서 옷과 갓을 갖추어 입고 돼지머리를 놓고 정성을 드리면서 무제를 지냈다. 가뭄이 심하니 비를 내려달라고 비는 축문은 물론이고, 아무 해, 아무 달에 가뭄을 없게 해달라는 소지도 올린다. 고성은 마고할미 내외가 냇가에서 돌을 주어다 쌓은 것으로 전해지는 석성으로, 무제는 고성을 향해 지내는 것이기 때문에 결국 마고할미에게 비를 비는 것이 된다. 제비를 동네 돈으로 하며, 동네 돈이 부족할 때는 가가호호 모아서 지내기도 하였다.

어떤 해는 천주봉(해발 839m)에 가서 돼지머리를 놓고 무제를 지내기도 하였는데, 강우의 효험이 좀더 있지 않을까 하는 기대에서 그렇게 하기도 하였다. 모를 못 심어 폐농의 위기에 처한 아주 긴박한 가뭄 상황이기 때문에 비를 내리기에 가장 영험하다고 생각되는 방법으로 므제를 지냈다. 하지만 서낭당에서 무제를 지내지는 않았다. 서낭당은 동네 입구에 있는 느티나무인데, 서낭제를 지내지 않으면 호랑이가 나타난다고 하여 매해 정월 열나흘 날 밤에 제를 지냈으나 새마을 운동 때 서낭을 없앴다.

5) 적성리[25]

동로 적성에서는 국사봉(해발 728m)에 가서 제물을 차려놓고 하늘에 비를 좀 내리게 해 주십사 하여 무제를 지냈다는 소문을 들은 적이 있다. 비를 내리게 하는 데는 인근에서는 국사봉이 소문이 많이 난 곳이다. 국사봉은 묘를 쓰면 가뭄이 드는데, 그래서 날이 많이 가물

---

24) 원호윤(남, 73세, 숲들 거주) 씨께서 제보를 해주셨다.
25) 정영한(남, 86세, 간송 안사부래이 거주) 씨께서 제보를 해주셨다.

면 탐문을 하고 묘를 찾아 파 없애는 경우들이 있었다. 국사봉은 주로 산 아래 마을보다는 먼 거리에서 많이 찾는 무제 터이다.

2. 산북면

1) 김룡리[26]

동네가 다 모여서 김룡사 계곡의 입구 용추에서 무제를 지냈다. 디기(대단히 많이) 가물고 그러면 무제를 지냈다. 산 돼지를 한 마리 끌고 올라가 잡아가지고 피를 흘리고 방구(바위)에 피를 이리저리 바르고 제사를 지냈다. 잔 부어 놓고 제사를 지내면서 어예든둥(어떻게든) 비를 좀 내려달라고 빌었다. 그렇게 빌고 나면 비가 곧 내렸다고 한다.

제관은 동민이 되며, 남녀를 가리지 않고 동민들이 모두 함께 모여 무제를 지내고, 음복을 하였다. 김룡사에서는 무제에 대해 일체 관여를 하지 않았으며 절과 상관없이 동네 자체적으로 지냈다. 무제를 지낸 적은 아주 오래되었는데 한 50여 년 되었다.

용추 바로 옆에는 석성石城이 있고, 석성의 기단에는 '황유국黃有國'으로 추측되는 바위글씨가 남아있다. 예전에는 여름으로 동네사람들이 이 용추에서 더위를 피하면서 놀았던 적이 많았다.

2) 석봉리 샛골[27]

농천보의 수원지가 되는 샘에다가 무제를 지냈다. 그 샘은 신기하게도 봄에 못자리 할 때는 물이 나다가 백로가 지나면 샘이 말라 버린다. 무제는 옛날 어른들이 많이 지냈는데, 실제로 본 적은 없고 그 이야기만 들었기 때문에 구체적인 방법은 알 수 없다.

---

26) 이상배(남, 77세) 씨께서 제보를 해주셨다.
27) 이정호(남, 68세), 이종복(남, 69세), 이정교(여, 71세, 김룡리 거주) 씨께서 제보를 해주셨다.

옛날에는 시방보다 훨씬 가물었는데 모판에서 벼가 패기도 한 적이 있었다. 그러면 '배남산(배나무산)'에서 사람들이 올라가 무제를 지냈다. 여성들은 올라가지 않았다. 배나무산(해발 798m)보다는 더 높은 단산(해발 956m) 밑에서 지냈다는 이야기도 있다.

석봉리는 일명 샛골이라고 하는데, 골짜기마다 마을을 형성하고 있어서 모두 12샛골을 이루고 있다. 가구는 오늘날 80여 호로서 경주 이씨가 그 중 반을 차지하는데, 석봉의 곡물이 밖으로 나가지 않으면 동네 장이 되지 않았을 정도로 경제규모가 컸다고 한다. 그래서 예전에 '산북면장을 할래? 석봉 이장을 할래? 그러면 두 말 않고 석봉 이장을 하였다'고 한다.

3) 거산리[28]

날이 가물어 모심기를 하지 못하게 되면 자연히 동네 어른들이 모여 대책을 강구하게 된다. 이런 저런 이야기가 돌다가 결국 돼지 한 마리 잡아가지고 동네에서 위하는 곳에다가 사방에 피를 흘리고 대가리를 놓고 제사를 지냈다.

동네에서 위하는 곳은 모두 3곳인데, 학교 뒤 고목인 '시무나무'와 동녘골 중턱 벽대바위 그리고 우정자라고 하는 느티나무이다. 동녘골 벽대바위에는 신기하게도 샘이 있다. 그리고 우정자는 원래 한양 가는 과거길이 있던 곳이었다. 우정자의 느티나무는 원 나무가 죽고 새로 움돋이 한 것으로 나이가 수백 년이다. 이 중 무제를 지내는 곳은 우정자였다.

4) 가좌리 새터[29]

지명에 '용'자가 들어있는 용(龍)한데 무제를 지내야 효험이 있다고 하여 동네 이장들과 유지들이 김룡사 뒤쪽 장구목 '용서들'에서 정성을 드렸다. '서들'이란 집채 같은 바위가 쌓게 있는 곳이다. 돼지를 잡아서 높은 산에 가서 제사를 지내는데, 제관들은 집에서 험한 것도 하지 않고 정성을 드렸다가 올라가서 공을 드린다. 인근의 산재한 마을들을 모두 8목

28) 채무길(남, 66세) 씨께서 제보를 해주셨다.
29) 김각규(남, 85세) 씨께서 제보를 해주셨다.

인데, 가좌목, 여목, 장구목, 도목, 하두목, 정호목, 진대목, 호루목이 이골 저골에 있다. 이들 8목의 이장들과 유지들이 함께 가서 빌고 술 한 잔 먹고 내려온다. 어릴 때 무제를 지낸다는 소리를 들었는데, 요새는 날이 가물어도 무제를 지내지 않는다.

5) 간곡리 도치골30)

마을 뒤쪽 '용골'이라고 하는 산골짜기에서 무제를 지냈다는 이야기가 전해 온다. 무제 방식은 짐승의 피를 뿌리고 바르는 것인데, 그렇게 하면 비가 내려 씻어 내린다고 한다. 용골은 물이 많이 흐르지는 않지만 골짜기가 깊어서 좀체 물이 마르지 않는 곳이다. 그리고 '용'자가 들어간 지명이기 때문에 무제를 지낸 것으로 보인다. 대략 일제강점기까지 무제를 많이 지낸 것으로 보인다.

6) 서중리31)

동네 전체가 함께 참여하는 무제는 전하지 않는다. 하지만 개별 농가에서 행하는 양밥에 해당하는 것은 있다. 그 방법은 날씨가 대단히 가물면 농가에서는 처마 밑으로 왼새끼를 꼬아서 걸치고, 쟁피(창포의 지역어)와 솔잎을 꽂아 주렁주렁 매달아둔다. 이때 쟁피를 꽂아 두는 것은 '하늘에 비를 달라는 소리'에 해당한다.

3. 산양면

1) 봉정리 탑골32)

---

30) 함선식(남, 85세), 노팔암(남, 69세) 씨께서 제보를 해주셨다.
31) 이강태(남, 73세) 씨께서 제보를 해주셨다.
32) 이강태(남, 73세), 노희주(남, 88세) 씨께서 제보를 해주셨다.

예로부터 이 곳은 한근旱根이 심한 곳이다. 그래서 하늘의 구름이 지나가다가도 여기 어디인가? 하고 물으면, 굴탑(굴곡 동네와 탑골 동네를 합쳐서 부르는 지역)이라고 답이 오면 구름까지도 '벗어져 버린다(없어져 버린다는 의미)'는 전설이 있다. 하지만 경천댐이 생기면서 한근을 면하게 되었다.

주로 일정(왜정) 때 '무지(무제)'라고 하여 마을 뒷산인 월방산月方山(산의 형세가 초승달을 닮았다고 하여 붙여진 이름) 중턱에서 지냈다. 그곳은 산지당(산제당)이 있기도 하지만 거기에는 지내지 않고, 산지당 옆의 샘 있는 곳에서 지냈다. 술 붓고, 비 좀 내려 달라고 소지도 올리고, 무릎 꿇고 비는 형식이었다. 산에 올라가는 사람은 마을 주민들 중에서 상주가 아닌 깨끗한 사람이 대표로 올라간다. 제사비용은 동네 돈으로 하고, 제물은 주과포와 돼지머리를 사서 올라갔다.

2) 신전1리 섶밭[33]

마을 뒷산에 온 동민이 같이 가서 돼지머리와 음식을 갖다놓고 무제를 지낸다. 그러면 구름이라도 끼고 비가 온다.

4. 호계면

1) 하선암 새동네[34]

물이 부족할 때는 소서나 초복 무렵까지도 모를 심은 적이 있는데, 그래도 서숙보다는 낫다고 모를 심었다. 그 즈음 되면 무제를 지내는 경우가 많은데, 높은 산에 가서 연기 올리고 무제를 올렸다. 동네에서는 무당산에서 주로 지냈는데, 포 놓고, 술 붓고, 비 많이 와

---

33) 문경새재박물관, 『문경민속지 – 세시풍속』(2006), 167쪽에서 재인용.
34) 마성덕 김씨 할머니(여, 90세)께서 제보를 해주셨다.

달라고 절하고 그랬다. 여자들은 무제 지내는데 참석하지 않았다.

2) **지천리**35)

마을 앞 냇물 건너에 있는 무당산에서 무제를 지냈다. 무당산은 멀리서 보면 세 개의 봉우리가 삼각형을 이루고 있는데, 주민들은 그 모습을 고깔과 같다고 하거나, 무당이 팔을 벌리고 춤을 추는 형상이라고 한다. 이렇듯 동네 앞산이 무당산이기 때문에 동네에서는 무당이 나지 않는다고 한다. 신이 들여서 무당이 나려고 하여도 무당산이 있기 때문에 맥을 추지 못한다고 한다.

문씨와 김씨는 부부로서 40여 년 전에 무제의 제관을 한 적이 있다. 제관은 깨끗한 사람을 뽑는데, 제관으로 선정되면 안팎(부부)이 모두 3일 동안 기도를 드려야 된다. 무제를 지내는 방식은 주과포, 삼실과, 돼지머리 등을 장만하여 동네 남성들이 함께 올라가서 지낸다. 당시 음식을 장만해서 산을 올라가는데 벌써 서쪽 하늘이 시꺼멓게 구름이 올려왔다고 한다.

무당산은 마을제사를 모시는 곳은 아니다. 동제는 마을 입구의 느티나무에서 지내는데, 마을의 액은 느티나무가 다 막아주는 것으로 믿는다.

3) **가도리 가길**36)

모내기 할 무렵인 음력 5월경에 비가 오지 않고 가물면 무제를 지낸다. 단오 때까지 비가 오지 않으면 단오 지낸 후에 지낸다. 당고사와 마찬가지로 깨끗한 사람이 제주가 되어 산 밑의 개울에 가서 지낸다. 제물은 돼지머리와 일반적인 제물이 사용된다. 여자들은 무제에 참석할 수 없다.

---

35) 문주식(남, 82세), 김씨 할머니(여, 70세)께서 제보를 해주셨다.
36) 위의 책, 198~199쪽에서 재인용.

5. 영순면[37]

천마산과 고봉산(천마산 북쪽)에서 1970년대까지 무제를 지냈다. 무제를 주관한 곳은 면사무소였고, 무제를 지내는 방식은 산 돼지를 잡아 피를 흘리고 그렇게 했다. 자연마을 단위로 산발적으로 무제를 지낸 적은 없으면, 무제는 면에서 주관하기 때문에 초헌관은 당연히 면장이 된다. 물론 마을 이장을 비롯한 대표들이 함께 참석하기도 하였다. 천마산은 예로부터 무제를 지내면 영험이 있던 것으로 전해진다.

6. 농암면

1) 사현리 샛골[38]

농암면과 이안면의 경계인 뭉우리고개 주변이 무제 터이다. 그곳은 예전에 사기를 굽던 가마가 있던 곳이라 주민들은 '사그막(사기막)'이라고 하고 그곳에서 지낸 무제를 '사그막 무제'라고 한다. 그리고 풍수지리적으로 보아 무제를 지내던 곳은 용의 머리에 해당하는 곳으로 그래서 무제를 달리 '용산제'라고도 한다. '뭉우리고개'라는 이름 또한 무제를 지내면 구름이 뭉쳐서 뭉글뭉글 올라간다고 하여 붙여진 것이라 한다.

무제를 지내는 방식은 산 돼지를 지고 올라가서 목을 따고 그 피를 용머리에 해당하는 바위에 뿌리고 칠하였다고 한다. 그렇게 하면 하늘에서 그 피를 씻어내기 위해 비를 내린다고 한다. 돼지 피를 용머리에 바르고 나서는 제사를 지내는데, 제관은 상주가 아닌 아들 낳은 집 중에서 깨끗한 사람을 뽑아서 하였다. 무제 축문도 있었으나 오늘날 축문을 쓰던 분들은 모두 돌아가신 상태이다.

제관은 주로 연세가 높으신 동네 어른 중에서 하고, 젊은 층들은 돼지를 지고 산에 오르

---

37) 홍상일(남, 69세, 율곡1리 이장) 씨께서 제보를 해주셨다.
38) 김귀용(남, 61세) 씨께서 제보를 해주셨다.

는 일을 맡는다. 무제를 지낸 후의 돼지는 다시 지고 마을로 내려와서 동네 잔치를 열었다. 그렇게 무제를 지내면 적어도 3일 이내는 꼭 비가 내렸다고 한다. 동네 주민들은 '사그막 무제' 혹은 '용산제'가 대단히 영험한 것으로 믿고 있다.

2) 궁기1리 궁터(상궁, 중궁, 하궁)[39]

절골이라는 곳에 용초가 있다. 가물 때 돼지를 사 가지고 거기서 무제를 지냈다. 하지 때가 되면 모내기가 '늦승기(늦심기)'가 되는데, 그때까지 비가 오지 않으면 동네사람들이 논의하여 절골로 무제를 지내러 올라갔다. 제관은 깨끗한 사람이 주로 하는데, 상주가 아닌 사람이라야 한다. 무제를 지내러 올라가는 사람 숫자는 대략 60~70여 명으로 주로 남성들이 가가호호 참여했다. 무제 지내고 나면 소나기라도 내리고 그렇지 않으면 적어도 구름이라도 끼었다. 무제를 지낼 때는 반석 위에 돼지를 잡아 피를 바르는데, 간단하게 지낼 때는 돼지머리만 놓고 지내기도 하였다.[40]

무제를 지내는 절골은 용초(혹은 용추)가 있기 때문에 달리 용추골이라고도 한다. 절골이라는 이름은 의상대라는 암자가 있어서 그렇게 부르며, 예전에도 절이 있었다는 전설이 있으며, 지금도 오래된 기왓장이 땅에서 나온다고 한다. 절골은 골짜기 전체가 주민들에게 있어서 대단히 신성한 곳으로 인식되는데, 예전부터 사냥꾼들이 절골에서는 짐승을 한 마리도 잡아 본 적이 없다고 한다. 포수들이 짐승을 발견하고 총으로 쏘아도 절대 맞지 않는다고 한다. 그래서 절골에서 짐승이 죽어서 나간 적은 이제까지 없으며, 적어도 절골을 벗어나야 짐승이 잡히는 것으로 알려져 있다. 그리고 6·25 전시 때도 당시 마을인구가 750여 명이나 되었지만 마을에서 전사자는 하나도 없었다고 한다. 그래서 산골이라고 하여 흔히들 사람이 못 살 곳이라고들 하지만, 마을이 화를 당한 적이 없기 때문에 주민들은 세상 어느 곳보다 자신들의 동네가 가장 사람이 살만한 곳으로 생각한다.

---

39) 여태목(남, 76세, 노인회장), 김군진(남, 79세) 씨께서 제보를 해주셨다.
40) 위의 책, 382쪽.

3) 연천1리 마바위[41]

마을 앞 도랑의 '고로소'라고 하는 소(沼)에서 무제를 지냈다. 고로소는 지금은 거의 매워졌지만 예전에는 그 깊이가 명주실꾸리 몇 타래 들어갈 정도로 깊었다고 한다. 무제는 가물면 거의 지냈기 때문에 그때 동네에 나누어 먹던 떡이 자주 있었던 것으로 노인들은 기억하고 있다.

고로소에다 무제를 지내는 것 외에 동네 집에서는 여자들이 삿갓 쓰고, 도래이(도롱이) 입고 마당논을 가는 시늉을 하는 경우도 있었다고 한다. 그리고 용마가 태어났다는 전설이 전하는 마바위에서도 지낸 적이 있고, 벼락바위에서도 지낸 적이 있다. 그런 점으로 미루어보아 일정하게 정해진 무제 터가 있는 것은 아니었고, 영험이 있을 것이라 생각되는 곳은 수시로 무제 터가 되었던 것으로 여겨진다.

4) 연천1리 벌마[42]

가뭄이 심하면 동네 좋은 바위에 가서 무제를 지냈다. 산 돼지를 끌고 가서 잡은 뒤에 바위에 피를 발라 놓으면 그것을 씻으려고 비가 온다고 한다.

5) 내서2리 광정마을[43]

시루봉에서 예전에 무제를 지냈다는 이야기만 전한다. 시루봉은 천지가 개벽할 때 시루 '밑구녕(밑구멍)'만큼 남았다고 하여 붙여진 이름이며, 인근의 연엽산은 연잎만큼 남았다고 하여 붙여진 이름이다. 광정을 비롯한 인근 지역은 '우복동'이라는 길지로 알려져 있는데, 제보자 역시 6·25 때 강원도 횡성에서 시부모와 함께 나와 자리를 잡은 곳이다.

---

41) 도진네 할머니(여, 83세)께서 제보를 해주셨다.
42) 위의 책, 397쪽에서 재인용.
43) 이영자(여, 75세) 씨께서 제보를 해주셨다.

7. 가은읍

1) 완장리[44]

대야산 아래 선유동 지나 용초龍湫에 가서 무제를 지냈다. 예전에 어른들은 용초에 흘러 드는 물을 막아 돌리고 무제를 지냈는데, 엄청나게 가물 때이기 때문에 위에서 내려오는 물이 얼마 되지 않아 물길을 돌리는 것이 그렇게 어렵지는 않았다. 그렇게 하고나서 용초 안에 있는 물을 모두 퍼낸다. 그러면 용초 안이 물 하나 없는 상태에서 바닥이 드러나는데, 그 곳에 젖은 나무나 마른 나무를 가리지 않고 잔뜩 채워서 불을 질렀다. 그러면 연기하고 불이 하늘을 치솟는데, 그때 사람들은 "용꼬리 탄다!"라고 외쳤다.

그리고 산 돼지를 갖고 올라가는데, 역시 용초에서 잡아 목을 따서 피를 이리저리 사방에 뿌리고 제사를 지낸다. 그렇게 하고나면 집으로 내려오기 전에 비를 맞았다고 한다. 제사는 고사지내듯이 하며, 돼지는 삶아서 술안주로 하고 그랬다. 가가호호 동민들도 올라가지만 기관에서도 오기도 하였다. 무제의 준비는 전적으로 마을 주민들이 하지만 읍장님을 비롯한 읍의 유지들이 찬조를 하였다.

그런 점에서 용초의 무제는 완장리 마을 주민들만 참여하는 마을단위의 민간기우제의 성격과 더불어 가은읍을 대표하는 관기우제의 성격을 함께 띠고 있는 것으로 추측된다. 『문경현지聞慶縣誌』와 같은 옛 지리지에서 확인되는 대야산 기우단과 기우제는 바로 이 용초에서 지낸 무제일 것으로 사료된다. 이곳에서는 최근에도 기우제를 지낸 적이 있는데, 2001년 80년만의 대한이 닥쳤을 때이다. 그해 음력 윤4월 16일에 지낸 기우제의 실황 일부가 동년 6월 9일에 문경시인터넷방송[45]에 방영되었다.

---

44) 우순덕(남, 63세), 박종택(남, 69세) 씨께서 제보를 해주셨다.
45) 홈페이지(mgtv.mg21.go.kr). VTR자료와 이를 캡쳐한 사진자료는 문경시 기획감사담당관실 박창희 씨가 제공하였다.

2) 갈전1리46)

무제 터가 따로 정해져 있는 것은 아니고, 옛날에는 날 가물면 큰 강(영강) 갱변(강변)에 나가서 어른들이 '칭이(키)'로 물을 까불고 그랬다. 장을 옮겨서 보거나 하는 것은 없었다. 아주 어릴 때 보았다.

3) 갈전2리47)

마을 뒤 계곡인 '마래기'라고 하는 골 안에서 무제를 지냈다. 그곳은 말 발자국이 남아있다고 하는 곳이다. 돼지 대가리를 올리는 것이 좋지만, 가난해서 없이 살적에는 닭으로 대신하기도 하였다. 닭 피를 흘리고 제사를 지내면 돌아서서 내려오는 길에 곧바로 소나기가 쏟아지기 때문에 여자들은 너도나도 '칭이(키를 가리키는 지역어)'를 갖고 갔다. 소나기가 오면 비를 맞지 않기 위해 칭이를 머리에 덮어써서 비를 피하는 것이라고 하지만 칭이를 갖고 가는 것에서부터 칭이를 덮어 쓰는 행위 모두가 비를 부르기 위한 의도에서 행해졌다. 그래서 으레 무제를 지내면 여자들은 칭이를 덮어쓰고 마을로 내려왔으며, 무제를 지내고 돌아서서 내려오다 보면 소나기를 만나기가 일쑤였다.

제사는 명태나 대추 등을 갖고 가서 지내지만, 남녀노소 가리지 않고 모두 참석할 수 있다. 그래서 무제를 지내는 날은 온 동네에 잔치가 벌어졌다. 동네는 다른 곳보다 가뭄이 덜 드는 곳이라 무제를 지낸 적이 이미 40-50년 정도 되었다.

4) 수예리48)

작약산 거북바위에서 돼지를 잡아서 피를 바르면 비가 내렸다고 한다.

---

46) 이강명(남, 47세, 이장) 씨께서 제보를 해주셨다.
47) 안지댁(여, 70세) 씨께서 제보를 해주셨다.
48) 신춘섭(남, 71세, 갈전2리 노인회장) 씨께서 제보를 해주셨다.

5) 관북리[49]

예전에는 희양산을 주봉산이라고 하였는데, 돼지를 잡아서 피를 흩어 뿌리고 그랬다. 정확히 무제 터가 어딘지는 모른다.

8. 마성면

1) 상내리 나실[50]

비가 오지 않아 날이 가물면 백화산 상산봉에서 무제를 지냈다. 상산봉 밑에는 샘이 있는데, 여간해서 마르지 않는다. 그 샘에다 무제를 지내는데, 제사의 방식은 일반 제사와 동일하였다. 제물로는 포, 삼실과, 밥, 조기 한 마리, 그리고 돼지를 잡아서 올라가기도 하였다.

마을에서 무제 터까지는 한 나절을 꼬박 걸어서 올라가야 하는 거리이기 때문에 많은 사람들이 갈 수 없었다. 마을을 대표하여 이장과 개발위원이 올라갔으며, 여성들은 일체 참석하지 않았다.

9. 문경읍

1) 상초리[51]

6월까지 날이 가물면 제관, 축관, 도가를 선출하는데, 제관은 주로 이장이나 반장 중에서

---

49) 신춘섭(남, 71세, 갈전2리 노인회장) 씨께서 제보를 해주셨다.
50) 김재복(남, 62세) 씨께서 제보를 해주셨다.
51) 문경시·안동대박물관, 『문경새재지표조사보고서』(2004), 382~383쪽에서 재인용.

깨끗한 사람으로 한다. 지내는 방식은 용추에 올라가서 즉석에서 생돼지의 목을 따서 용추 주변에 사방으로 피를 뿌린다. 예전에는 돼지 대신에 소나 개를 잡기도 하였다. 짐승 피로 용추 주위를 더럽히고 주위의 큰 나무와 돌을 가져와 물 속이 꽉 차도록 채운다. 도가를 맡은 사람은 즉석에서 제물을 준비하는데, 생돼지를 과거에는 곧바로 썼으나 최근에는 돼지머리, 밤, 대추, 곶감, 제주를 마련하여 제를 지낸다.

2) 지곡1리 모싯골[52]

주흘산 정상 아래 '서들(돌이나 바위가 많은 곳)' 특히 큼직한 '왕서들'이 있는 곳에다 무제를 지냈다. 정해진 곳이 반드시 있는 것은 아니지만 주로 큼직한 반석이 있는 서들이 많은 곳에서 주로 지냈다.

무제를 지내는 방식은 산에 올라가 돼지 대가리나 닭 목을 따서 피를 돌에다 묻혀놓고 절을 하면서 비를 비는 것이다. 그렇게 하면 하늘에서 더럽다고 하여 비가 내린다고 한다. 무제는 누구라도 참석할 수 있으며, 마음 맞는 사람들끼리 산에 올라가 지내기도 한다. 지금 연세가 80살에 가까운 분들이 많이 지냈으며, 지내지 않은 지는 오래되었다.

이와는 달리 산지당에 가서 닭이나 개를 가지고 가서 당 주위에 피를 뿌린다는 보고도 있다.[53] 하지가 지나도록 비가 오지 않으면 그렇게 하는데, 그 피를 씻으려고 하늘에서 비를 내린다고 한다. 무제를 지내고 사람들이 마을로 채 내려오기도 전에 비가 내릴 정도로 영험하였다고 한다.

3) 지곡2리[54]

동네 앞의 보호수인 '느티앙 거리'와 주흘산 밑 '가낙골'의 물이 깨끗한 곳에서 무제를

---

52) 추주석(남, 70세) 씨께서 제보를 해주셨다.
53) 문경새재박물관, 앞의 책(2006), 57쪽.
54) 상민네 할매(여, 65세) 께서 제보를 해주셨다.

지냈다. 무제에는 동네사람들이 남녀노소 가리지 않고 모두 참석하는데, 산에 오르기 힘든 연세 많은 노인들은 '느티앙 거리'에서 지내고, 산을 오를 수 있는 젊은이들은 산에 올라가 지냈다.

  무제를 지내는 방식은 일반제사와 같은데, 제물로는 백설기, 돼지머리, 삼실과, 통명태 등을 마련하였다. 깨끗한 물로 밥을 지어놓고 지내기도 하였다. 제관은 산이라도 나이 많은 분이 올라가서 하였는데, 때로는 여성이 하기도 하였다. 동네에서 지내는 것보다는 산에서 지내는 무제가 더 영험한 것으로 여겼다. 비 좀 빨리 내려달라고 축문도 읽고 소지도 올렸다.

4) 팔령리[55]

  마을에서 보면 주흘산이 마을 뒤를 병풍처럼 둘러치고 있는데, 절벽 같은 낭떠러지 아래 '널이 진 곳'에서 무제를 지냈다. '널이 진 곳'이란 '반석이 있는 곳'을 가리키는 것으로, 그런 곳은 사람의 발길이 잘 닿지 않아 아주 깨끗하기 때문에 무제를 지내면 영험이 있는 곳이라고 한다. 특히 깨끗한 곳일수록 무제의 효험이 큰데, 그런 곳을 더럽히면 그것을 씻어내기 위해 하늘에서 비가 내린다고 한다.

  그래서 마을 주민들은 닭이나 짐승을 데리고 가서 널이 진 정한 곳을 찾아 짐승의 목을 잘라 피를 뿌려 더럽히고 술로 무제를 지냈다. 주로 닭을 갖고 가지만 개를 데리고 가기도 하는데, 개를 잡기보다는 닭이 보다 용이하기 때문에 주로 닭을 가지고 올라갔다. 널이 진 곳은 산신제를 모시지는 않으며, 무제 터로만 이용한다.

5) 용연리[56]

  용연 마을은 가구 수가 60여 호로서 골마, 샛마, 벌마로 이루어져 있고, 사과농사를 주로

---

55) 권순규(남, 71세, 문경읍 요성 거주) 씨께서 제보를 해주셨다.
56) 강병국(남, 59세) 씨께서 제보를 해주셨다.

한다. 『문경시지』에 의하면, 1506년 손씨가 마을을 개척하였다고 하며, 용연龍淵이라는 명칭은 천년 묵은 구렁이와 지네가 서로 승천을 다투면서 보름 밤낮을 싸운 끝에 구렁이가 이겨 용으로 변하여 승천한 곳으로 그때 싸움이 있던 곳이 땅이 패어 지금의 용못이 되었다고 한다.

그 용못에서 무제를 지내면 대단히 영험하여, 예전부터 날이 가물거나 6월이 넘어서도 모를 심지 못하면 무제를 지내고, '용지등'이라고 하는 산 등에 불을 질렀다고 한다. 무제 터는 장구맥이(장구령) 아래인데, 마을에서 보아 '서들(큰 바위를 일컫는 지역어)'이 세 개 있는 등 바로 아래의 길 옆 나무이다. 주민들은 그곳이 용이 승천한 곳이라 한다. 마을제사를 지내는 곳은 아니며 무제 터다.

무제를 지내는 방식은 닭을 사 갖고 올라가서 목을 치고, 그 피를 이리저리 흩어놓는다. 그렇게 하면 하늘에서 비가 내려 피를 씻는다고 한다. 무제와 더불어 비를 내리게 하는 또 다른 방법으로는 '용지등'에 불을 지르는 것인데, 불만 지르면 곧바로 반응이 있어서 꼭 비가 내렸다고 한다. 그래서 비록 무제를 지내지는 않지만 용지등에 불을 질러 비가 내린 경우도 있다고 한다.

주민들이 전하는 경험담을 소개하면, 지금은 돌아가신 분이지만 동네 한 노인이 동네 다른 집에서는 도랑물을 이용하여 그럭저럭 모를 다 심었는데, 그 집은 한근이 심한 천수답이라 물이 없어 모를 못 심은 적이 있었다고 한다. 모는 철이 지나 무성해지고 그래서 그 노인은 홧김에 밤에 산에 올라가 용지등에 진짜로 불을 질러 버렸다. 용지등에 불을 지르면 비가 내린다는 옛말을 그대로 실현한 것이었다. 그러자 용하게도 그날 밤에 곧바로 비가 내렸다고 한다.

하지단 신기하게도 용지등에 불이 나서 산 전체가 다 탄 적은 전혀 없다고 한다. 산 너머 마을인 갈골재(장구맥이 너머 산북면 호암리의 골짜기)에서 산불이 타들어 내려오다가도 용지등에 와서는 신기하게도 꺼진다고 한다. 이렇듯 용지등에 대한 영험담이 주민들에게 전승되고 있는데, 이는 용지등이라는 이름에서도 알 수 있듯이 용제를 지내는 산등성이기 때문에 절대로 불이 나지 않는 것으로 믿고 있으며, 불을 지르면 용이 불을 끄기 위해 곧바로 비를 내린다는 것이다.

용연에서는 2001년 80년만의 대한이 들었을 때 문경시 문화원에서 기우제를 지내기도 하였다. 시장은 참석하지 않았으나, 문화원장과 향토사연구소 소장, 그리고 연구위원 등 20여 명이 문경 주민들을 대신해 무제를 지냈다. 그렇게 무제를 지내고 난 바로 뒷날 문경 전역에 비가 내렸다고 한다.

6) 당포리57)

산 안쪽에 위치한 마을이 행정구역상 1리이고, 큰길에서 더 가깝고 낮은 곳에 위치한 마을이 2리이다. 두 마을은 바로 이웃하고 있지만 무제는 각기 지냈다. 하지만 상대방 동네의 무제에 대해서는 전혀 아는 바가 없다.

당포 1리는 날이 가물면 생기를 가려 깨끗한 사람을 제관으로 하여 산 깊은 곳의 용서들에서 무제를 지냈다고 한다. 특히 무제는 깊은 밤에 지내는 것이 관례였는데, 마을에는 가물어서 개울이 다 마르더라도 용서들은 물 흐르는 소리가 철철 나는 곳이라고 한다. 개를 몰고 가서 피를 흘리고 제를 지냈다고 한다. 1리와 달리 2리 주민들은 큰 거랑의 용추에서 개를 잡아서 피를 흘리고 무제를 지냈다.

7) 고요1리 고요58)

예전에는 고줏골 뒷산에 있는 '용서들'59)에 갔으나, 대개는 마을에서 가까운 단산의 웃마 '찬물샘'에 가서 '생개(살아있는 개)'를 잡아 피를 뿌렸으며, 이것을 씻기 위해 밤에 비가 내렸다.

---

57) 고요댁(여, 81세) 씨께서 제보를 해주셨다.
58) 위의 책, 26쪽에서 재인용.
59) 문경새재박물관, 앞의 책에서는 '용수들'이라고 적고 있으나, 이는 '용서들'의 오기로 보인다. 필자의 현지답사를 통해 볼 때, 산북면 가좌리 새터와 문경읍 지곡1리 모시골 경우에서 밝힌 것처럼 '서들'이란 용어의 뜻은 큰 바위가 많이 있는 곳을 가리키는 민속어휘(folk term)이자 지역어임을 확인할 수 있기 때문이다.

8) 관음1리 문막[60]

비가 오지 않으면 마을 뒷산의 구수동 '지당(제당)'에 가서 무지(무제)를 지냈다.

9) 마원3리 우무실[61]

모를 심을 철에 가뭄이 심하면, 동네 앞 냇가에서 기우제를 지낸다.

IV. 문경지역 기우제의 특징

이상으로 민간에서 전승되었던 기우제들을 간략히 표로 정리하면 아래와 같다.

문경지역의 기우제 현황

	마을 이름	기우제 터	기우제 방식
동로면	수상지역	용소와 각 동네 뒷산	용소에 돼지 피 바르고 제사 지내기, 산에 연기내기
	생달2리	용소	용머리 바위에 짐승 피 칠하기
	노은1리 노래이	삽지걸	무제 공간을 만들어 제사지내기
	간송 할미성	집	할미성을 향해 제사지내기
	적성리	국사봉	묘 파헤치기
산북면	김룡리	용초	짐승 피 뿌리기
	석봉리 샛골	샘(수원지)	
		배나무산	
	거산리	동제당 느티나무	짐승 피 흘리기, 제사 지내기
	가좌리 새터	산의 용서들	돼지잡기, 제사 지내기
	간곡리 도치골	용골(산 계곡)	짐승 피 흘리기
	서중리	개인 집	처마 밑으로 쟁피(창포) 꽂기

60) 문경서재박물관, 앞의 책(2006), 33쪽에서 재인용.
61) 위의 책, 39쪽에서 재인용.

마을 이름		기우제 터	기우제 방식
산양면	봉정리 탑골	산의 샘	제사지내기
	신전1리	뒷산	제사지내기
호계면	선암리 하선암	높은산(무당산)	제사지내기
	지천리 강신터	산(무당산)	제사지내기
	가도리	개울	돼지머리고사
영순면		천마산, 고봉산	돼지 피 흘리기와 제사지내기
농암면	사현리	산의 바위	돼지 피 흘리기와 제사지내기
	궁기1리 궁터	용초	돼지 피 흘리기와 제사지내기
	연천1리 마바위	개울의 소(沼)	제사지내기
		집 마당	여자들 비 내리는 모습 흉내 내기
		마바위, 벼락바위	
	연천1리 벌마	산의 바위	돼지 피 흘리기와 제사지내기
	내서2리 광정	시루봉	
가은읍	완장리	대야산 계곡 용초	돼지 피 흘리기와 연기 피우기, 제사지내기, 용 위협하기
	갈전1리	강변	칭이(키)로 물 까불기
	갈전2리	작약산 계곡 바위	짐승 피 흘리기와 제사지내기
	수예리	작약산 거북바위	짐승 피 흘리기와 제사지내기
	관북리	희양산	짐승 피 흘리기와 제사지내기
마성면	상내리 나실	백화산 상산봉 샘	제사지내기
문경읍	상초리	용추	돼지 피 뿌리기, 제사지내기
	지곡1리	주흘산 서들	짐승(돼지) 피 흘리기, 제사지내기
	지곡2리	느티나무	제사지내기
		주흘산 샘	제사지내기
	팔령리	주흘산 용서들	짐승(닭, 개) 피 흘리기
	용연리	산의 바위	닭 피 흘리기, 제사지내기
		용지등	불 지르기
	고요1리	산의 바위, 샘	개 피 흘리기
	관음1리	산제당	제사지내기
	내원3리	냇가	제사지내기
	당포1리	마을 뒤 깊은 바위산	개 피 흘리기, 제사지내기
	당포2리	개울의 용초	개 피 흘리기, 제사지내기

이렇게 봤을 때, 민간에 전승된 기우제는 문헌에 전하는 기우제와 비교할 때 대단히 다양하였음을 쉽게 알 수 있다. 문헌에 전하는 기우제 터의 경우 확인되는 것은 4곳임에 비해 민간에서는 현재까지 확인된 것만 하더라도 40여 곳이 넘는다. 아마도 더 세세하게 현지조사를 한다면 훨씬 더 많은 곳에서 기우제의 전승을 확인할 수 있을 것이다.

각종 지리지와 『조선왕조실록』에 전하는 문헌상의 기우제에는 그 숫자가 얼마 되지 않기도 하지만 어떤 산에서 지냈다는 단편적인 사실만 기록되어 있기 때문에 사실상 어디에서 지냈는지 그리고 어떻게 지낸 것인지에 대한 내용을 알기 어렵다. 그런 점에서 민간에서 전하는 기우제들은 그런 점들을 보강해주는 것이 되기도 한다. 즉, 문헌상 기우제 터는 4곳으로 주흘산, 대야산, 불일산, 용뢰산으로 알려져 있는데, 주흘산과 대야산은 오늘날까지도 그 명칭을 그대로 사용하고 있기 때문에 위치 확인에 어려움이 없으며, 용뢰산은 달리 운달산이라고 하였기 때문에 역시 위치를 쉽게 짐작할 수 있다. 하지만 불일산의 경우는 오늘날 그 명칭을 지닌 산이 없어 확인 자체가 어려운 점이 있다. 지리지의 기사내용을 참고하면, 가은현 서남쪽 20리에 위치하며, 대야산 혹은 화산에서 뻗은 곳이라고 하였기 때문에 오늘날 농암면 도장산 쯤으로 짐작되나 정확하지는 않다.[62] 이러한 점들을 바로 민간 기우제를 통해 그 내용을 일정부분 보강할 수 있겠는데, 대야산의 경우는 가은읍 완장리 용초, 용뢰산의 경우는 문경읍 용연리의 뒷산 혹은 당포리의 바위산 정도가 아닐까 추측할 수 있다. 이들 지역에서는 해당 기우제 터를 대단히 영험한 것으로 여겨 최근까지 기우제를 전승해왔기 때문이다.

하지만 문헌에 전하는 기우제와는 달리 민간에 전하는 기우제들은 정확한 장소를 확인할 수 있다는 점과 더불어 기우제를 지내는 방식 또한 대강이나마 확인할 수 있다는 이점이 있다. 주흘산의 경우, 앞서 누차 이야기했듯이 국가의 사전제도祀典制度에 근거하여 제사를 지냈기 때문에 그 방식 역시 사전제도의 내용이나 『국조오례의國朝五禮儀』같은 문헌들을 참조하면 그 대강을 짐작할 수 있다. 하지만 국가의 중앙에서 관장한 주흘산 이외의 지역 즉, 대야산이나 불일산, 그리고 용뢰산에서 지낸 지방수령 중심의 기우제에 대한 방식은

---

[62] 문경문화원 부설 향토사연구소 고재하 선생님께서는 연엽산 근처의 시루봉이라 추측하기도 한다.

그 내용을 짐작하기 어려운 점이 있다. 그런 점에서 민간에서 전승되어 오던 기우제의 방식들 역시 그런 부족한 점들을 보강해주는 면들이 있을 것이라 사료된다. 기우제라는 것은 가뭄이라고 하는 긴박한 상황에서 이루어지는 제사이기 때문에 가장 효험이 있을 것이라 기대되는 방법을 선호할 수밖에 없고, 그러한 방법은 전통적으로 특정 유형이 정해져 있는 경우가 많기 때문이다.

이렇게 문헌과 현지답사를 통해 문경지역에서 전승되었던 기우제들을 정리해 볼 때 드러나는 특징은 크게 두 가지로 나누어 살펴볼 수 있다. 우선 하나는, 기우제를 지내던 장소 즉, 무제 터와 관련한 것이며, 두 번째는 기우제를 지내는 방식 즉, 무제 방식이다. 먼저 무제를 지내는 장소를 중심으로 살펴보면, 강변이나 냇가보다는 산이 압도적으로 많다는 점을 쉽게 확인할 수 있다. 산 중에서도 특히 바위가 많은 곳이나 샘이 있는 곳이 주로 무제 터로 이용되고 있으며, 지명 중에서 '용龍'자가 들어가는 곳은 거의 무제 터였음을 쉽게 알 수 있다. '용'자가 포함된 지명들은 대개 물이나 용의 상징물이자 상징장소로 전해지는 곳이며 따라서 이들 장소는 전통적으로 기우제 터로 많이 이용되었다. 그것은 비를 내리게 하기 위해서는 비를 관장하는 용이나 물이 솟는 샘 등에서 비를 빌어야 한다는 유감주술類感呪術(Homoeopathic Magic)적 사고가 기본적으로 작용한 것이라 하겠다.

그리고 산에 솟은 바위는 그 자체로 용이나 용머리의 상징물로 인식되었는데, 그래서 높은 산의 바위는 영험한 무제 터로 많이 선호되었다. 돌이 많은 곳을 민속어휘(folk term)로는 '서들'이라고 하는데, 이는 돌이 많이 깔린 땅을 일컫는 '서덜'[63]에서 비롯된 말로서, 큰 바위나 돌이 많은 곳을 특히 '왕서들' 혹은 '용서들'이라고 하는 용어를 문경지역에서는 쉽게 접할 수 있다. 이는 그 자체로 바위가 많은 산이 흔한 지역적 특징과 관련된다고 하겠으며, 각종 기이한 모습을 한 바위들이나 용초, 그리고 왕서들은 모두 용과 관련된 의미의 범주에 속하는 자연물들이라고 하겠다. 이 중에서도 용초 혹은 용추는 바위와 물, 그리고 용의 상징과 직접적으로 맞닿아 있는 곳이라 하겠으며, 그렇기 때문에 무제의 장소로서는 더없이 좋은 곳이었다. 특히 소사에 해당하는 주흘산은 다른 지역에서는 보기 어려운 명산

---

63) 이근술·최기호, 『토박이말 쓰임사전』(동광출판사, 2001).

이자 영험한 산에 속하는데, 그 이유는 바로 주흘산 정상이 병풍과도 같은 바위들로 이루어져 있는 데서 비롯한 것으로 여겨진다.

다음으로 무제를 지내는 방식을 중심으로 그 특징을 살펴보면, 돼지머리를 제물로 하여 고사형식의 제사를 지내는 것은 아주 흔한 일반적인 방식에 해당한다고 하겠는데, 거기에 덧붙여 살아있는 돼지나 닭, 드물게는 개 등의 짐승 피를 영험하거나 신성하다고 여기는 기우제 터에 흘어 뿌리거나 바르는 경우가 많이 보이는 점이 특징이라고 하겠다. 피를 신성한 곳에 뿌리거나 바르는 것은 피 부정을 의도적으로 조장하는 것으로 많은 제보자들이 설명하듯 그렇게 해야 더러운 부정을 씻기 위해 하늘에서 비를 내린다는 것이다. 이러한 기우주술祈雨呪術 방법은 단순히 온갖 정성을 다하여 빎으로써 강우라는 원래의 의도를 달성하고자 하는 것이 아닌 원인행위와는 상반되는 결과를 기대하는 주술방식이라는 점에서 대응주술對應呪術[64]에 해당한다고 하겠다. 즉, 비를 관장하는 용에게 순응적인 행위로서 깨끗한 기도나 정성을 드리는 것이 아니라 오히려 부정한 것을 이용해 신성한 곳을 더럽혀서 하늘이나 용의 반감을 자극하거나 신경을 거슬리게 하는 행위를 통해 원래 의도했던 강우의 목적을 달성하는 방식이라고 하겠다.

하지만 대응주술은 그 자체만으로 행하는 예는 거의 없으며, 순응적인 내용의 공감주술과 결합되어 있는 것이 일반적이다. 무제를 지내는 장소에 짐승의 피를 바르거나 산에 불을 지르는 것은 모두 대응주술에 해당하는 것이라 하겠으며, 각종 제사지내기는 감응주술 혹은 공감주술에 해당한다고 하겠다. 이러한 대응주술방식을 취하고 있는 기우제의 방식은 19곳의 사례에서 나타나는데, 전체 중에서 46%를 차지하는 주요한 기우방식에 속한다. 그런 점에서 문경지역 기우제의 방식에는 비를 관장하는 용에 대해 순응의 방식이 아닌 으르는 방식들을 특징으로 하고 있다고 하겠다.

한 지역의 문화적 특징은 그 자체적으로도 살필 수 있지만 다른 지역과 비교할 때 보다 두드러진 특징들이 드러난다. 그런 점에서 문경과 접하고 있는 예천이나 안동과 비교하여 그 특징을 살펴보는 것은 앞서 언급한 사실 이외에도 문경지역 기우제의 특징을 살피는데

---

64) 임재해, 「기우제의 주술관행과 주술의 원리」, 『한국민속과 전통의 세계』(지식산업사, 1991), 367~369쪽.

도움이 될 것이다. 예천이나 안동 전역을 아우르는 자료나 선행연구는 아직까지 없는 상태이지만 기존의 자료들을 통해 볼 때 문경지역의 기우제가 갖는 특징은 다음과 같다.[65]

첫째, 예천이나 안동지역에서 흔히 나타나는 시장 옮기기 즉, 사시徙市 기우제가 문경지역에서는 전혀 나타나지 않는다는 점이다. 문경지역에서는 사시 기우제에 대해 단 하나의 사례도 확인할 수 없는데, 이는 문경지역이 예천이나 안동과 구별되는 독특한 기우제의 전통을 갖고 있는 곳임을 드러내는 것이라 하겠다. 사시 기우제의 경우, 주로 강변으로 시장을 일시적으로 옮기는 기우방식인데, 문경지역에서 사시 기우제의 전승이 전혀 없다는 것은 기본적으로 지리적 조건에서부터 인근지역과 많은 차이가 있음을 나타내는 것으로 생각된다. 즉, 문경지역은 강보다는 산이 많은 곳으로 강 중심의 기우제보다는 산 중심의 기우제가 중심을 이루었던 것으로 여겨진다.

문경지역에서 기우제의 전통이 비교적 활발하게 전승되는 곳은 대개 산간지역으로, 강이나 하천을 중심으로 본다면 상류 지역이 대부분인데, 이는 큰 산이 많은 지리적 조건으로 인해 비록 하천의 지류나 상류 지역은 가뭄이 심각하더라도 중하류로 내려가면 물의 부족이 훨씬 덜 심각한데서 비롯된 것이 아닐까 추측된다. 따라서 강이나 하천을 중심으로 이루어지던 사시 기우제의 필요성은 문경지역에서는 일단 지리적 조건에 의해 요구되지 않았던 것으로 판단된다.

둘째, 면사무소나 군청에서 주관한 관官기우제나 면이나 군 등을 아우르는 광역 기우제의 전승이 상대적으로 약하다는 점이다. 문경지역은 2개 읍과 7개 면으로 구성되어 있지만 이들 행정기관에서 주관한 기우제는 영순면과 동로면의 두 사례뿐이다. 이는 소사에 속하는 주흘산 때문인 것으로 추측되는데, 주흘산은 문경읍의 진산임에도 불구하고 조선시대 초기부터 국가의 중앙에서 관장하는 소사로 지정됨으로써 상대적으로 지방수령 중심의 기우제는 그 전승이 약했던 것으로 생각된다. 기우제의 방식을 권역별로 본다면, 자연마을단

---

65) 예천과 안동지역의 기우제에 대한 자료로는 김재호, 「산골사람들의 물 이용과 민속적 분류체계 – 예천 선동마을의 사례」(안동대학교 대학원 민속학과 박사학위논문, 2006); 김재호, 「기우제의 제의맥락과 기우권역」, 한국역사민속학회, 『역사민속학』 제18호(2004); 안동대학교 민속학연구소, 『까치구멍집 많고 도둑 없는 목현마을』(한국학술정보(주), 2002); 예천군지편찬위원회, 『예천군지』(중권, 2005); 임재해, 「기우제의 성격과 그 전승의 시공간적 이해」, 『한국민속과 전통의 세계』(지식산업사, 1994) 등이 있다.

위의 민간기우제와, 지방 관아 중심의 관기우제, 그리고 국가에서 관장한 국행기우제로 나누어질 수 있는데, 문경지역의 경우는 소사라고 하는 국행기우제터가 있음으로 해서 지방 관아 중심의 관기우제는 국행기우제의 영향 아래에서 그 전승이 상대적으로 약화된 것으로 파악된다. 그런 점에서 문경지역의 기우제는 국행기우제의 강성과 자연마을 단위에서 이루어진 민간기우제의 전승이 강했다는 특징이 있다고 하겠다.

이상으로 문헌에 전하는 기우제와 민간에 전하는 기우제를 정리하였으며, 그것들이 갖는 지역적 특징을 자체적으로 살피고, 또 인근지역과의 비교 속에서 성글게나마 논의하였다. 현지조사를 통해서 확인한 사실이지만 많은 경우 기우제의 전승은 약화의 일로에 있는데, 그렇다하더라도 좀 더 치밀한 현지조사를 실시한다면 보다 풍부한 기우제의 전승양상을 파악할 수 있을 것으로 생각된다. 그런 점에서 앞으로 좀 더 치밀한 현지조사를 통해 보다 풍부한 기우제의 연구가 요망된다고 하겠다.

참고문헌

權燮, 『玉所稿』 雜著 2.

김미순, 「금산의 민간 기우와 민중들의 사고」, 한남대학교 충청문화연구소 외, 『금산의 마을 공동체신앙』, 1990.

김용헌, 「朝鮮王朝實錄에서 본 朝鮮時代의 降水, 祈雨祭와 祈晴祭, 雨雹, 서리 및 안개」, 공주대학교 교육대학원 석사학위논문, 1996.

김의숙, 『한국민속제의와 음양오행』, 집문당, 1993.

김재호, 「고려시대 기우제에 대한 연구」, 『안동대학교 대학원 민속학과 겨울세미나 발표집』, 1995.

_____, 「기우제의 제의맥락과 기우권역」, 한국역사민속학회, 『역사민속학』 제18호, 2004.

_____, 「산골사람들의 물 이용과 민속적 분류체계 - 예천 선동마을의 사례」, 안동대학교 대

학원 민속학과 박사학위논문, 2006.

김택규, 『한국농경세시의 연구』, 영남대학교출판부, 1985.

문경문화원, 『文化財大觀』, 1998.

문경새재박물관 엮음, 『조선왕조실록에 나타난 문경』, 1998.

_____, 『문경민속지 - 세시풍속』, 2006.

문경시·안동대박물관, 『문경새재지표조사보고서』, 2004.

신후식, 『集註 聞慶誌』, 문경사 발간위원회, 1997.

안동대학교 민속학연구소, 『까치구멍집 많고 도둑 없는 목현마을』, 한국학술정보(주), 2002.

예천군지편찬위원회, 『예천군지 중권』, 2005.

이욱, 「조선시대 國家祀典과 영험성의 수용」, 서울대학교종교문제연구소, 『종교와 문화』 6, 2000.

임재해, 「기우제의 성격과 그 전승의 시공간적 이해」, 『한국민속과 전통의 세계』, 지식산업사, 1994.

_____, 「기우제의 주술관행과 주술의 원리」, 『한국민속과 전통의 세계』, 지식산업사, 1994.

_____, 「도연기우제의 민속지와 주술적 장치」, 『한국민속과 전통의 세계』, 지식산업사, 1994.

최종성, 「국행기우제와 민간기우제의 비교연구 : 시제처리와 제물처리를 중심으로」, 서울대학교종교학연구회, 『종교학연구』 16, 1997.

_____, 「용부림과 용부림꾼 : 용과 기우제」, 국립민속박물관, 『민속학연구』 6, 1999.

프레이저, 장병길 역, 『황금가지 Ⅰ』, 삼성출판사, 1990.

■ 기우제 화보

1	2
3	4
5	6

1 샘달리의 용소와 용머리바위
2 김룡사 운달계곡의 용추
3 거산리의 무제를 지내던 느티나무 우정자
4 지천리 마을 뒤 서낭당 터에서 바라본 무당산
5 통돼지를 제물로한 제사(완장리)
6 기우제문 낭독(완장리)

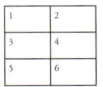

1 돼지 피를 용추 주변에 뿌린 흔적(완장리)
2 짚으로 만든 용꼬리에 불 지르기(완장리)
3 짚으로 만든 용꼬리가 타는 모습(완장리)
4 "용꼬리 탄다."라고 소리치는 주민들(완장리)
5 불에 탄 용꼬리 모습(완장리)
6 바위에 남겨진 혈흔(완장리)

1 불에 탄 용꼬리 재가 떠있는 용추(완장리)
2 불에 탄 용꼬리가 남겨진 용추계곡(완장리)
3 팔령리 마을입구에서 바라 본 주흘산의 모습(완장리)
4 용연리 마을에서 바라 본 용-지둥(완장리)

문경의 가정신앙

오선화

문경의 가정신앙

Ⅰ. 문경의 가정신앙

   가정신이란 집안을 지켜주는 신으로 집안 곳곳에 자리 잡고 있으면서 집안의 모든 일을 보살펴준다. 이 믿음을 바탕으로 각 신들에게 제의를 올리며 가정의 평안을 비는 것이 바로 가정신앙이다.

   집은 곧 작은 우주이다. 우리네 집 전체는 성주가 관장하고, 안방에는 조상신과 삼신, 부엌에는 조왕신, 뒤꼍에는 터주와 업신, 대문에는 문신, 우물에는 우물신, 뒷간에는 뒷간신, 우물에는 용신, 마굿간이나 외양간에는 우마신이 있다. 이밖에도 재운을 담당하는 업 또는 용단지, 자손의 복을 빌어주는 조상신 등이 있다. 집 안과 밖을 아울러 지켜주고 있기에 전통적인 우리의 삶은 항시 신과 함께 한다고 해도 과언이 아니었다. 그러나 오늘날 주택의 구조가 달라지면서 가정신의 자리가 사라지고, 더불어 여러 사회적인 영향으로 가정신에 대한 믿음이 사라져서 이제는 가정신앙은 희미하다 못해 흔적조차 찾기 어려운 실정이다.

   가정신앙의 양상은 지역에 따라 다르다. 산간지역에서는 산고사라 하여 개인적으로 산신을 비는 집이 많은가 하면 해안지역에는 풍어를 비는 신체를 집안에 모시기도 한다. 지역에 따라 삼신을 제석이라 부르기도 하고 조상이라 부르기도 하며, 재운을 담당하는 신이 업신이 되기도 하고 용단지 혹은 터주단지로 나타나기도 한다. 이렇듯 가정신앙은 지역에 따라 신체의 형태, 명칭, 직능에 차이가 있기 마련이다. 한 해 한 해 갈수록 가정신앙을 기억하는 이조차 만나기 어려운 현실 속에서 이번 문경지역의 가신신앙의 조사는 자료의 축적 면에서 상당히 가치 있는 일이다.

Ⅱ. 가정신앙의 사례

1. 문경읍의 가정신앙[1]

1) 문경읍 하초리

조선시대까지 한양을 가기 위해서는 문경새재를 넘어야 했다. 하초리는 문경새재로 진입하는 첫 동네로 푸실이라고 불렀다. 고려 말 공양왕 시절 나무가 없고 풀만 무성했기에 붙여진 이름이다. 계곡의 맨 아래에 있다고 해서 아래푸실이라고도 한다.

(1) 성주

성주는 집을 지키는 신이다. 성주풀이에 "와가에도 성주요, 초가에도 성주요, 가지막에도 성주"라는 말이 있듯이 어떤 집에도 성주가 있다. 다만 지역마다 그 모양새가 다를 뿐이다. 하초리에도 두 가지 형태의 성주가 존재한다. 한지를 접어 양쪽에 수숫대로 꽂아 고정시킨 다음 가운데에 솔가지를 꽂고 실타래를 묶은 형태가 있고, 마른 북어에 실타래를 묶은 형태가 있다. 위치는 모두 대들보 아래 혹은 근처로 마루이다. 개조한 집의 경우 현관에 성주를 매어 두었다.

햇곡을 수확한 다음 성주 아래 쌀을 섬째 갖다놓기도 하고, 단지에 담아 갖다놓기도 한

---

[1] 이정수(남, 73세), 강학순(여, 72세) 씨께서 제보를 해주셨다.

다. 이를 성주섬, 성주단지라고 부른다. 하루정도 놓아두었다가 식구끼리 밥을 해먹는다. 한지로 맨 성주아래 성주단지가 같이 놓여 있는 집도 있다.

일년 중 가장 으뜸 달이라 하여 시월은 상달이다. 그래서 성주고사를 상달고사라고도 부른다. 상달고사는 집안의 대주가 주관하는데 매년 혹은 3년마다 지낸다. 성주의 수숫대와 한지를 새로 갈아주는 의식이 주이다. 만약 대주가 아프거나 집안에 우환이 있으면 성주고사를 지내지 못한다. 성주고사의 절차를 보면 제일 먼저 피시루떡(붉은 팥시루떡)을 찐다. 쌀과 팥을 켜켜이 앉혀서 떡을 찌는데 쌀을 빻는 순간부터 정성을 들여야 한다. 성주 앞에 시루째 떡을 놓고 떡시루에 술을 담은 술잔을 놓아둔다. 그 다음 대주가 절을 한 뒤 가족 소지를 올린다. 가족 뿐 아니라 농사소지, 가축소지, 차소지도 올린다. 성주고사를 지내면 떡을 동네사람과 나눠 먹는다. 집집마다 성주고사를 지내는 날이 조금씩 틀리기 때문에 시월은 시루떡을 끊임없이 먹었다고 한다. 현재 하초리에서 성주고사를 지내는 집은 단 두 집이다.

"성주 옷 입힌다."고 하여 그 이전에 있던 성주에 새로 한지를 걸고 실타래를 두르는 집도 있다. 매년 혹은 3년마다 성주옷을 덧입히기에 성주가 두껍고 지저분해진다. 그러면 '날받이'에게 손 없는 날을 받아 산뽕나무에 묵은 성주를 걸어둔다. 이때도 술 한 잔을 붓고 절을 한다. 집안의 대주가 죽어서 성주를 치울 때도 묵은 성주를 뽕나무에 걸어둔다.

(2) 조왕

조왕은 부엌신이다. 부엌 안에서도 가장 중요하고 신성한 곳은 부뚜막이다. 주부는 언제나 이곳을 깨끗하게 하려 애썼다. 부엌을 지키는 조왕이 앉은 곳이기 때문이다. 조왕은 조왕각시 조왕할매라 불린다. 신체가 아예 없는 경우가 많다. 부뚜막 뒷벽 한가운데에 놓인 깨끗한 물 한사발이 그곳이 조왕자리임을 알려준다.

성주고사 때 조왕께도 제사를 지낸다. 왜냐하면 성주와 조왕은 하나이기 때문이다. 하초리에서는 성주고사 때 제일 먼저 조왕님께 상을 차리고 제를 지낸다. 피시루떡 한 시루를 하면 그것을 성주 앞에 먼저 갖다놓은 다음 접시에 떡과 밥, 나물을 담아 조왕상을 차린다. 조왕 앞에서 절만 하고 끝낸다. 소지를 올리지는 않는다.

(3) 터주

터주는 집터를 지켜주는 신이다. 뒤란이나 장독대에 터주가리를 모셔둔다. 작은 항아리에 쌀 혹은 나락을 담고 빗물이 스미지 않도록 짚으로 짠 고깔모양의 주저리를 덮어둔다. 같은 형태의 터주라도 호남지역에서는 이를 '철륭'이라 부르고 '지신단지'라고도 부른다. 하초리에서는 터주단지 혹은 '터주대감'이라고 부른다.

시월 초사흗날 혹은 성주고사를 지내는 날 터주단지의 쌀 혹은 나락을 간다. 특별히 날짜를 정하지 않은 집에서는 매년 가을 수지를 수확한 날 단지를 간다. 터주제사에는 마구설기를 쓴다. 쌀을 한 되 빻아서 검은 콩과 팥을 섞어 찐 떡을 마구설기라 부른다. 예전에는 쌀을 서되 서홉을 빻아 떡을 했다. 봄에 햇보리가 났을 때 단지에 보리를 넣고 제사지내는 집도 있다.

(4) 조상

기제사 외에도 새사람이 들어오거나 집안에 특별한 일이 생기면 상을 차리고 조상님께 제사를 지낸다. 조상상은 안방에 차린다.

(5) 절 치성

정월 초사흘, 사월 초파일, 백중, 칠월 칠석, 동지에 절에 간다. 문경새재에 있는 혜국사로 다닌다.

2) 문경읍의 개인치성

마을단위의 동제나 별신제가 아니라도 개인적으로 영험한 곳을 찾아다니며 제를 올리는 사람이 있다. 무당이 산신제를 지내거나 기도를 올리기 위해 마련한 당도 있고, 아이를 갖기 위해, 자손의 수명장수를 위해, 산삼을 캐기 위해 따로 제를 지내기도 한다. 이는 개인적이고도 부정기적인 제의다.

(1) 산신제

주흘산 계곡을 따라가다 보면 기이한 바위나 나무에 금줄이 쳐져 있는 것을 발견하게 된다. 이는 마을사람들이 개인적으로 '산을 위하는' 것이다. 집집마다 산을 위하는 날짜는 다른데 정월에 음식을 해서 산을 찾는 사람이 많다.

문경읍 상초리의 산신각과 성황사, 제3관문의 산신각에는 무당의 발길이 끊이지 않는다. 상초리의 산신각은 '주흘산 산신각', 제3관문의 산신각은 '조령산 산신각'이라고 한다. 산신각에 치성을 드리는 무당은 문경뿐 아니라 각지에서 온 사람이다. 무당들은 이곳이 산이 깊고 물이 맑으며 신의 영험이 센 곳이라고 말한다.

무당 외에서 상초리 성황사와 산신각에 개인적으로 치성을 드리는 사람이 있다. 상초리 산신각은 영험이 세기로 유명하다. '돼지머리가 떨어져도 흙이 안 묻을 정도'이다. 산신각을 믿는 사람은 일년에 세 번 제사를 지낸다. 제물은 돼지머리, 과일 등 일반 제사차림과 비슷하다. 산신각에 먼저 제사를 올린 뒤 성황사에서 제를 지낸다. 집안의 복과 평안을 비는 제사이다. "자녀들이 객지에 가 있으께네 수십 년 동안 은혜 베풀어 줘 고맙습니다. 은혜도 태산같지만 제가 살이 있는 동안 아이들한테 아무 병고 없고 무사히 살다 죽게 해주십시오. 죽을 때 자손자매 아프지 말고 좋게 해주십시오."라며 빈다.

(2) 심마니 제

산에서 산삼을 캐는 사람들이 특별히 산제를 지내기도 한다. 산삼을 캐고 싶다거나 산삼을 캤을 경우에 자신이 깨끗하다고 생각하는 장소에서 제사를 지낸다. 새재의 용화사 계곡 쪽이나 여궁폭포 쪽에는 지금도 개인치성을 드리는 사람이 많다.

(3) 삼신제

문경읍 상리 신당에 개인치성을 드리기 위해 찾는 사람이 많다. 특히 아이를 낳지 못하는 사람이 많이 찾고 있다. 지금은 사라지고 없지만 과거 신당 옆에 삼신당이 있었다. 이 삼신당에서 치성을 드리면 아이를 낳을 수 있다. 문경읍 상리 이인보 씨의 경우 할머니와 어머니가 매년 3월 3일 이 삼신당에서 가서 제사를 지내는 것을 보았다. 어머니의 나이가

서른 살이 넘도록 아들소식이 없자 할머니와 어머니는 삼신당에서 백일치성을 드렸다. 그 후 큰 아들을 낳고 계속해서 아들을 낳을 수 있었다. 이일을 계기로 매년 삼짇날 새벽이면 신당에 시루떡과 삼실과를 준비해 가서 제를 지낸다. 많은 사람들이 제를 올리기 위해 찾아 왔지만 각자 제의 날짜가 달랐으므로 신당 앞에는 항상 음식이 놓여 있다.

(4) 지장보살 모시기

집안에 지장보살을 따로 모시면 좋다고 하여 화상을 걸어 놓고 매일 '지장보살'을 외우는 사람도 있다.

(5) 아이팔기

문경읍 지곡리 마을 중간에 약 500년 된 큰 느티나무가 있다. 이 느티나무에 금줄이 쳐 있고 제단에 정화수 그릇이 놓여 있다. 아이가 태어났을 때 다른 부모를 얻어야 수명장수할 수 있을 경우 큰 바위나 고목에 아이를 팔곤 한다. 이 느티나무도 그와 같은 부모노릇을 하고 있다. 나무에 판 아이의 생일이 되면 나무에 금줄을 치고 정화수를 떠놓고 제를 지낸다. 이를 '산 모신다'라고도 하고 '칠성님 모신다'라고도 말한다. 이렇게 개인적으로 모시는 나무 혹은 바위는 누가 언제 와서 제사를 지내는지 알 수 없다. 아이의 생일에 올 수도 있고 일년에 몇 번씩 날짜를 정해놓고 올 수도 있다. 보통 정초에 무당에게 물어 액막이를 하는 경우가 많기 때문에 정월에 많은 이가 찾는다.

2. 가은읍 작천리의 가정신앙[2]

우봉 이씨가 개척한 마을로 까치가 샘물을 먹었다고 하여 마을 이름이 까치샘이다. 도장골은 마을 형상이 도장(곡식을 저장하는 창고)처럼 생겼다고 하여 붙여진 이름이다.

---

[2] 이월희(여, 80세) 씨께서 제보를 해주셨다.

(1) 성주

마루 상기둥에 성주를 매어 놓는다. 성주의 신체는 집에 따라 조금씩 다르다. 한지에 실만 맨 경우, 수숫대로 한지를 고정시키고 솔가지를 꽂은 형태, 한지로 맨 성주 아래 성주단지를 둔 형태 등 여러 가지이다. '무성주'인 집도 있다. 처음 집을 짓거나 이사 와서 무당이 뽕나무 혹은 대추나무에서 성주를 받아왔으나 신체를 따로 모시지 않아도 될 경우 "이 집은 무성주로 하라."고 말한다. 그러면 성주를 매지 않은 채 마루 벽을 성주자리라고 생각한다.

성주 단지가 있는 집은 햇곡을 수확하면 처음 찧은 쌀을 단지에 채워둔다. 나락섬을 성주섬이라고 말하고 놓아두었다 먹기도 한다. 10월 혹은 동짓달에 좋은 날을 받아 성주고사를 지낸다. 이를 안택이라고 말한다. 한 해 동안 농사를 잘 마무리하였음을 고하는 날이다. 이 날 성주의 신체가 한지로 되어 있는 경우 기존의 성주 위에 한지를 덧입힌다. 마루 성주 아래에 피시루떡과 햇곡으로 지은 밥과 나물, 과일 등으로 상을 차린다. 무성주인 집도 10월 혹은 동짓달에 날을 받아 피시루떡을 해서 안택고사를 지낸다.

동지에 팥죽을 끓이면 팥죽을 큰 그릇에 담아 성주 아래에 갖다 놓는다.

(2) 삼신바가지

이월희 씨 집의 삼신은 안방 시렁 위에 걸쳐 있다. 삼신의 신체는 박바가지이다. 바가지 안에 쌀을 넣고 한지를 덮어 실을 매어둔 형태이다. 윗대에도 용단지와 터주단지가 없었고 삼신만 존재했다. 시어머니로부터 내려받은 삼신바가지이다. 햇곡이 나면 첫 수지로 삼신바가지의 쌀을 갈아준다. 10월 초사흗날 아니면 스무 사흗날에 갈아준다. 때에 따라 동짓달에 갈기도 한다. 쌀을 가는 날 햇곡으로 밥을 하고 물을 놓아 상을 차린다. 한해동안 농사를 잘 지었음을 감사하고 자손들이 건강하게 지내도록 기원한다.

(3) 용단지와 터주단지

작천리에서 용단지와 터주단지의 신체를 확인하지 못했다. 80세가 넘는 할아버지 할머니들도 어렸을 때 외에는 용단지와 터주단지를 본 기억이 없다고 하니 상당히 오래 전에 사라진 듯 하다.

용단지와 터주단지의 내용은 다른 마을과 다를 바가 없다. 고방 혹은 부엌에 쌀을 넣은 용단지가 있었고, 뒤란 장독대 근처에 나락을 넣은 터주단지가 있었다. 햇곡이 나면 제일 먼저 삼신의 쌀을 갈고 그 다음 성주단지의 쌀을 간다. 그 다음 용단지의 쌀, 터주단지의 나락을 갈아 준다. 햇곡을 갈 때도 밥과 물로 상을 차리고 절을 한다.

동지에 팥죽을 쑤면 용단지와 터주단지 앞에 한 그릇 떠놓는다.

(4) 절 치성

봉암사로 기도를 다녔다. 삼월 삼짇날, 사월 초파일, 칠석에 절을 찾는다. 칠석에 가면 칠성전에 불을 켜고 자식들이 잘 자라도록 기원한다.

3. 영순면 율곡리의 가정신앙[3]

밤나무가 많아서 마을이름이 율곡이다. 홍씨가 많이 살고 있다.

(1) 성주

성주는 수숫대로 한지를 고정시키고 그 위에 실을 두른 형태인데 한지에 대주의 이름을 적는다. 매년 혹은 2년 3년마다 성주를 새로 맨다.

햇곡을 수확하면 쌀 한 섬을 '성주섬'이라고 이름 붙이고 성주 아래에 갖다 둔다. 가을농사가 끝나면 10월 혹은 동짓달에 날을 받아서 안택고사를 드린다. 제물로는 밥 한 그릇과 나물을 차리고 피시루떡을 시루째 놓는다. 집안의 대주가 고사를 지낸다. 고사를 지낸 다음 동네사람들과 음식을 나눠 먹는다. 동짓달에 안택고사를 지내지 않은 집은 정월에 날을 잡아서 지내기도 한다.

홍순조 씨의 경우 성주고사를 상량한 날에 지낸다. 삼월 삼짇날 상량식을 했기 때문에

---

[3] 홍순조(남, 85세) 씨께서 제보를 해주셨다.

이태 혹은 삼년마다 새로 한지를 덧입히며 고사를 지낸다. 집지은지 50여 년이 되었다. 집안의 대주가 고사를 지낸다. 밥 한 그릇과 나물로 상을 차린다.

동지팥죽을 쑤면 성주 앞에 한 상 차려둔다. 정월 보름 찰밥도 다른 곳에는 갖다 놓지 않아도 성주 앞에는 한 상 차려둔다.

(2) 삼신단지

안방 시렁 위에 삼신단지가 있다. 홍순조 씨 집에서는 봄에 밀농사를 지으면 삼신단지에 밀가루를 채우고, 가을에 햇곡이 나면 쌀을 갈아준다. 쌀에서 벌레가 나기 때문이라고 설명하지만 밀농사를 지을 경우 삼신에게 밀 천신을 한 것으로 보인다.

동지팥죽을 쒀도 삼신단지 아래 한 상 차려둔다.

(3) 용단지

용단지는 부엌에 있기도 하고 마루방에 있기도 하다. 쌀을 찧으면 용단지의 쌀을 제일 먼저 갈아준다. 용단지는 넙적한 모양의 젓단지이다. 용단지의 쌀을 오래 두면 벌레가 생기기 때문에 설 지내면 꺼내먹는다. 용단지의 쌀로 가족끼리만 밥을 해먹고 짐승에게도 주지 않는다. 동짓달에 안택을 하면 용단지 앞에 작은 시루로 떡을 해서 갖다 둔다.

동지팥죽을 쑤면 용단지 위에 팥죽을 한 그릇 갖다 둔다.

(4) 뒤주와 도장신

동지팥죽을 쑤면 뒤주 앞, 도장 앞, 장독 앞에 팥죽을 한 그릇 떠둔다.

(5) 아이팔기

태어난 아이가 수양엄마를 삼아야 명이 길고 잘 사는 사주라면 아이팔기를 한다. 뒷산의 소나무 혹은 바위에 팔기도 하는데 태어난 해가 말의 해라서 공중에 팔았다는 사람도 있다. 이를 '천하에 팔았다'고 한다. 매년 10월 초이레에 마당에 떡을 하고 상을 차려서 제사를 지낸다. 태어난 날은 동짓달이지만 10월에 제사를 지낸다.

4. 산양면의 가정신앙[4]

1) 산양면 봉정1리 굴곡

마을 모양이 굴과 같이 푹 패여 있어서 굴곡이다. 최씨가 많이 살고 있다.

(1) 성주

마루 벽에 성주를 매고 그 아래에 성주단지를 둔다. 성주는 한지에 조상 이름을 쓰고 솔가지 혹은 대나무를 꽂아 실타래를 둘러 둔 형태이다. 처음 성주를 맬 때는 무당을 부른다. 손억수 씨의 성주는 논둑 뒤의 뽕나무에서 받아 왔다. 무당이 대나무로 좌정할 자리를 가리켜서 좌정을 시켰다. 그 이후로 매년 혹은 3년마다 성주고사를 지낸다. 손억수 씨의 집은 해마다 한지를 갈지만 덧입히는 집도 있다.

햇곡이 나면 먼저 성주 아래에 햅쌀을 담은 성주섬을 갖다 둔다. 성주섬을 할 가마니는 따로 있다. 성주단지가 있는 집은 단지에 쌀을 가득 채워둔다. 그리고 농사가 마무리 되면 날을 받아 밥과 나물을 해서 상을 차린다. 10월에 고사를 지내는 집도 있지만 농사가 덜 마무리되어 동짓달에 고사를 지내는 경우가 많다. 섣달에는 고사를 지내지 않는다. 일년을 잘 마무리하고 마지막 가는 달이라서 동지 지나고 동짓달에 고사를 지내는 것이다. 이것을 안택이라고 말한다. 점쟁이를 부를 수도 있고 집안 안주인이 할 수도 있다. 팥시루떡을 시루째 올리고 성주상을 잘 차린다. 밥과 국, 나물, 과일 등 일반 제사 상차림과 비슷하다.

봉정미륵보살이 말하는 안택고사의 내용이다. 10월 안택은 무사히 한 해 농사를 마친 데 대한 감사의 고사이고 정월에 하는 안택은 한 해 동안 아무 일 없이 기원하는 고사이다. 성주 앞에 성주상을 잘 차려놓고 안방에 조상상, 마당에 터주상, 조왕 앞에도 조왕상을 차린다. 피시루떡과 술, 나물을 차린다. 피시루떡을 찌는 과정에서 떡이 잘 쪄지고 빨리 쪄지는 집은 한 해 동안 모든 일이 잘 풀린다. 안택고사의 처음은 부정풀이로 시작한다. 경을

---

[4] 박정봉(여, 81세), 손억수(여, 71세), 봉정미륵보살(여, 51세), 윤덕녀(여, 82세) 씨께서 제보를 해주셨다.

쳐서 부정을 치는 사람도 있고 숯으로 부정을 치는 사람도 있고 오색천으로 부정을 치는 사람도 있다. 부정을 친 다음 조상을 청배하고 상이 차려진 성주, 조왕, 터주 앞에서 경을 읽는다. 그 후 온 식구의 평안을 빌어준다. 축원이 모두 다르다. 식구소지를 올리는 것으로 마무리한다. 새로 집을 짓고 들어가면 터전에 알려야 하기 때문에 특히 안택고사를 지내야 한다. 고사를 다 지낸 다음에는 대문 앞에 음식을 뿌려 집안에 못 들어오는 거리귀신을 위하기도 한다.

정월 열 나흗날 샘에서 용물을 한바가지 떠와서 성주 앞에 하루정도 놓아둔다. 찰밥을 하면 큰 양푼에 찰밥을 가득 담고 숟가락을 꽂아 놓고 성주 앞에서 식구끼리 밥을 먹는다. 동지에 팥죽을 끓여도 성주 앞에는 양재기째 갖다 놓는다.

자슥이 결혼을 하면 제일 먼저 성주 앞에 고하고 절을 한다. 집안의 제일 어른이기 때문이다.

(2) 조왕

동짓달에 성주고사를 지낼 때 팥시루떡 한 접시를 조왕 앞에 갖다 둔다. 예전에는 가마솥 위가 조왕자리였고 지금은 싱크대 위쪽이 조왕자리이다. 자리를 바꾸지는 않는다.

동지에 팥죽을 끓이면 펄펄 끓어오를 때 가마솥 뒤로 팥죽을 뿌려 둔다. 그렇게 하면 귀신을 쫓아내어 좋다고 한다. 며칠동안 팥죽 자국이 남아 있다. 장독에도 팥죽을 한 그릇 갖다 둔다. 이월 영등할매를 위할 때는 한 달 동안 조왕 앞에 물을 떠놓는다.

(3) 삼신

삼신의 형태는 바가지도 있고 자루에 쌀을 넣어 장롱 위에 놓아둔 사람도 있다. 건궁삼신도 많다. 건궁삼신일 경우 "금실강 우리 삼신 좌정하셨다." 말만 하고 아이가 태어나면 한이레에 밥과 국을 떠놓는다. 장롱에 삼신이 따라다닌다는 말이 있기 때문에 장롱 밑에 삼신상을 차리면 된다. 백일과 돌에도 마찬가지로 삼신상을 차린다.

삼신바가지가 있는 집은 일년에 한번씩 삼신의 쌀을 갈아준다. 용단지의 쌀을 갈 때 같이 하면 된다. 역시 수지로 넣어 둔다. 삼신바가지의 쌀을 갈 때면 밥을 해서 밥과 물로 상을 차리고 절을 한다.

봉정미륵보살은 삼신을 받아주거나 조상을 받아준 경험이 있다. 삼신단지의 경우 불임 부부가 많이 찾아온다. 요즘에는 불임치료와 시험관 아기까지 할 수 있는 일을 다 해보고 오는 경우가 많다. 아무 이상이 없는데 아기가 없을 경우 삼신을 받으면 아기를 가질 수 있다. 쌀 서되 서 홉과 실 한 타래, 박 바가지를 준비한다. 바가지에 쌀을 담고 한지를 덮고 실을 두른다. 명태와 과일, 밤 대추 곶감의 상을 차린다. 만약 산양에서 삼신을 받는다고 하면 산양면의 도당할아버지에게 먼저 고하고 제를 지낸다. 집에서 삼신을 받게 되면 안방에서 굿을 한다. 삼신바가지를 받아도 요즘은 모셔가지를 않는다. 쌀만 가지고 가서 밥을 해먹는다. 아이가 아플 때 삼신할머니에게 빌어주기도 하고 양밥을 해주기도 한다. "음식에 따라드는 귀신은 물렀거라." 하면서 아이에게 물을 세 번 떠먹이고 칼로 아이의 머리를 쓰다듬어 물에 씻은 뒤 갖다 버린다.

(4) 용단지

박정봉 씨 집에는 겉용단지와 안용단지가 있다. 겉용단지는 겉용섬이라고도 부르고 터주단지라고도 부른다. 겉용섬에는 나락 넣고, 안용단지에는 쌀을 넣는다. 처음 무당이 대를 들고 용단지의 터를 잡아주면 옮기지 않는다. 박정봉 씨는 겉용단지와 안용단지를 나란히 뒤란에 두었지만 집에 따라 안용단지는 안방 옆 고방에 두고 겉용단지는 뒤란에 두기도 한다. 처음에 어디에 좌정하느냐에 따라 다르다. 농사를 짓지 못해 3년이 지나도록 겉용단지의 나락을 갈아주지 못했다. 안용단지는 햅쌀이 나면 사서라도 갈아준다.

햇곡이 나면 제일 먼저 겉용단지와 안용단지를 갈아주고 밥과 나물상을 차린다. 이는 한 해 동안 농사를 잘 짓게 해준데 대해 감사의 인사이다. 용단지의 쌀을 봄에 내먹는 사람도 있고 여름에 먹는 사람도 있다. 설만 쇠면 먹을 게 없기 때문에 용단지의 쌀을 내먹는다. 예전에는 뒤란에 놓인 용단지의 쌀을 훔쳐 먹는 도둑이 많았다.

손억수 씨는 용단지가 바로 터주단지라고 생각하기 때문에 하나만 모시고 있다. 바깥에 둔 용단지이기 때문에 터주인 것이다. 예전에는 용단지가 헛간에 있었고, 단지 위에 짚주저리를 덮어 두었다. 집을 고치면서 용단지를 욕실에 두었다. 성주고사 때 팥시루떡을 하면 용단지 위에 한 접시 올려 두고, 동지에 팥죽을 끓여도 한 그릇 떠 둔다. 정월 보름에 찰밥을 해도 용단지 위에 먼저 찰밥 한 그릇을 차려둔다.

윤덕녀 씨의 용단지는 쌀이 5~6되가량 들어간다. 원래 뒤란에 놓여 있었기 때문에 지금도 뒷 베란다에 놓아두었다. 예전부터 터주는 없고 용단지만 있다. 가을에 용단지의 쌀을 갈게 되면 밥을 해서 나물과 과일로 상을 차린다. 윤덕녀 씨는 동짓달에 안택을 지내지 않고 이것으로 대신 했다.

(5) 위하는 바위

손억수 씨 집 뒤쪽으로 큰 바위가 있다. 시어머니가 이 바위에 빌고 빌어서 남편을 얻었다고 한다. 아들이 태어나자마자 바위에 팔았기 때문에 시어머니가 이 바위를 귀하게 여겼다. 수양엄마인 셈이다. 그래서 손억수 씨도 시어머니가 했던 것처럼 매년 정월 초사흗날이면 외출을 하지 않고 목욕재계 후 제를 지낸다. 바위 앞에 불도 밝혀둔다. 예전에는 참기름 들기름을 짜서 불을 피웠지만 지금은 초를 쓴다. 정월과 태어난 생일에 불을 밝혀둔다. 할아버지가 돌아가셨지만 시어머니가 하던 일이기 때문에 계속 한다. 동짓달에 안택을 하면 피시루떡 한 접시를 바위 앞에 갖다 둔다.

이 외에도 집 옆으로 작은 바위 세 개가 붙어 있는 바위가 있다. 이 또한 위하는 바위다. 매일 먼지가 앉지 않도록 쓸고 닦는다. 선산 부처골에 부처바위가 있다. 그 바위에 가서 칠성불을 켜고 자식들이 잘 자라도록 빈다. 부처바위는 수시로 찾는다. 마을 산지당에 찾아가서 비는 법은 없다. 산신님은 어렵기 때문에 개인적으로 찾지 않는다.

(6) 위하는 샘

마당 한켠에 샘이 있다. 일년 사시사철 물이 마르지 않고 유지되고 있다. 날이 가물거나 홍수가 져도 변함이 없는 신통한 샘이다. 정월 초사흗날 위하는 바위와 함께 이 샘에도 불을 밝히고 상을 차려둔다. 용지(용제)를 지낸다고 말한다. 동짓달에 안택을 하면 역시 샘 앞에도 피시루떡 한 접시를 갖다 둔다.

(7) 절 치성

집이 곧 소우주이고 곳곳에 신이 존재한다고 생각하던 우리의 가정신앙을 요즘은 찾아보기 어렵다. 그나마 남아있는 성주며 터주를 치우고 이제는 절에 다닌다는 사람이 대부분이다. 산양면 연소리에 위치한 개운사는 비구니 스님들이 계신 곳으로 인근 할머니들이 답답할 때 혹은 자손들의 앞날을 기원할 때 찾는다. 절 치성의 내용은 지역에 관계없이 대동소이할 것이다.

산양면에서 만난 한 할머니는 매달 초하루에 보름 이외에도 일년에 일곱 번 절을 찾는다. 정월 초, 3월 삼짇날, 3월 16일, 4월 초파일, 칠월 칠석, 백중, 동지이다. 문경지역에서는 크게 지내지 않지만 바다와 인접한 절에서는 삼짇날 용왕제를 지낸다. 신도들의 생업과도 무관하지 않다.

정월 초하루부터 보름사이에 절을 찾는 것은 식구들이 일년 동안 무사히 잘 지내기를 기원하기 위함이다. 삼월 삼짇날은 용왕불공을 드리는 날이다. 부산지역이나 바닷가에서 크게 지낸다. 3월 16일은 산신제를 지내는 날이다. 산간지역에 위치한 절에서는 삼짇날보다 3월 16일 산신불공을 더 크게 올린다. 문경의 경우 산신제를 더 크게 지낸다. 4월 초파일은 부처님 오신날이기 때문에 절에 간다. 칠석은 살아 있는 자손들을 위하여 절을 찾고 백중에는 죽은 조상을 위해서 절에 간다. 동지에는 모든 나쁜 것이 나가고 좋은 것이 들어오기 때문에 일년 막음을 한다. 절에서 삼재풀이와 천도제를 지내기도 한다.

2) 산양면 현리

현리는 경북 산양면의 가장 북쪽에 위치한 마을로 인천 채씨 집성촌이다. 신라시대부터 마을이 형성되어 현청의 소재지였고 고려시대에는 가유현의 소재지여서 현리라 불리게 되었다.

(1) 성주

새 집을 지어서 이사하면 새 성주를 맨다. 무당을 불러 성주님이 어디에 앉고 싶은지를 묻고 좌정시켰다. 무당이 신장을 잡아 가리킨 곳이 성주자리이다. 성주의 신체는 한지를 접어서 소나무와 띠를 두른 것으로 마루의 벽에 붙어 있다. 정월 보름에 당고사를 지낸 후에 찰밥을 하면 성주 앞에 먼저 놓고 빈다. 그 후에 부엌의 조왕님, 용단지, 마구에 찰밥을 갖다 둔다. 성주를 없애고 싶은 사람은 냇가에서 태우면 된다.

(2) 조왕

조왕의 신체는 없다. 정월 열 나흗날 밤이면 성주, 삼신, 용단지 앞에 촛불을 밝혀 두고 마찬가지로 부엌에 조왕 몫의 촛불을 밝힌다. 조왕에 행하는 별다른 의례는 없다.

(3) 삼신

하거댁 김후남 씨는 웃대 어른부터 삼신을 모셨다. 신체는 바가지로 쌀이 담겨 있다. 해마다 가을에 햇곡이 나면 마음으로 "오늘 좋은 날이께네 백미를 갑니다." 하고 고하고 수지쌀을 찧어서 넣는다. 삼신바가지에 들어있던 쌀은 식구끼리 밥을 해먹는다.

아기를 낳으면 삼신바가지 밑에 물을 떠놓고 "어진 삼신님, 초생에 달 굵듯이 아침이슬 뭐 굵듯이 뭉실 뭉실 굵거를 해주소." 하고 빈다. 한 칠에는 삼신에 미역국과 밥으로 상을 차려 놓고 절을 하고, 이 밥을 산모가 먹는다. 삼칠일과 백일에도 똑같이 상을 차린다. 가을에 햇곡이 나면 삼신단지의 쌀을 먼저 갈고 그 다음 용단지 쌀을 간다. 정월 열나흗날 밤에 삼신 앞에 촛불을 켜둔다.

(4) 용단지

온혜댁 이걸이 씨(70세)의 사례이다. 옛날에 용단지를 모셨으나 시어머니가 없앴다. 시집 와서 아들 둘을 낳았으나 일찍 죽어서 점바치에게 물어보니 "옛날에 용단지가 있었는데 왜 없앴느냐"며 생가 시조모를 용신으로 앉히라고 해서 용단지를 모시게 되었다. 30여 년 전의 일이다. 생가 시조모는 불교 신자였는데 일찍 돌아가셨다. 용을 모실 단지는 직접 점촌 장에 가서 샀다. 실과 단지를 값도 흥정하지 않고 사왔다. 점바치가 집에 와서 단지 안에 쌀을 두되 넣고 종이로 덮어 안방 옷장 위에 봉안시켰다. 이웃집에서 음복이나 새 음식이 생기면 용단지 앞에 올렸다가 먹고 해마다 시월이 되면 단지 안에 있던 쌀을 비워내고 햇곡으로 갈아 넣는다.

용단지를 터주와 같은 것으로 여기는 집도 있다. '터주용신'이라고 부른다. 집안의 재물을 관장해서 부자가 되도록 도와준다. 용단지는 쌀 열 서되가 들어갈 만큼 크고, 단지 위에는 쥐가 들어가지 못하도록 나무판자로 덮어 둔다. 여름이면 단지 안에 벌레가 생기기 때문에 쌀을 비워내서 가족끼리 밥을 해먹는다. 쌀을 빻아서 떡을 해먹지는 못한다. 용단지의 쌀은 또 보릿고개 때 웃쌀로 잘 사용한다. 웃쌀은 보리밥 위에 얹는 쌀인데 시어른들께만 드렸다.

(5) 절 치성

온혜댁 이걸이 씨는 아들을 얻기 위해 김룡사로 불공을 드리러 다녔다. 이를 생남불공이라고 한다. 생남불공은 아들을 빨리 낳아야만 하는 사람이 드린다. 새벽 4시부터 저녁 여섯시까지 생남불공을 드리고 집으로 돌아오면 계단도 못 내려 올 정도였다. 현리에서 김룡사까지 30리길을 가는 동안 제물로 쓸 삼실과를 땅에 한번 내려놓지도 않고 소변이 급해도 참고 갔다. 정월 초사흗날엔 빠지지 않고 불공을 드린다.

5. 호계면 지천리의 가정신앙[5]

주천 북서쪽에 있는 마을로 변씨가 이 마을을 개척하였다. 옛날 이 마을에 놋그릇을 만들던 솥이 있어서 놋그릇을 사러 오는 사람들로 줄을 이었다. 놋그릇을 만든 솥이 있다고 해서 마을이름이 정골이다. 변씨 집성촌이며 약 10여 호 살고 있다.

---

5) 변종대(남, 85세), 변이암(남, 71세), 엄재희(여, 68세) 씨께서 제보를 해주셨다.

(1) 성주

변종대 씨 집에 성주가 남아 있지만 성주고사를 지내지 않은지 5년이 넘었다. 마루 벽에 성주를 매어두었는데 한지의 양쪽에 수숫대로 고정시켜 두고 그 가운데 소나무 상순을 베어 꽂아 둔 형태이다.

10월에 햇곡이 나면 성주 아래에 가장 먼저 찧은 쌀을 섬에 담아 갖다 둔다. 이를 '성주섬'이라고 부른다. 동지 무렵에 피시루떡과 술, 과일로 상을 차려 성주 앞에서 안택고사를 지낸다. 안택고사는 성주고사라고도 부른다. 안택은 한해 농사를 잘 짓게 해준 것이 감사하다는 뜻과 앞으로 일년 동안 편안하게 해달라는 의미이다. 안택을 하기 전 먼저 바가지에 물을 찍어 부정을 친후 대문 밖에 바가지를 엎어 놓는다. 그 다음 무당이 공을 들여 준다. 성주의 신체가 한지일 경우 옷을 갈아입히는데 매년 혹은 3년, 5년마다 갈아 준다. 성주가 옷을 갈아입지 않으면 '안전안택'이라 하고, 성주옷 갈아입기 전의 안택을 '안도고사'라고 한다.

정월 보름에 동네 샘에서 용물을 뜨면 성주 앞에 갖다 둔다. 찰밥을 하면 큰 양푼에 담아서 성주 앞에 갖다 둔 다음 먹는다.

(2) 조왕

안택할 때 조왕 앞에 피시루떡 한 접시를 갖다 둔다. 이월 영등할매 모실 때 조왕 앞에 물을 떠 둔다.

(3) 삼신

안방 시렁 위에 삼신바가지가 있었다. 삼신은 바가지 혹은 주머니의 형태이다. 안에 쌀이 담겨 있다. 용단지의 쌀을 갈 때 삼신바가지의 쌀도 갈아준다. 정월 보름에 찰밥을 하면 삼신 앞에 갖다 둔다.

(4) 용단지와 터주단지

도장에 용단지를 놓아두었다. 용단지 안에는 쌀을 넣어둔다. 뒤란에는 나락을 넣은 터주단지가 있다. 햇곡이 나면 갈아준다. 동짓달에 안택을 하면 피시루떡 한 접시를 갖다 둔다.

집에 따라 뒤란 굴뚝 있는 곳에 용단지가 있기도 한다. 용단지와 터주단지가 모두 있는 집은 용단지가 도장 혹은 부엌에 있지만 용단지만 있는 경우 뒤란에 있다. 용단지가 터주단지와 같은 것으로 여겨진다. 용단지는 한 말이 들어가는 단지이다. 용단지의 쌀은 여름 동안 보리밥에 웃쌀로 사용했다. 이 밥은 시어른들만 드렸다.

(5) 측신

측신이란 측간신이다. 안택할 때 종이에 떡과 음식을 담아서 던져둔다. 다시 먹을 수 없기 때문에 종이에 싸서 던져두는 것이다. 안택이 끝나면 대문 밖에도 음식을 던져둔다. 이는 거리신을 위한 것이다.

(6) 객귀물리기

남의 음식을 얻어먹고 급체를 하면 객귀물리기를 해야 한다. "남의 음식 본 것도 하고 먹은 것도 하니 이런 정성 모두 걷어 썩 물러가라." 하고 객귀물리기를 시작한다. 먼저 바가지에 물을 넣고 칼로 저어서 아픈 사람에게 칼물을 먹인다. 칼로 물을 떠서 세 번을 떠먹이는 것이 칼물이다. "객귀야 물러가라. 무슨 상 침범하지 말고 저 좋은 데로 가서 얻어먹고 가라. 이 칼물 받고 썩 안 나가면 말뚝을 쓰겠다. 만약 나가지 않으면 이승도 못가고 저승도 못가도록 요동도 못하도록 할테니 썩 물러가라." 하면서 칼을 바깥으로 던지고 물을 쏟는다. 칼 끝이 바깥을 향하지 않으면 귀신이 나가지 않은 것이기 때문에 몇 번을 되풀이 한다.

6. 산북면 회룡리의 가정신앙[6]

평산 신씨가 개척하였다. 마을 앞을 흐르는 냇물이 흡사 용이 몸을 뒤틀며 기어가는 형상이라 회룡리라 부르게 되었다.

---

6) 장순녀(여, 77세), 서구하(남, 90세) 씨께서 제보를 해주셨다.

(1) 성주

장순녀 씨 집의 성주는 접어둔 한지 위에 수숫대와 솔가지 상순을 꽂고 실타래를 매어둔 형태이다. 안방으로 들어가는 문 위쪽이 성주자리이고 그 아래에 성주단지가 놓여있다. 윗대에서 쓰던 것을 물려받은 것이다. 마침 조사자가 마을을 찾은 날 아침에 햇곡을 갈았다고 한다. 햇곡을 간 날 저녁에는 햇곡으로 한 밥과 물, 나물 한 가지 준비하여 상을 차려둔다. 햇곡을 가는 것도 아무 날에나 하지 않는다. 음력 시월 초열흘이나 스무날에 넣는다. 그때 못 갈면 이틀이나 이레 날에 갈 수 있다. 이레에 못하면 열이레, 열이틀에 넣을 수 있다. 이레에 햇곡을 갈면 "살림이 인다(일어난다)."고 하여 이레에 햇곡을 갈아준다.

시월, 동짓달 혹은 정월에 날을 받아 안택고사를 지낸다. 대주가 성주운이 들었을 때 안택을 할 수 있다. 무당을 불러서 지내야 한다. 예전에는 스님이나 마을에 학식이 있는 선비가 안택고사를 지내기도 했다. 대주가 1살, 3살, 7살이 되는 해에 성주운이 들기 때문에 성주 옷을 갈아입히고 맬 수 있다. 9살에 안택을 하는 집도 있으나 아홉은 대성주운이 아니다. 성주옷을 갈아입히지 않는 해는 "앉은 성주 지낸다."고 말한다. 성주운이 들은 해에 집안에 상주가 있거나 식구 중 궂은일을 본 사람이 있으면 안택을 지내지 않는다. 그 다음 성주운이 들었을 때로 물린다. 앉은 성주를 지낼 때는 크게 날을 따지지 않지만 성주 맬 때는 대주의 성주운을 잘 살펴야 한다.

안택고사를 지내면 성주에 붉은 시루떡을 한 시루 차리고, 삼실과, 돼지고기, 부침 등 제물을 잘 차린다. 조상을 다 청하기 때문에 밥도 큰 양푼에 가득 담고 숟가락 젓가락을 꽂아둔다. 안택고사가 끝나면 성주 앞에서 소지를 올린다. 가족소지, 농사소지, 우마소지, 차소지를 올린다. 마지막에 무당의 축원이 이어진다. 집안의 대주가 죽었을 경우 "뜬 상주가 되었다."고 하여 안택고사를 지내지 않는다.

정월 보름에 찰밥을 하면 성주 앞에 찰밥을 큰 그릇에 떠둔 다음 용물을 떠와서 성주 앞에 갖다 둔다. 동지에 팥죽을 쒀도 큰 그릇에 담아 성주 앞에 갖다 둔다.

집을 고칠 경우 성주를 뽕나무 혹은 감나무에 매어둔다. 상량식을 마치면 제일 먼저 매어두었던 성주를 모셔 와서 좌정시킨다.

집안의 자식들이 시험을 보거나 큰일을 앞두고 있으면 성주 앞에 촛불을 켜두고 정성을 들인다. 하루 종일 초를 밝혀두는데 초가 녹은 흔적 없이 잘 타면 기분이 좋다.

(2) 조왕

안택고사를 지낼 때 부정을 친 다음 제일 먼저 조왕 앞에 음식을 차려둔다. 부정치기는 바가지에 물을 담고 소금과 고춧가루를 넣어서 칼로 휘휘 저은 다음 삽작거리에 쏟는 것이다. 조왕상은 따로 차리지 않고 밥도 솥째로, 음식도 준비한 그릇째 통째로 올려둔다. 그 다음에 삼신, 용단지, 성주에 올릴 음식을 담는다.

이월 초하루부터 스무날까지 이월 물을 떠둔다. 이월 밥은 하지 않는다.

(3) 삼신

장순녀 씨는 삼신은 박바가지에 쌀을 넣고 한지로 덮어 실을 맨 형태이다. 상자에 받혀 장롱 위에 얹어 두었다. 장순녀 씨는 집안의 가신 중 삼신이 으뜸이라고 생각한다. '아들과 딸이 생기고는 삼신이 제일이다. 성주는 집안의 대장이다'고 하여 삼신을 제일 윗전으로 친다. 그래서 햇곡을 가는 것도 삼신이 제일 먼저이고 두 번째가 용단지, 세 번째가 성주이다. 햇곡을 간 저녁에 상을 차려도 삼신에 제일 먼저 차리고 용단지, 성주의 순으로 상을 차린다.

안택고사를 지낼 때 조왕 다음 삼신 앞에 상을 차린다. 백설기 한 시루와 밥, 국을 놓고 삼신 앞에서 자손이 잘 되기를 빈다. "맑고 맑은 삼신님요. 앉아 천리 서서 만리 삼천구만리. 어예든동 아들 잘 되게 해달라."며 빈다. 무당이 축원을 하면 안주인은 옆에 서서 마음으로 빈다.

정월보름에 찰밥을 하거나 동지에 팥죽을 쑤면 삼신 앞에 떠둔다. 신체를 없애고 싶으면 집안의 식구가 돌아가실 경우 같이 태우면 된다.

(4) 용단지

장순녀 씨의 친정은 산북면 혹송이다. 친정집에는 뒤란 굴뚝 있는 곳에 나락이 담겨있는 꺼칠용이 있고 도장에 쌀이 담겨있는 쌀용단지가 있었다. 꺼칠용은 터주라고도 부른다. 장순녀 씨의 시가는 지차이기 때문에 원래부터 꺼칠용이 없었지만 맏이 집에는 꺼칠용이 있다.

안택고사를 지낼 때 삼신상을 차린 다음 용단지 앞에 붉은 시루떡 한 접시와 밥, 국을 차려 둔다. 정월보름에 찰밥을 하거나 동지에 팥죽을 쒀도 용단지 앞에 떠둔다.

(5) 터주

집에 따라 뒤란 굴뚝 있는 곳에 나락을 담은 꺼칠용단지를 터주라고 말하기도 한다. 장순녀 씨 집의 경우 꺼칠용은 없지만 안택고사를 지낼 때 터주 몫을 따로 마련한다. 장 단지 아래가 터주라고 생각하고 명태 한 마리와 떡 한 접시를 갖다 두고 술 한 잔을 부어서 터주고사를 지낸다.

(6) 칠성

장순녀 씨는 셋째 아들이 많이 아파서 칠성을 특히 위했다. 매년 삼월 삼짇날, 사월 초파일, 칠월 칠석이면 목욕재계하고 아무도 보지 않는 한밤중에 마당에 물 한 그릇을 떠놓고 촛불을 켜두고 하늘에 절을 한다. 마음속으로 아들의 건강을 빌 뿐 어떤 말도 하지 않는다. 특히 깨끗하게 정성을 쏟는다.

아이를 팔아야 할 사주이면 샘이나 산에 아이팔기를 한다. 정순녀 씨의 큰 아들은 용띠이기 때문에 샘에 팔았고, 손자는 소띠이기 때문에 풀과 물이 있는 냇가에 팔았다. 백설기 한 시르와 음식을 차린다. 아이가 어릴 때는 아이팔기를 한 날 백설기를 해서 판 곳을 찾지만 나중에는 '만년 후에 보자'며 가지 않는다.

(7) 뒤주

정월 보름에 찰밥을 하거나 동지에 팥죽을 쑤면 뒤주에 한 그릇 갖다 둔다.

(8) 절 치성

윤달이 든 해는 절을 세 군郡을 다녀야 좋다고 한다. 예천 용문사, 문경 대승사, 영주 부석사를 다녀왔다. 자식을 위해서 절에 칠성불을 켜둔다.

7. 동로면 마광리의 가정신앙

마광리는 1483년 단양사람 우진사라는 사람이 개척한 마을이다. 후에 경주사람 손영조 진사와 통훈대부 변정언이 상의하여 앞산 정침봉과 뒷산 만석봉 가운데 있는 마을이니 바늘을 갈아서 빛이 나도록 하는 것과 같이 마을을 빛내야 한다고 하여 마광磨光이라 부르게 되었다. 산자락을 끼고 비스듬히 경사진 지형에 마을이 형성되어 있는데 형상이 반달을 닮았다.

(1) 성주

성주는 집의 수호신으로 상량신이라고도 한다. 한지를 신체로 삼아 대들보나 안방문 위 대공에 가로 20cm 세로 40cm 정도 크기로 접어서 붙인다. 신체 아래 마루 구석에는 큰 짝 봉새기에 성주섬을 놓는데 대략 벼 5가마가 들어간다. 성주섬 벼는 3월에 찧어서 떡을 해 성주 앞에 빌고 봄철 보릿고개에 식량으로 사용한다. 성주섬이 크면 클수록 부자기에 그 집안의 살림살이를 가늠할 수 있다.

성주는 봄 가을 안택이나 고사 때에 모셔지기도 하지만 보통 새 집을 짓고 모신다. 집 중앙에 모시고 가장 웃어른이라 인식되고 있다.

(2) 조왕

부엌 가마솥 근처가 조왕자리이다. 동지팥죽을 쑬 때 큰 주걱으로 끓는 팥죽을 부엌 벽에 뿌리면 잡귀가 물러간다. 정월 대보름이면 조왕 앞에 찰밥을 떠 두고, 섣달 그믐날 조왕 앞에 불을 박혀 두기도 한다. 성주섬을 헐어 떡을 할 경우 조왕 앞에 한 접시 올린다.

(3) 용단지

용단지는 집안의 재물을 관장하는 용신이다. 풍농과 집안의 평안을 위해 용단지를 도장에 모셔둔다. 햇곡이 나면 용단지의 쌀을 갈고 묵은 쌀로는 밥이나 떡을 해먹는다. 이웃과 나눠 먹지는 않는다.

(4) 터주

터주는 집터를 관장하는 터줏대감이다. 마광리에서 현재 터주단지를 찾기 어렵지만 기억으로 짚으로 엮어 만든 오재기에 곡식을 넣은 형태인데 둥글고 큰 베개만 하였다. 햇곡이 나면 오재기의 짚을 제치고 한 주먹씩 떠 부어 두는데 주로 뒤란의 마루 밑에 둔다. 마루 밑에 쥐들이 많이 들끓어도 터주신체를 건드리지 않았다.

(5) 칠성

아이가 태어나 일곱 살까지는 삼신이 돌봐주지만 일곱 살 이후부터는 칠성님이 돌봐준다. 칠월 칠석에 절에 가서 칠성불을 켠다.

(6) 업

집 뜰에 가끔 돌아다니는 구렁이는 함부로 건드리지 않는다. 구렁이가 업이기 때문이다. 집안에 살면서 가족을 보살피고 집을 지켜주는 집지킴이이다.

8. 마성면 남호1리의 가정신앙

백화산 아래 화산동에 처음 자리를 잡았는데 마을에 자꾸 불이 났다. 풍수에게 물으니 불 火와 상통하여 자꾸 불이 나니 호湖자를 넣어 동네 이름을 지으면 좋겠다고 하여 남호리라 바꾸었다. 그 뒤로 불이 나지 않았다고 한다.

(1) 성주

성주는 집안의 상기둥에 봉안되어 있다. 신체는 한지를 접어 여기에 솔가지를 끼운 후 실로 감은 형태이다. 10월 추수가 끝나면 '시월고사'라 하여 성주님께 제물을 차려놓고 제를 올린다. 이는 한해 농사를 마치고 곡식을 수확할 수 있게 해준데 대한 감사의 표시이다. 성주에게 제를 올리고 나서 조왕과 삼신 등 가신에게도 간단히 제를 올린다.

10월 혹은 동짓달에 고사를 지내지 않으면 정월에 고사를 지낸다. 이를 안택이라고 한다. 정월에 하는 안택고사는 한 해 동안 집안을 편안하게 해달라고 비는 제의다. 집안 곳곳을 돌아다니며 풍물을 치고 지신밟기를 하기도 한다. 현재 남아 있지 않더라도 안택고사의 기억을 더듬어보면 이전에 존재했던 가신의 흔적을 찾을 수 있다. 그 뿐만 아니라 제의순서에 따라 중요하다고 생각하는 가신의 순위를 알 수 있다. 남호1리의 안택고사의 사례를 보면 성주, 조왕, 조상, 삼신, 용왕, 삼신, 터주, 칠성이 나타난다. 다른 마을과 마찬가지로 주택을 계량하고 난 뒤 집 안팎의 공간변화가 생겨 터주와 삼신의 봉안위치가 바뀌고 신체가 변화하였다. 제의 순서는 성주→조왕→조상→터주→삼신→칠성의 순이다. 각 가신에게 차려지는 제물은 비슷하다. 다만 떡을 접시를 달리 하여 따로 올린다. 이 떡을 삼신에게 올리면 삼신떡, 성주에게 올리면 성주떡이라고 부른다.

(2) 조왕

조왕은 부엌일을 관장하는 신으로 부뚜막에 모셔진다. 어느 가정에서는 조왕에서 밥을 지어먹고 살기 때문에 조왕신을 모시는 것이라고 말한다. 어머니 때부터 모셔온 것을 지금까지 모셔오고 있다. 조왕이 계신 부뚜막에 매일 아침 쌀 한 그릇과 정화수 한 그릇을 떠놓고 마음속으로 가족이 건강하고 하는 일이 잘 풀리도록 치성을 드린다.

(3) 조상

조상신의 신체가 존재하진 않지만 집에 조상님이 우리 집을 돌봐준다고 믿고 있다. 집안이 두루 편안하길 바라는 마음에서 안방에 조상상을 따로 차리고 제를 올린다. '시월고사' 때 조상에게는 떡을 시루째 올린다. 이는 조상떡이다.

(4) 삼신

삼신은 윗대부터 모셔왔다. 자식을 점지해 주고 돌봐주기 때문에 중요하다. "삼신이 있어야 아들도 태어나고 딸로 태어나여."라는 말이 그 믿음을 보여주고 있다. 윗대에서 모셨던 삼신의 신체는 박바가지로 그 안에 쌀이 담겨 있고 한지로 덮인 상태였다. 그러나 아랫대에서는 작은 자루를 만들어 그 안에 쌀을 넣어두고 이를 다시 고깔모양으로 접은 한지 안에 봉안해 두고 있다. 자루 안에 담긴 쌀이 보이지 않고 먼지가 타지 않도록 하기 위해서이다. 자루 안에 담긴 쌀은 해마다 햅쌀로 갈아주고 묵은 쌀은 가족끼리 밥을 지어 먹는다.

(5) 용단지

용왕님 또는 용단지라고 부른다. 집안의 뒤주에 모셔져 있다. 제의는 터주고사와 다를 바 없다. 햇곡이 나면 용단지 안의 쌀을 갈아주고 찰떡을 해서 올린다. 이를 용왕떡이라고 한다. 용단지 안에 들어있던 묵은 쌀은 식구들끼리 밥을 해먹는다.

(6) 터주

집 터를 돌봐주고 온 집안을 보살펴주는 신이다. '터주' 혹은 '터주가리'라고 부른다. 원래는 집의 뒤란이 터주의 자리이나 몇 해 전 집 뒤에 작은 공장을 만들어 뒤란이 없어지자 새 위치를 정했다. 무당을 불러 날을 받아 터주를 옮기는 굿을 했다. 새로 옮긴 장소는 장독대이다. 원래부터 터주의 자리를 장독대로 정하는 집도 있다.

터주는 작은 오지단지 안에 나락을 넣고 원뿔형의 짚주저리로 단지를 덮은 형태이다. 이 터주단지 안의 쌀은 매년 햇곡이 나면 갈아준다. 터주를 옮기면서 터주도 '건궁터주'로 바뀌었다. 장독대 아래 작은 돌이 있는 부근을 터주가 있는 곳으로 여긴 것이다. 터주에는 백편과 삼실과를 올린다. 이 백편을 터주떡이라고 부른다.

(7) 칠성

칠성은 자식을 돌봐주는 신이다. 냇가의 칠성을 위하고 있다. 큰아들을 낳고 점바치를 찾아갔더니 아들을 팔면 명이 길어지고 건강할 것이라는 이야기를 들었다. 그래서 냇가 칠성에게 아들을 팔았다. 아들 팔 자리는 점바치가 잡아주었고 떡, 주, 과, 포를 차려놓고 빌었다. 매년 칠월 칠석에 냇가에 있는 칠성을 찾아 백편을 한 시루 쪄서 바치고 치성을 드린다.

9. 농암면 궁기리의 가정신앙[7]

후백제의 시조였던 견훤이 군병을 모집하여 훈련한 곳으로 본궁이 있었다고 해서 궁기리이다.

(1) 성주

마루 벽에 한지를 접어 수숫대와 솔가지를 꽂아 놓고 실을 맨 성주가 있다. 매년 성주고사를 지낼 때 마다 한지를 덧입힌다. 집안에 상주가 있거나 궂은 일이 있으면 그 해에는 성주고사를 지내지 않는다. 만약 대주가 죽으면 삼년탈상과 백일담사를 지낸 후 새 성주를 받아서 앉힌다. 이때는 무당을 부른다. 묵은 성주는 산에 가서 뽕나무나 대추나무에 매어 놓고 잔 한 잔 부어 놓는다.

매년 시월 혹은 동짓달에 성주 앞에 밥을 차리고 고사를 지낸다. 일진을 봐서 대주와 맞는 날을 잡는다. 햇곡으로 밥을 하거나 피시루떡을 해서 고사를 지낸다. 상차림은 일반 제사상차림과 비슷하다. 마루에 성주상, 안방에 조상상을 차리고 대주가 절을 한다. 마지막에 성주 앞에서 소지를 올리며 일년 농사를 잘 마쳤음을 감사하고 가족의 평안을 기원한다.

이얼금 씨 집은 3년 전 할아버지가 돌아가신 후 새 성주를 매지 않았다. 묵은 성주는 산에 가서 뽕나무에 매어 두었다. 이얼금 씨의 성주는 수숫대를 양쪽에 놓고 한지를 두른 형태였다. 예전에 성주가 있었을 때 햇곡을 수확하면 성주 아래 성주섬을 갖다 놓았다. 며칠동안 성주아래 둔 다음 섬을 헐어 먹었다.

이얼금 씨는 매년 시월 초사흘에 성주고사를 지낸다. 이것을 안택이라고 말한다. 안택 때는 쌀을 한말씩 빻아서 팥시루떡을 해서 동네사람과 나누어 먹는다. 고사 때 올리는 음식은 절대 간을 보지 않았다. 처음 성주를 맬 때는 무당을 부른다. 무당이 산에 가서 뽕나무나 대추나무에서 성주를 받아와서 집안에 좌정시킨다. 성주를 맨 이후에는 집안의 대주

---

7) 여창회(남, 75세), 이얼금(여, 89세) 씨께서 제보를 해주셨다.

가 해마다 깨끗한 곳에 가서 소나무나 수수를 꺾어 와서 성주를 매고 한지를 덧입힌다. 집집마다 자기 정성에 따라 고사를 지내기 때문에 날짜는 다르다.

고사를 다 지낸 후에 삽짝이나 정낭, 샘에도 고사떡을 갖다 놓는다. 동지 팥죽을 끓이면 큰 양푼에 팥죽을 담아서 성주 앞에 갖다 둔다.

(2) 조왕

조왕은 조왕할매 또는 조왕대감이라고 부른다. 조왕은 화신이기에 부엌 솥 위자리가 조왕자리이다. 집에 따라 부뚜막에 흙으로 조그만 단을 만들고 정화수를 담은 대접을 떠놓는다. 조왕을 정성스럽게 모시는 집은 초하루와 보름에 물을 떠놓기도 한다. 보통 이월 초하루부터 스무날까지 영동 할매에게 물을 떠두는 것을 조왕모시는 것과 같다고 생각한다. 성주고사를 지내면 삼신, 성주, 용단지, 터주에 밥과 떡을 차린 다음 조왕 앞에도 떡 한 접시를 갖다 둔다.

(3) 조상

조상의 신체는 없지만 안택고사 때 성주상을 차리고 따로 안방에 조상상을 차린다. 밥과 삼실과, 나물로 상을 차리는데 밥을 여러 그릇 놓고 숟가락을 꽂아 둔다.

(4) 삼신

안방 시렁 위에 삼신바가지가 있다. 하얀 백바가지에 쌀을 넣고 하얀 종이를 덮어 실을 묶어 두어서 깨끗한 곳에 올려두었다. 삼신바가지의 쌀은 매년 시월 초사흘에 갈아준다. 만약 초사흘에 못하면 스무사흘에 간다. 햇곡 가는 날 햅쌀로 밥을 하고 청주 한잔을 부어놓고 "우예든동 자식들 잘 되게 해 달라."며 빈다. 삼신이 집안의 가장 어른이기 때문에 햇곡도 가장 먼저 갈고 제일 먼저 위한다. 자손들을 위해주기 때문에 삼신이 집안의 '주장'인 것이다.

아이가 태어나면 한 칠일에 밥과 물을 떠놓고 삼신 앞에서 빈다. 삼칠일, 백일, 돌에도 삼신 앞에 상을 차린다. 아이가 자라면서 아파도 삼신 앞에 물을 떠놓고 빨리 낫기를 빌고,

크게 아프면 무당을 불러 객귀물리기를 했다.

자식들이 시험을 보거나 큰 일이 있으면 삼신 앞에 물을 떠놓고 빈다.

(5) 용단지

용단지는 뒤란 봉당에 있다. 쌀을 담은 단지가 있고 그 위에 짚주저리가 덮여 있다. 이얼금씨는 할아버지가 돌아가시고 성주를 치우면서부터 용단지에 쌀을 넣지 않았다. 시월 초사흘에 햇곡을 갈면 삼신 다음에 용단지의 햇곡을 간다.

동지에 팥죽을 끓이면 용단지 앞에 한 그릇 갖다 둔다.

(6) 터주단지

터주는 뒤란 장독대에 있다. 큰 바위가 있는 곳이 터주자리이다. 터주지신님이라고 부른다. 터주단지 안에는 나락을 넣어두나 이 역시 성주를 치우면서 하지 않는다. 현재는 나락을 넣지 않아서 짚주저리를 덮지 않았지만 몇 해 전까지 단지가 비에 젖지 않도록 짚주저리를 덮어 두었다. 시월 초사흘에 햇곡을 갈면 삼신 용단지 다음에 터주단지의 나락을 간다. 집에 따라 터주단지에 콩, 팥 등 밭곡식을 넣기도 한다.

동지에 팥죽을 끓이면 터주단지 앞에 한 그릇 갖다 둔다.

(7) 칠성

칠월 칠석에 칠성을 위하는 사람은 자기 집에 금줄을 쳐놓고 치성을 드린다. 백설기와 포와 과일로 상을 차리고 마당에 물 한 그릇을 떠놓고 정성껏 절을 한다. 또 자신이 위하는 산이나 바위에 가서 공을 들이기도 한다.

10. 문경시 점촌동의 가정신앙[8]

1) 조상단지 모시는 사례

시어머니 혹은 친정어머니가 가신을 모시지 않았더라도 무당에게 물어보아 조상 혹은 삼신을 모시는 경우가 있다. 점촌동에서 만난 양순애 씨의 사례이다.

(1) 조상단지

조상단지는 25년 전부터 모시기 시작했다. 남편이 월남병사 출신이었는데 젊었을 때부터 많이 아팠다. 시어머님이 어디서 묻고 굿을 한 후 조상을 모셔야 한다고 해서 모시게 되었다. 불정계곡에서 굿을 했다. 무당이 단지와 쌀을 가지고 오라고 일러줘서 집에서 준비해 갔다. 굿을 마친 후 무당이 단지에 쌀을 붓고 실타래로 묶더니 품에 안겨 주었다. 모신 조상은 남편의 할아버지로 돌아가시기 전 김룡사의 주지스님이셨다. 젊은 나이였지만 시키는 대로 할 수 있었던 것은 신통력이 있다고 생각했기 때문이었다. 무당이 "저기 염주를 걸고 앉아 계시는 할아버지가 누구시냐, 그 분을 모셔야 한다."고 했다. 실제 할아버지가 주지스님이셨기에 의심 없이 받아 들였다.

조상단지는 장롱 위에 얹어 두라고 해서 옛집에 있을 때 장롱 위에 두었다. 이사를 온 후 붙박이장을 해서 둘 곳이 없어서 문갑 위에 두었다. 이사를 갈 때도 다른 이삿짐 보다 제일 먼저 조상단지를 집안에 들였다. 매일 조상단지 앞에 물을 떠놓는다. 매달 초하루와 보름에는 절을 하고 기도를 올린다. 사월 초파일과 칠월 칠석, 백중에 과일 등 상을 차린다. 이 날은 조상님이 스님이기에 특별히 모신다.

이 외에도 아이들 시험이 있거나 특별한 일이 있을 때 기도를 더 올린다. 장사가 잘 안될 때도 기도를 드린다. 이때는 "할아버지 도와주십시오. 미련한 인간이 잘못한 일이 있더라도 이해해주시고 손부를 도와주십시오."라며 기도를 드린다. 혹 자손들이 개고기

---
8) 양순애(여, 55세) 씨께서 제보를 해주셨다.

를 먹었다는 말을 들으면 역시 "미련한 자식이 몰라서 한 일이니 용서해주십시오." 하며 기도를 드린다. 아이들의 대학입시와 큰 시험이 있는 경우엔 목욕재계한 후 백일기도를 드린다. 가을에 햅쌀이 나면 묵은 쌀을 덜어내고 햇곡을 채운다. 묵은 쌀은 두었다가 명절 때 자식들이 모였을 때 햅쌀과 섞어 밥을 한다. 단지가 적어서 쌀은 반 되 정도 들어간다.

절박한 심정에서 모셨고 지금도 어디 가서 보면 절대 조상단지를 치우지 말라고 한다. 안택도 필요 없고 조상단지만 잘 모시면 집이 편할 것이라는 말을 많이 들었다. 남편은 결혼했을 때부터 피부가 검고 간이 안 좋았다. 오래 살지 못할 것이라고 했는데 큰아이 9살에 조상단지를 모신 후 8년을 더 산 셈이니 오래 살았다고 생각한다. 남편이 살아 있는 동안 약으로 쓰기위해 개고기를 많이 먹었다. 불가에서는 개고기를 금하지만 조상단지에 "약으로 쓰기 위해 부득이 개고기를 먹겠습니다." 고하고 먹으면 탈이 없었다. 오촌 당숙집에서 성주며 정성스레 모시는 것이 있었다. 당숙이 돌아가신 후 며느리가 그것을 모두 갖다 버렸는데 그 후로 가세로 기울기 시작했다. 그것을 보아서 조상단지를 없애는 것이 두렵다. 장례를 치른 후 모시던 단지를 메밀과 함께 깨뜨려서 상여와 같이 나가면 된다는 말을 들었다. 메밀이 귀신이 쫓아내서 양밥이 된다. 나중에 자식들에게 일러줄 생각이다. 내 대에서 없애야지 젊은 사람들에게 굴려주지는 못한다.

(2) 조왕

부엌이 조왕전이다. 가끔 소금을 담은 그릇에 초를 밝히고 향을 피워둔다. 집에서는 하지 않고 가게에서 한다. 물과 술을 올린다. 밤에 초를 켜놓고 그 다음날 보면 그것이 잘 탈 때도 있고 잘 타지 않을 때도 있다. 잘 타면 기분이 좋지만 잘 타지 않으면 기분이 좋지 않다. 그 다음날 작은 구설수라도 있다. 그런 날은 조상단지에 더 기도를 올린다. 낮에도 말을 조심하고 나쁜 마음먹지 않도록 노력한다.

(3) 삼신

삼신 신체는 모시지 않았다. 시어머님이 내 자식이 태어나면 밥과 물을 떠놓는 것을 보았고, 손녀가 태어났을 때 나 역시 삼신상을 차렸다. 아는 집의 경우 아이가 너무 울어서 삼신할머니에게 빌었더니 안 운다는 말을 들었다. 외가와 안 맞는 아이가 있는데 그 경우가 그렇다.

(4) 조상 현몽

꿈에서 조상님을 보면 그 다음날 장사가 잘 된다. 특히 돌아가신 시어머니 시아버지의 모습을 보면 장사가 잘된다. 그러나 얼굴을 찡그리고 있으면 왠지 기분이 좋지 않다. 아침에 나올 때 조상단지께 기도를 하고 나와도 안 좋을 때가 있다.

시아버님이 돌아가실 때 생생한 꿈을 꾸었다. 평상시 시아버님이 특히 며느리 가운데 제일 예뻐했지만 지차라 모시지 못했다. 돌아가시기 며칠 전날 아버님이 돈을 쥐어주며 막내 결혼할 때 무엇이든 해주라고 말씀하셨다. 얼마 후 꿈에 돌아가신 어머님이 나타나 "야야 니 시아버지 간단다. 빨리 너 시숙 시장 보게 돈을 드려라." 하셨다. 그 다음날 기분이 이상해서 큰집으로 가보니 막 숨이 넘어갈 순간이었다. 윗동서가 시아주버님을 부르러 전화 걸러 간 새 숨이 넘어가는데 눈을 못 감으셨다. 그래서 막내 도련님은 책임지고 장가를 보낼 테니 가시라고 했더니 눈을 감았다. 큰 집에 도착해서 30분 사이에 일어난 일이다.

남편이 죽을 때는 악몽에 시달렸다. 누군가 날 잡고 끌고 가는 꿈이었다. 그 날 남편이 쓰러졌다.

(5) 집터와 묘터

현재 살고 있는 집터가 좋기 때문에 정리를 하지 말라고 한다. 그곳이 옛날에는 텃밭이었는데 지금까지 자식들이 잘 컸고 건강하기 때문에 좋다고 믿고 있다. 하지만 장사를 하고 있는 곳의 터가 좋지 않다고 한다. 이 곳에서 사람이 죽었다는 말을 듣고 굿을 한 적이 있다. 제물은 돼지머리와 과일 떡을 쓴다. 마른 북어에 실을 묶어서 쌀에 꽂아 두는 것을 보았다.

남들이 보기에 남편의 묘가 형편없다. 풀이 무성하고 땅이 파여 있다. 그러나 어딜 가서 물으면 절대 묘에 손을 대서는 안된다고 한다. 하다못해 뱀구멍 쥐구멍도 막지 말라고 한다. 산소 때문에 자손이 잘되기 때문이다.

(6) 길문 열기 - 천도제

남편이 죽은 후 사흘 동안 아침에 현관 문을 열면 두꺼비 한 마리가 앉아 있었다. 쫓아 버려도 계속 찾아왔다. 집은 시내 한복판이기에 두꺼비가 있을리 없는데 이상하다고 생각했다. 꿈자리도 안 좋아서 물으니 남편의 길을 열어주어야 한다고 해서 천도제를 했다. 산양면 어느 곳의 큰 바위를 찾아 갔다. 바위 밑에 물이 있고 제단이 있는 곳이었다. 그곳에 쌀을 큰 양푼에 퍼놓고 천도굿을 했다. 아무도 없었는데 담아 둔 쌀에 새발자국이 아주 선명하게 나타나는 것을 보았다. 죽어서 새가 되었나보다 생각했다. 집에서도 굿을 했다. 집에 오색천을 걸어두고 남편의 옷을 한 벌 해서 일곱 마디를 묶어서 손가락에 걸었다. 온몸이 저리면서 팔이 저절로 뛰기 시작했다. 기억하지 못하지만 그날 굿을 보았던 사람들은 죽은 남편이 실려서 많은 말을 했다고 한다.

(7) 객귀물리기와 양밥하기

식구들이 잔치나 장례식장에 가서 음식을 먹고 체했을 경우 병원에 가도 고치지 못할 경우에는 객귀물리기를 한다. 물에 소금, 고춧가루를 넣고 손톱 발톱 머리카락 깎아서 넣고 칼을 던진다. 칼끝이 바깥으로 향하도록 몇 번 던진다.

정초에 점을 보고 액막이를 하라고 하면 한다. 달을 보고 액막이를 하거나, 강에 부적을 띄우기도 한다. 아들을 결혼시킬 때 양밥도 해보았다. 부적을 써와서 등에도 일주일, 배에 일주일, 다리에 일주일, 목에 일주일을 베고 잤다. 그 부적을 아이들 행복하게 잘 살게 도와달라고 빌면서 태워 보냈다. 자식들에게 이야기하면 싫어하기 때문에 스스로 알아서 한다.

(8) 소 코뚜레 걸어두기

처음 장사를 시작했을 때부터 걸어두었다. 소처럼 부지런히 일하고 돈을 벌기 위해서다.

(9) 절 치성

조상님을 모시기에 절에 가서는 큰 욕심을 부리지 않는다. 그저 가족이 건강하기만을 바란다. 돈 많이 벌게 해달라는 말은 절대 하지 않는다.

Ⅲ. 문경 가정신앙의 특징

문경지역의 가정신앙은 성주, 삼신, 용단지, 터주에 집중되어 있다. 간헐적으로 칠성과 위하는 바위와 샘이 나타나기도 한다.

성주의 형태는 두 가지로 대들보 혹은 마루의 벽에 한지를 맨 형태, 벽에 맨 한지와 함께 성주섬 혹은 성주단지를 모신 형태가 있다. 집에 따라 수숫대와 솔가지, 대나무와 솔가지, 명태와 솔가지를 한지에 끼우는 등 성주의 형태에 조금씩 차이가 있다.

용단지는 거의 공통적으로 나타나지만 터주단지는 있는 집도 있고 없는 집도 있다. 용단지에 쌀이 담긴 반면 터주단지에는 나락이 담겨 있다. 용단지가 부엌 혹은 도장 등 실내에 있는 반면 터주단지는 뒤란이나 장독근처에 있다. 터주단지가 없고 용단지만 있는 집은 용단지가 터주의 역할도 함께 하고 있다. 집안의 재운을 담당한다는 고유의 기능 외에 터주지신의 역할까지 맡고 있는 것이다. 용단지만 있는 경우 그 위치도 터주처럼 뒤란 굴뚝 근처이다.

삼신은 집안의 가장 윗전으로 통한다. 집에 따라 차이는 있지만 햇곡을 갈 때도 삼신바가지의 쌀을 가장 먼저 갈고 성주단지, 용단지, 터주단지의 순서로 갈아준다. 문경지역의 삼신은 주로 박바가지에 쌀을 넣은 형태이다. 베보자기에 쌀을 담은 집도 있고 베자루에 쌀을 담은 집도 있기에 삼신바가지, 삼신주머니 혹은 삼신자루라 할 수 있다. 위치도 장롱 위나 안방 시렁위로 다른 지역과 비슷하다.

문경지역의 가정신앙은 시월 혹은 동짓달에 행하는 성주고사 혹은 안택이 정점이라 할 수 있다. 햇곡을 수확하면 성주단지, 삼신바가지, 용단지, 터주단지의 곡식을 갈아준다. 이 때는 햅쌀로 지은 밥과 국 나물 정도로 상을 차려서 절을 하고, 농사가 다 마무리된 동짓달에 팥시루떡과 음식을 잘 차려서 집안의 각 가신 앞에 놓고 한 해 동안 농사를 잘 마무리 하였음을 감사하는 제를 올린다. 이것이 바로 성주고사 또는 안택이다.

안택도 두 가지 형태가 있다. 먼저 3년 혹은 5년마다 성주의 한지를 덧입히거나 새로 성주를 매는 '안도고사'가 있다. 이것을 '성주매는 고사'라고도 말한다. 대주에게 성주운이 들었을 때 성주를 맬 수 있으므로 매년 하기는 어렵다. 두 번째로 벽에 맨 성주에는 손대지 않고 단지류의 쌀을 갈고 팥시루떡과 음식을 차리는 것을 '안전 안택'이라고 말한다. 이는 또 '앉은 성주 지낸다'고 말한다. 성주를 매는 안택 때는 무당이 제를 주관하기에 더욱 전문적이고 체계적으로 진행된다. 부정치기부터 시작하여 부엌에서의 조왕경, 조상 청배, 마당에서의 터주고사, 축원, 소지올리기 등 내용이 많다. 반면 대주 혹은 주부가 주관하는 앉은 성주를 지내는 안택의 경우 각 가신 앞에 음식을 한 접시 정도 놓고 술을 붓고 소지를 올리는 것으로 끝내기에 내용이 소박하다. 그래서 '안택을 크게 할 때도 있고 덜 할 때도 있다'고 말하는 것이다. 묵은 성주를 떼 내고 새 성주를 맬 때는 특별히 무당을 부르고 음식도 더 넉넉히 한다. 무당을 부르면 경제적 부담이 있기 때문에 처음 성주를 맬 때만 무당을 부르고 그 다음해부터는 안택을 주관하는 집도 있다.

안택의 내용은 집마다 조금씩 다르지만 햇곡을 수확하여 각 가정신께 감사함을 전한다는 맥락은 같다. 즉 천신의례인 것이다. 용단지 혹은 삼신바가지에 콩과 팥 또는 밀가루를 넣기도 한다. 가을에 햇곡을 넣은 용단지와 삼신단지는 봄철 식량이 귀할 때 요긴하게 쓰이고 다시 밭작물을 수확하여 단지를 채움으로써 천신의례를 한 번 더 하는 것이다. 다만 가을의 안택고사처럼 크게 지내지 않고 술 한 잔을 붓는다.

이상 살펴본 문경지역의 가정신앙은 첫째 가정신앙이 성주·삼신·용단지·터주단지에 집중되어 있다는 점, 둘째 시월 혹은 동짓달의 안택에 의례가 집중되어 있다는 점으로 요약할 수 있다.

▌참고문헌

문경새재박물관,『문경새재의 전설과 신앙』, 문경시, 1998.

손기락,『반달을 닮은 문경 마광리』, 도서출판 영, 1998.

안동대 민속학연구소,『반속과 민속이 함께 가는 현리마을』, 학술정보, 2003.

안태현,「마성면의 문화」,『아직도 그곳에 달이 뜨고 별이 뜨네』, 마성청년회, 2001.

■ 가정신앙 화보

1	2
3	4
5	6	7

1 짚가리를 덮은 터주(문경읍 하초리 이정수 씨 집)
2 햇곡을 넣은 터주(문경읍 하초리 이정수 씨 집)
3 나락을 넣은 터주(문경읍 하초리 이상욱 씨 집)
4 뒤안에 자리잡은 터주(문경읍 하초리 이상욱 씨 집)
5,6 성주(문경읍 하초리 이정수 씨 집)
7 부적(문경읍 하초리 이상욱 씨 집)

1	2
3	4
5	6

1 도자기 가마성주(문경읍 진안리 중요무형문화재 영남요)
2 삼신바가지(가은읍 작천리 이월희 씨 집)
3 성주(영순면 율곡리 홍술조 씨 집)
4 건궁조왕(산양면 봉정리 손억수 씨 집)
5 걸용단지(산양면 봉정리 박정봉 씨 집)
6 나락이 담겨있는 걸용단지(산양면 봉정리 박정봉 씨 집)

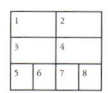
1 쌀이 담겨 있는 안용단지(산양면 봉정리 박정봉 씨 집)
2 안용단지(산양면 봉정리 박정봉 씨 집)
3 용단지(산양면 봉정리 손억수 씨 집)
4 용단지(산양면 봉정리 윤덕녀 씨 집)
5 성주(산양면 봉정리 손억수 씨 집)
6 성주(산양면 봉정리 윤덕녀 씨 집)
7 성주단지(산양면 봉정리 박정봉 씨 집)
8 삼신주머니(산양면 봉정리 윤덕녀 씨 집)

1 위하는 바위(산양면 봉정리 손억수 씨 집)
2 위하는 샘(산양면 봉정리 손억수 씨 집)
3 성주(호계면 지천리 변종대 씨 집)
4 성주(산북면 회룡리)
5 용단지(호계면 지천리 변이암 씨 집)
6 용단지(산북면 회룡리 장순녀 씨 집)
7 성주(산북면 회룡리 장순녀 씨 집)
8 성주와 성주단지(산북면 회룡리 장순녀 씨 집)

1	2	
3	4	5
6	7	

1 삼신바가지(산북면 회룡리 장순녀 씨 집)
2 현관위에 걸린 엄나무(산북면 회룡리)
3 용단지(농암면 궁기리 이얼금 씨 집)
4 터주단지(농암면 궁기리 이얼금 씨 집)
5 성주(농암면 궁기리 여창회 씨 집)
6 삼신바가지(농암면 궁기리 이얼금 씨 집)
7 조상단지(문경시 점촌동 양순애 씨 집)

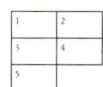
1 햇곡을 넣은 조상단지(문경시 점촌동 양순애 씨 집)
2 액을 막는 호랑이그림과 부적(문경시 점촌동)
3 돈을 부르는 코뚜레와 소뿔(문경시 점촌동)
4 차고사를 지내고 있는 모습(문경시 모전동)
5 차고사 중 운전대에 올려놓은 실과 북어

문경의 무속신앙

윤동현

문경의 무속신앙

　문경지역의 무속신앙의 양태는 다양하다. 경문을 위주로 하는 법사와 산통이나 명도꽃, 엽전, 쌀, 부채나 방울 등으로 점을 치는 점쟁이 등 다양한 형태의 무속이 존재한다. 그러나 대대로 무업을 이어가는 세습무의 형태는 발견되지 않는다.

　문경지역 굿은 주로 앉은굿 위주로 이루어진다. 충청도처럼 독경 위주의 앉은굿이 아니라 비손 위주의 앉은굿 형태이다. 여기에서는 1970년 이전 활동한 문경 무당을 중심으로 굿의 내용을 파악하였다. 문경읍의 서보살과 점촌 모전의 장보살을 위주로 문경지역 무속신앙의 한 단면을 살펴보고자 한다.

I. 무속인

1. 1970년 이전에 활동한 무속인

　문경에서는 무속의례의 집례자를 '비손하는 사람' 또는 '점바치', '정각쟁이' 등으로 불렀다. 현재는 무당을 하대하는 말로 쓰이고, 대개 '점쟁이'나 '보살' 등으로 불린다.

그 전엔 '비손하는 사람'이라 이래여. 지금은 점쟁이다 보살이다 그래지만은. 대게 보살이라카지. '점바치'라고도 해요. 촌에 알지 못하는 사람이 '정각쟁이', 점바치라 칸다고 정각쟁이는 남자보고 하는 말이라. 말하자면 촌에 쌍말로 하는 말이라. (서보살)

문경에 뿌리를 두고 1970년 전까지 활동했던 무당은 '양철집', '연탄보살', '양보살', '마성법사' '마광보살' '노씨 할매' 등이 있었다. 양철집은 문경읍에서 활동하던 무당이다. 주로 점을 봐주었다고 한다. 양철집은 집안의 항아리에 명도꽃을 꼽아놓고 점을 봐주었다. 영靈은 무당에게 직접 내리는 것이 아니고 명도꽃에 내린다. 영이 오면 명도꽃이 부르르 떨리는데 이때 신에게 물어 점을 본다.

내가 여기 문경에 올 직에는 그 전에 여게 양철집이라고 있었어. 그 분은 돌아가신 지가 참 오래 됐고. 살아계셨으면 백(살)도 넘었지. 거는 꽃으로 명도를 모시고 있더라고 우리네들이 법당에 꽃이 있잖아. 거는 명도꽃이라고 항아리에 꼽아났더라고. (신이) 자기 몸에 있는 게 아이고, 손님이 가믄 파르르 자기 몸으로 와. 꽃이 자동적으로 막 떨어. 그럼 가가 나와야지 손님 오믄 점을 해. 고기(그것이) 떠나면 점을 못해. (서보살)

연탄보살은 산통으로 점을 보았던 무당이다. 큰굿은 맡지 못하고 작은 비손 등을 하기도 했다. 큰굿을 따라갔어도 신력이 약하여 신장대를 잡아 신을 내리지도 못했다.

여기 위에 연탄보살이란 분도 중풍이 와서 다 치왔고. 옛날에 오래된 보살이라. 옛날보살인데 영험하다고커데. 다른 사람하고는 일을 안 당겨봤는데, 그 형님하고는 일을 댕겨봤어요. 난 일을 띠도 누구한테 매달려 안댕기고 불러서 댕기는데, 이 형님이 띠는 거는 나를 불러. "동생, 미안해여. 동생은 큰굿만 띠는데 난 이래서 우째여.", "괜찮아여. 일 없어여. 같이 가여." 특기는 없고 앉아서 대도 못잡아. 거는 점을 산통으로 해. 그분은 그걸로 하더라고 (서보살)

마성법사는 앉아서 경문을 읽으며 굿을 했다. 남자의 경우 '법사'라고 칭한다. 작은 규모의 굿인 경우 홀로 굿을 하지만, 굿이 커지면 여자 무당(보살)들과 같이 굿을 했다.

다성에 삼창광업소 들어가는데 거기 남자법사가 하나 있었어. 이젠 성도 이름도 잊어부랬네. 거는 경둔으로 핸 사람이라. 경문도 문서가 많으면 대단한 사람이야. 그분은 돌아가셨지만 남호 있는 보살하고 잘 댕기던 어른이거든. 그 사람이 경문 문서가지고 했고 (서보살)

양보살과 마광보살은 주로 비손과 액막음을 했던 무당이다. 주로 앉은굿을 했으며 집안의 조상거리와 뒤풀이를 위주로 굿을 했다.

양보살이 죽었는데, 나하고 동갑되는가 그러는데. 그 위에는 별로 없어. 옛날에 있는 보살들은 점촌이고 산양이고 내가 다 알거든. 여는 맨날 앉아서 빌고 바가지밥 내버리고 그거라. 마광보살도 조상거리하고 뒷전하고, 촌에 있으니께 20~30만 원 받고 댕기고 그랬지 뭐. (서보살)

노씨 할매는 영검하기로 소문나 있었다. 주로 비손을 많이 한 분이다. 집에 우환이 있거나 문제가 생겼을 때, 노씨 할매는 밥 한상을 차려놓고 징이나 북도 없이 물 위에 바가지를 엎어놓고 두드리거나 키를 긁으며 비손을 했다. 지금도 무당들에게 회자되는 분이다.

옛날에 노씨 할매가 아주 영검했데요. 옛날에 버지기 물 떠다놓고 바가지 엎어놓고 두드리면 둥둥 소리 나고 떠 키 까부는 거 있잖우. 그걸 덕덕 끌고도 했데. 연장이 없으니께. 제자낸 할매네는 그래 했데여(했데요).

우리가 경신연합회 모여가지고 놀라카면은 그 흉내를 내여. 설악산 가서도 했어. 남의 빨래판을 가져와가지고 턱턱 긁으면서 옛날엔 이래도 했데, 이래고(이러고). 그래도 귀신이 오고가고 하니까. 꼭 징이나 북이나 뚜드래야 오는 거는 아니거든. 지금은 형식적이니까 막 뚜들고 춤추고 이래지만. (서보살)

노씨 할매와 같이 1970년 이전엔 비손을 하는 경우가 많았다. 그러나 현재 문경에 있는 무속인들은 외지에서 정착한 경우가 많다. 또한 외지와 교류도 활발해져서 선굿도 들어와 있다. 무巫 경력도 많아야 10~20년 정도인 무당이 대부분이다.

2. 현재 활동하는 무속인

1) 문경읍 서보살

(1) 입무 계기

서보살은 1937년에 산양면 교동에서 태어났다. 서보살은 결혼해서 남편을 따라 31살 무렵까지 인천 부평에서 살았다. 그 당시에 남편은 미군부대에 다니고 있었다. 집안에 우환이 있어 남편은 집을 나가있고 아이들은 아이들대로 고생을 많이 했다. 그때는 징, 장고 소리를 따라 굿하는 곳까지 쫓아가기도 했다.

나는 미쳤을 때 어떻게 미쳤는가 하면은, 하마 굿하는 걸 알아. 내가 부평 살 적에 굿하는 데 찾아가요. 귀에 징 장고소리가 막 나여. 따라가는 기라. 그 기 미친 거지. 본 정신으로 가겠어. 가 보니까 굿을 하더라고. 그때는 굿 구경도 많이 했잖아, 시방은 안해. 막 헤치고 드가니께 부엌에 작두를 갈아 놨더라고. 거는 만신들이라 카잖아. 마루에서 굿을 하더라고. 만신 하나가, "어머이, 저기 애동기자왔네." 이래. 애동기자가 뭔지도 모르고, 내가 왜 애동기자라. 저들이 애동기자구만. 미채서 작두 가져오라 이기야. 나도 탈 줄 안다고 작두를 갈아놨는데 거길 올라타데. 걱정하지 말아, 내 니들 돈 벌어줄게. 그래가지고 내가 거서 춤을 한번 추고 돈 벌어주고 십 원도 안가지고 집으로 왔다고. 미채서 그래 봤어. 그래두 그런 신력이 있었으니 탔겠지.

서보살은 그때 당시 사는 것 자체가 고통스러웠다고 한다. 신경을 많이 쓰고 예민한 상태였다. 또한 생활고에 시달렸다고 한다. 결국 가산을 탕진하고 문경으로 내려오게 되었다.

내가 부평서 신경을 많이 쓰고 생활고에 시달릴 적이라. 어린 4남매 데꼬(데리고). 딸 둘, 아들 둘이라. 그래 다 망해먹고 문경 여기로 왔는 기라. 내가 여기 꼭대기 '상리(문경읍 상리)'라 카는데 가서 방을 얻어서 살았어. 우앴던 간에 부평에선 신경이 돌아서 미쳤는 거야. 원래는 이런 세계를 모르지. 이런 세계 구경도 잘 안간 사람이고, 점도 안 해본 사람이에요. 근데 내가 거기(신이) 왔다는 것이라.

문경에 와서도 정신을 놓고 있을 때, 그런 자식을 본 친정어머니는 고칠 방도를 백방으로 알아보았다. 그러던 차에 지나가던 도사가 굿을 해야 된다고 일러주었다. 그러나 굿에 대해 거부감이 있던 본인은 신굿을 하지 않았다.

우리 친정어머니가 돌아가셨지만은 그전에 외가집이 잘살았어. 거기 오는 도사분이 내가 미쳐서 거리에서 죽게 됐다. 그래서 굿을 해야 된다. 난 못한다. 이것도 말하자면 선생이 있고, 제자가 있잖아. 난 선생도 없어. 제자는 많이 내놨지만은 선생이 없어. 돈이 없었으니께 (신굿을) 하지도 못했고 인제 저 위에 동네(상리)에 있으면서 중심을 잡았어.

사람들에게 아는 소리를 하고 다니다 보니 집에 손님이 찾아오기 시작했다. 그러나 신부모를 통해 체계적으로 학습하지 않았기 때문에 사주나 책력을 볼 수 없었다. 다만 신력만으로 문복자問卜者의 문제를 해결할 수밖에 없었다.

어느 날 손님이 왔다 이기야. 뭘 할 줄을 아나. 뭐 본 게 있어야 되고, 들어본 게 있어야 되지. 글은 들봐(들여다) 봐도 눈에 안보인께. 누구 오면 돌아앉아가지고 괜히 이래는 거야(오는 손님에게 등을 보이고 돌아서서 손으로 육갑을 집는 시늉). 천지도 모르고 이건 기가 찬 거라. "아주머니 집이 이만저만하고, 조상이 이래 있고, 당신이 어디 아프요." 이래니께 맞다는 기라. 속으로 그래도 맞았는 갑다. 내가 큰 실수를 했지, 남부끄럽다 싶으고. 우리는 워낙 곱게 크고 잘살았기 때문에 남사시럽기도 하고 얼굴도 화끈거리고 귀신에 대해 뜻도 모르고 묵묵부답이지.

그래가지고 어느 날 쌀을 가지고 돈을 가지고 왔더라고. 난 얼마 달라고 하지도 않았는데. 내가 할 줄 아나. 그냥 징 하나 갖고 뚜드리니 낫는 기라. 내가 시작이 그래 되가지고 됐어. 그러니 선생이 없는 거지.

그때 어머니가 계셨으니까 우리 어머니가 징을 하나 들고 뚜드래주면 나는 서서 어쩌고저쩌고. 우리 어머니가 노래를 많이 댕겨가지고, 동네 모임이 있으면은 징도 뚜드리고 장구도 뚜드리고 그랬더라고. 징을 요만한 거 들고 동동 뚜드래주면 거기 대해서 천지도 모르고 하믄 그게 낫더라고. 그게 시작이라. 그게 시작인데 내가 징을 뚜드릴 줄 아나, 중얼거릴 줄을 아나. 글은 알아도 배우는 건 신에서 못배우도록 하더라고. 암만 문서책을 놓고 들어다봐도 읽으니께 안돼. 못하도록 해요.

서보살은 그 이후부터 본격적으로 무업을 하기 시작했다. 굿이 미숙했지만 주위에 먼저 신을 받은 사람의 신굿을 하기도 했다. 많은 무당이 문서를 배우고 외워서 하지만 이들과 달리 서보살은 신력에 많이 의존한다. 그 이후엔 지금까지 문서를 학습하거나 배우지 않는다.

어데 굿을 하러 오라고 하면 내가 뚜드릴 줄 아나, 지껄일 줄을 아나. 참 같잖은 일이 아이나. 이 세계를 모르니까. 그전 여게 할매 하나 있었어. 나보다 아주 선밴데, 우리 엄마네 건너방에 살았는데. 그 할매는 나보다 신이 먼저 와도 말문을 못 열었어. 아는 소릴 못한다 이기야. 내가 그거를 맨들어 줬어. 내 혼자 들고뛰고 인제 제자를 맨들어 가지고 저 어디 가서 일을 하니까 경신연합회라나 어디서 이거 허가 없이는 안된다 이러더라고. 난 이 세계를 모르니까 아, 그러냐. 그럼 내가 점촌을 나가서 회장님을 한 번 만내보겠다. 그래 회장을 찾아가니까 이만저만해서 이런 사람이 찾아와서 못하도록 이래드라 하니까, 그놈이 뭔데 그러느냐. 해서도 된다 그러드라고. 그때부터 말이지 이젠 내가 왕이라. 천지도 모르는 기, 할 줄도 모르는 기. '귀신잡는 기 매'라고 말이지, 누구 병만 고채주믄 안되겠느냐.

서보살은 40세 무렵부터 본격적으로 굿에 나서게 되면서 직접 신의 화상을 사서 집에 신단을 꾸몄다. 41세부터는 직접 북과 징도 치고 큰굿인 신굿이나 미친굿을 하게 되었다.

내가 가만히 보이께 난도(나도) 그만치 할 수 있겠드라고 처음으로 딱 들어앉으니까 그만 요상하게 그 보다 잘 뚜드리. 그 동네사람이 막 갖잖다 하더라고 그 기(것이) 시작이었어. 그때(41살 무렵)부터 시작해서 미친굿, 신굿 많이 했어. 그게 제일 큰굿이거든. 그때는 보살들 선배들 몇이씩 데리고 댕겼다고

(2) 신당

신당(법당)의 뒤에는 좌측부터 오방신장, 장군, 백마신령, 산신, 용왕, 칠성, 대신할머니, 글문도사, 삼불제석의 탱화가 걸려있다. 모두 각 장으로 따로 된 탱화이며, 합동으로 모셔진 탱화는 없다. 앞으로는 호랑이를 깔고 앉아있는 산신과 산신동자, 부처 2기가 모셔져 있다.

신단의 좌측에는 놋동이 위에 오방기·신장칼·신장대·부채·삼지창 등이 담겨있다. 신장대는 굿에서 신장을 청할 때 쓴다. 서보살은 쓰다가 낡아 부서지면 직접 만들기도 한다.

신장대는 부서지면 내가 맨들지. 이래 내래가지고 오방신장, 육갑신장, 팔만대신장 하면 내리잖아.

오방기는 굿거리를 마친 뒤에 기를 뽑아 공수를 줄 때 사용한다. 삼지창은 사실을 세울 때 쓴다. 사실이 서는 것을 보고 굿을 잘 받았는지 아닌지를 판단한다. 그러나 문경에서 사실을 세운 지는 그리 오래되지 않았다고 한다.

이거는(삼지창은) 돼지머리 세우는 거거든. 옛날엔 여기서 안 세웠어여. 돼지머리 세운 지 얼마 안 돼. 서울보살들이 세워서 그렇지. 세우는 건 보살들이 아무나 다 세울 수 있어. 이걸로 돈 뜯어먹기 위해서 세우는 거야. 난 안 세워여.

신단의 신상 앞에는 신에게 받치는 청수가 놓여있고, 신단 위의 천정에는 이름을 적어놓은 연등이 달려있다. 신단의 우측 벽에는 부처가 새겨져있는 원형 동판과 종이 달려있다. 종은 문경에 오기 전 어린아이를 고쳐주고 얻은 것이었다.

내가 부평에서 미쳤을 직에라. 천주교인인데 아들이 세 살인가 네 살인가 그래. 목사집인데 아가 아팠어. 병원에 가니까 야가 심장병으로 죽는다 나왔어. 퇴원을 하라 이랬는데 나를 만났는 기라. 우리 엄마 살아계실 적에라. 그때도 요런 방을 얻어 사는데, 법당도 없고 아무 재주도 없는 내가 가를 데리고 오라 하더라고 너들은 돈들일 필요도 없고, 점쟁이한테 갈 것도 없다. 빨리 시장에 가서 종을 하나

사와라 이래더라고. 내가 굿을 할 줄 아나, 지결일 줄 아는가. 그걸 하나 사다가 물 한그릇 떠다놓고, "아를 살려주시오. 종 사다왔어여." 이러니까, 그때부터 아가 밥을 먹고 살았어. 그래 그걸 내가 들고 댕기는 거라.

신단의 밑에는 굿할 때 쓸 북과 징·체·징 깔개 등을 넣어 놓았다. 굿을 할 때는 꺼내어 체 위에 북을 놓고, 징 깔개 위에 징을 놓는다. 무당은 양손에 채를 갈라 쥐고 치며 굿을 한다.

2) 점촌 모전 장보살

(1) 입무 계기

장보살은 1941년 문경 마성에서 태어났다. 장보살은 어렸을 때 비슷한 또래의 외사촌 언니가 있어서 자주 외갓집에 가서 잤다. 그때 외할머니가 방구석의 작은 상에 정화수를 한 그릇만 떠놓고 비는 것을 보았다. 초하루에는 백설기를 놓고 빌기도 해서 얻어먹기도 했다.

할매가 그래요, 언니하고 같이 자는데. 이 할매가 그래요, 걱정마라 걱정마라 내가 니 딸애기 내가 옹가지, 버지기지 지금 생각하면 옹가지 사줄게 하면서 걱정마라 근심마라 밤새 중얼거리더라고요, 이 할머니가. 요만한 찬장에다가 요래 물그릇을 요래 모셔놓고 커텐을 쳐 놓고 빌어요.

외갓집이 안동권씨 양반의 집안이었기 때문에 외할머니는 크게 드러나도록 모시지는 않았다. 외할머니가 신을 받지 않아서인지 장보살의 친어머니에게도 신이 찾아왔다. 어머니도 신을 받지 않고 떼어내기 의해 굿을 하기고 했다.

할매가 신이 오니까 할매가 안해먹고 하니까 엄마가 오더라고요. 친정엄마가. 우리 클 때 그렇게 만날(매일) 굿을 많이 하더라고요. 이렇게 옛날에는 신장대를 잡으면 오색천을 이래가지고 거기다 귀신을 넣는다고 하더라고, 병에다가 잡아넣더라고. 그런 걸 봤어요. 지금 생각하면 맨날 몸이 아프고 몸이 꼬지같이 마르고. 엄마도 그렇고 난도 그래. 엄마도 양반의 자손이니 얼른 못 받아먹었지요.

굿을 해도 신을 받은 것이 아니기 때문에 어머니 역시 신병으로 고생을 했다. 하지만 주위의 시선 때문에 신을 제대로 받지 못했다. 장보살이 무당이 된 것은 결국 외가쪽에서 나온 신줄로 인해 된 것으로 생각하고 있다.

21세에 문경읍 당포1리로 시집을 오게 되었다. 장보살에게 신이 찾아온 것은 21~22세 정도가 되었을 때였다. 그러나 그 당시에는 아직 어려서 자신에게 신이 왔다는 것을 잘 몰랐다. 뒤늦게 생각해보니 그때부터 신이 왔었다는 것을 알게 되었다. 시집을 온 뒤에도 먹고사는 문제없이 잘 살았는데 다른 풍파가 많이 찾아왔다. 바로 신병이다.

신이 올라고 그래 풍파가 왔던가 봐요. 먹고 사는 건 잘 살았는데 이게 풍파가 많이 오더라고. 풍파라고 오는 것은 여기 사는 게 말하자면 막 몸이 아프니까 이래 막 괜히 희게(헛것) 보이고 막 빨간 치마 노랑 저고리 입은 사람도 보이고. 이래 있으면 제사집 음식 얻어먹으면 그 집 조상이 옛날에 이렇게 갓 쓰고 양반이 있잖아요. 막 또렷하게 보이고.

신병 때문에 남편과도 사이가 좋지 않았고, 시댁 식구들과도 다툼이 있었다. 그래서 아들을 낳고도 친정집에서 일 년씩이나 머무르기도 했다. 장보살도 다른 무당들과 마찬가지로 신 받기를 거부했다. 아들을 비롯해서 가족과 주변 사람들 보기에도 부끄러웠고 자신도 원하지 않았기 때문이다. 그러나 신병은 집요하게 장보살을 괴롭혔다.

옛날에는 나무 때서 밥을 했잖아. 그래 밥을 하는데 손이 덜덜덜 떨리요, 나이 이제 뭐 스물 대여섯 되는 사람이 손이 덜덜덜 떨리니까 나이 많은 어른들 한때 물었지. 신이 아니냐. 얼른 못 받고 난도 안할려고 무지무지 애 썼어요. 근데 암만 해도 안 되더라고 내 입으로 부는데 천하장사 못 이기겠더라고 안에 "니가 천하장사 이기는가 봐라, 니가 장사이기는가 봐라." 이래 앉았다가 나도 모르게 벌벌벌 뛰나가지고 마당에 쿵쿵 뛰고 흔들고. 옆집에서 초상났나 싶어 보는 거지. 그래 어째요. 안 되겠다.

병원에 가서 중앙병원에 가가지고 난데없는 수술도 하고 해도 안 되더라고. 돈은 돈대로 들고. 그래도 안 되더라고.

신병으로 고생하던 중 37세에 남편이 사고로 죽게 되었다. 신병의 고통과 남편의 죽음으로 혼자서 남은 자식들을 키우게 된 장보살은 그만 몸져눕게 되었다. 그러던 어느 날 죽은 남편이 실려서 "내 신경 쓰지 말고 아들하고 살고, 니가 몸을 까딱 않고 살아야지 내 생각하면 어떻하냐"고 하면서 자신의 입을 통해 불었다. 그리고 신굿을 하라는 분부를 받았다.

39세가 되던 해에 결국 문경의 서보살에게 신을 받았다. 신을 받은 직후에는 미래에 일어날 어떤 일이나 사건에 대해 못 맞추는 것이 없었다.

길가는 사람이나 앉은 사람 보만 다 찍어내니까. 다 찍어내, 다 찍어내. 뭐 어떻다 어떻다 하면 고대로 되고. 그냥 머 그냥 머 쪽집게지 뭐. 쪽집게더라고 다 찍어내.

한창 신통하다고 이름이 나고 점촌에서도 점을 보러올 정도였다. 그러나 가족이나 남의 이목도 인식하게 되고 답해주는 것이 싫어져서 41세 이후에는 무업을 하지 않았다. 1988년에는 아들과 장사를 하려고 지금 있는 문경시 모전동으로 이사를 왔다. 그러나 46세부터 다시 신병이 오기 시작해서 결국 53세에 충주에 사는 충주보살을 만나 다시 내림굿을 했다.

안 할라고 해도 그게 안 되드라고 안할라고 마흔 여섯에 접어놓고 몸이 아파가지고 기를 쓰고 댕기다가 충주보살을 만나가지고 거기서 굿을 다시 했어. 그때서부터 시작해가지고 내가 쉰셋에 그때서부터 내가 정식으로 한 거지. 누가 뭐라 하든 말든 정식으로 막 한 거지.

53세부터 남의 눈을 의식하지 않고 무당 일을 본격적으로 하기 시작했다. 서보살에게 신굿을 받았을 때는 점만 봐줬으나 충주보살을 만나고 부터 선굿을 하기 시작했다. 장보살은 몸주신으로 아산장씨牙山蔣氏로 시조인 윗대 장군을 모신다. 그 외에도 글문 할아버지, 돌문도사, 약불도사, 천문도사, 공문선사, 명양도사, 일월도사 등을 모셔서 굿을 한다.

내가 지금 모시는 게 장군할아버지이지. 조상이 들어와야 해 먹지 안 그럼 못 해먹지. 그러고 인제 글문 할아버지, 돌문도사, 약불도사, 천문도사, 공문선생, 명양도사, 일월도사 있거든. 인제 갈켜줘야 주께지(말하지). 배워가지고는 전혀 못해. 어떻게 하는 방식, 어떻게 들어오는 성감, 이 기는(이거는) 뭐 다른 사람은 대충이라도 할 동, 우리는 한 분이라도 안 들어오시면 못 해먹겠더라고.

제갈공명선생 다 들어오시고, 우로(위로) 말하자면 천신동사, 천신선녀, 삼신동자, 칠성동자, 영신동자, 별상동자, 마마동자, 삼천동자, 동자동녀 들어오고, 몸주로 들어오드라고요. 고거 세세한 거 갈켜주고 그래 하는 거지.

장보살은 현재 점과 부적을 비롯하여 동토나 상문살잡기, 조상굿, 재수굿 등을 한다. 충주보살에게 선거리를 배워서 대부분의 문경 무당들이 앉은굿을 하는 것에 반해 선굿을 한다.

(2) 신당

장보살은 39세에 문경의 서보살에게 신굿을 받고는 바로 신당(법당)을 꾸몄다. 그 이후 무업을 하지 않은 해도 있었지만 신단만큼은 그대로 유지했다.

39살에 문경 서보살한테 신굿을 받아놓고 신당을 바로 꾸몄지. 서보살한테 받고는 바로 법당은 내가 안 해도 항상 해놓았어요. (서보살에게 받기 전에는 꾸민 건 없구요?) 없었죠. 서보살한테 받아 놓고는 계속 안죽(지금도) 법당 있지만 매일 법당을 꾸며놓고, 뭐 그래놓고 한 번도 부순 적도 없었고

신당을 꾸며놓은 방의 좌측에는 산신거리를 할 때 입는 붉은색의 산신옷이 걸려있다. 그 옆에는 여아의 옷이 두 벌 걸려있고, 밑에는 흰색 남자 흰색 한복 한 벌과 정자관이 놓여있다. 남자 한복과 정자관은 남편인 정씨 조상을 위한 것이다. 그리고 벽면에는 좌측부터 오방신장, 장군, 말명, 신장할아버지, 산신, 용왕, 글문도사, 대신, 제석, 불사, 칠성 순으로 탱화가 붙어있다.

신단 우측 위에는 2기의 보살상菩薩像이 모셔져 있고, 좌측에는 소형의 동자와 선녀상

이 놓여 있다. 좌측에는 신장대와 오방기가 놓여있다. 신장대와 오방기는 굿을 할 때 사용한다.

말명탱화 밑에 쌀을 놓고 그 위에 고깔을 씌워 염주를 걸어놓았다. 그것은 딸을 위해 놓은 것이라 한다. 글문도사의 탱화 밑에는 붓을 놓고, 대신할머니의 탱화 밑에는 쌀을 놓고 고깔을 씌워놓았다. 신단 우측의 칠성 탱화 밑에는 실 한 타래를 놓았다. 그리고 신단의 하단에는 초를 놓고 각 신상과 탱화에 올릴 옥수를 놓았다.

신단의 아래에는 점을 볼 때 쓰는 점상이 놓여 있다. 점상에는 부채와 방울 목탁 엽전 등이 놓여있다. 점상의 무구들은 점을 볼 때 사용한다.

Ⅱ. 무속신앙의 종류

1. 점占

1) 명도점

명도는 점을 볼 때 유용한 신이다. 명도의 영靈이 올 때는 굴뚝을 타고 부엌 아궁기로 나온다고 한다. 그렇기 때문에 집안의 문제에 대해서는 매우 잘 알아낸다. 심지어 그 집의 숟가락이 몇 개이고, 못이 몇 개 박혔는지까지 상세하게 맞춘다.

> 명도라 카는 거는 옛날 불 때는 아궁기 있으면 굴뚝 있잖아. 그 영이 굴뚝으로 들어가서 아궁기로 나온다는 거라. 고거는 영험하잖아. 집에 못이 몇 개 백혔는 지까지 다 알아. (서보살)

그러나 정월에는 명도에게 점을 보는 것을 꺼린다. 명도가 구들 밑에로 다녀서 재수가 없다고 여기기 때문이다.

정월달에 점을 많이 치잖아. 근데 정월달에 가(명도)한테 보면 재수가 없데. 왜냐하면 구들 밑에 들어가서 정월달에 솟아나온다고. 그래서 명도한테 가서는 점을 치지 말아야 하는 거야. (서보살)

또한 신내림을 할 때도 명도가 신으로 들어오면 몸주로 받는 경우가 드물다. 명도를 받은 사람의 경우 신력이 없고, 명도가 왔을 때만 점을 치기 때문이다. 또한 명도를 받게 되면 점단 보게 되고 굿을 하는 경우가 드물다.

신이 와도 명도가 들어오는 게 많아. 우리는 안너줘여(넣어주지 않아요). 그거는 잠시 잠깐 뿐이라. 굿을 하다 보면은 우리 눈에 명도가 주머이를 흔들고 훼파람 휙휙 불고 댕겨요. 굿을 하다 보면은 훼파람 소리가 난다고 우린 천하없어도 안받아줘여. 천하동자나 호구별상마마동자나 받아주지, 그런 건 (명도는) 안받아줘여. (서보살)

명도를 모신 사람은 명도가 올 때만 영력을 발휘하고, 영이 나가면 아무런 신력을 발휘할 수 없다. 그렇기 때문에 신내림을 할 때도 하늘의 신이나 조상신을 받도록 권유한다.

2) 산통점

산통算筒을 이용해 점을 보는 방식이다. 산통점은 문경읍의 연탄보살이 보기도 했다. 점을 볼 때 문복인問卜人의 생기와 묻는 내용을 말하고 산통 안의 산가지를 뽑아 점을 보는 방식이다. 점의 내용은 질병과 관계되거나 신수에 관한 것들이다.

3) 쌀점 · 엽전점

쌀이나 엽전을 사용하여 점을 보는 방식이다. 쌀점은 점상에 낟알을 흩어 뿌리고 그것을 헤아려 점을 본다. 엽전점은 점상에 엽전을 던져 그 모양을 보고 점을 본다. 쌀점이나 엽전점은 운수나 길흉에 대한 것들을 봤다.

4) 신점神占

무당이 신의 공수를 통해 얻는 점이다. 무당이 부채·방울·신장대 등을 들고 문복인의 생기를 넣고 축원해서 얻는 점이다.

2. 굿

1) 신굿

신굿은 신을 받고 무당이 되기 위한 굿이다. 문경지역의 굿은 '부정치가→산신·서낭거리→천존거리→칠성·산신거리→조상거리→뒤풀이'로 행해지는데, 신굿은 조상거리 뒤에 행한다. 조상거리까지 모두 마치고 나면 이튿날 마당의 제상에 청수 한 동이, 쌀 한 동이, 돼지머리, 과일 등을 괴어놓고 '일월줄(광목)'을 드리워 깔아놓는다. 신굿에는 3~4명의 무당이 필요하다.

신굿을 할 때는 먼저 신의 정체를 파악하는 것이 중요하다. 우선 쓸모 있는 신인가를 판별하고 몇 번이고 확답을 받은 후에 신을 받는다.

또 신은 신대로 인제, "내가 누구다. 내가 어디 도를 닦고 왔다. 어디 명산대천에 도를 닦고 내가 옛날에 옛날에 이걸 했는데 니가 불쌍해서 너를 제자 삼을려고 왔다." 조상 할아버지가 그랬단 말이다. 우리가 어디서 도를 닦고 왔느냐고 문답을 할 꺼 아이가. 그럼 "내가 천상 도를 닦고 어디 어디 산에서 도를 닦고 이 길을 헤메도 자손들이 몰랬으니 찾아왔다." 이기야. "내가 글문도사로 왔다. 천문도사로 왔다." 하고 제자 될 사람이 입으로 막 불어여. 그럼 우리가 그걸 캐치를 하는 거야. '아, 이게 쓸모가 있는 조상인가' 그러면 우리가 대신 들어가지고, 우리 입으로도 하답을 열려 나오면은 '아, 그게 맞긴 맞는 갑다' 해가지고 그 할아버지를 추캐가지고 놀래주고는 자꾸 문답을 받지. 진짜 제자를 맨들려느냐고 확답을 받아가지고 "병도 나서주고, 팔도강산 유람해서 죽는 사람 살래주겠느냐."고, 그

럼 "그런다."고 확답을 몇 번 받아야 돼. 옳은 답을 받아야지. (서보살)

신굿에서 신의 판별과 확답을 제대로 받지 않는 경우 잡신과 선신이 뒤바뀌기도 하고, 신굿을 받은 사람도 점이나 굿을 제대로 할 수 없다. 또한 나중에 잡신을 떼어내기도 쉽지 않다.

첫 번에 굿을 잘못 해놓으믄 거북하다 이기야. 옳은 조상은 칼끝에 잡신모양 실래(실려) 나갔고, 잡신이 어른이라고 들어와 앉아있는 수가 많아. 굿을 잘못하면 그렇지. 그럼 하마 (잡신이) 영글어가지고 어른이다 하고 앉았으니 차고 앉아가지고 안나갈라고 한단 말이다. 하마 물을 떠다 바치고 이랬으니까. 그래서 우리가 잘 안할라캐(하지 않으려고 해). 거북하거든. 내가 어른이다 하고 앉아났는데 어떡해여. (서보살)

신을 받을 때는 천신(천신선녀, 천신동자)이나 조상(할아버지, 할머니)을 몸주신으로 받는다. 명두의 경우는 신을 내릴 때 많이 찾아오나 몸주신으로 잘 내려주지 않는다. 명두는 영이 올 때만 영력을 발휘하고 가게 되면 아무런 신력을 발휘할 수 없기 때문이다.

몸주신을 받고 나면 점상을 차려놓고 능력을 시험한다. 점상에는 찹쌀 한 되와 방울, 부채 등을 차려놓는다. 무당이 점을 제대로 치지 못하면 몸주신이 제대로 내렸는지 점검하고, 점을 잘 칠 수 있을 때까지 계속해서 반복한다.

굿 순서
부정치기→산신·서낭거리→천존거리→칠성·산신거리→조상거리→신내림→뒤풀이

2) 미친굿

미친굿은 신의 조화로 미친 사람을 낫게 하는 굿이다. 미친굿에는 3~4명의 무당이 필요하다. 미친굿의 경우도 신굿과 마찬가지로 조상거리 뒤에 행한다. 미친굿을 하기 전에 우

선 환자의 상태부터 살펴야 한다. 객귀나 조상이 탈이 나서 미친 사람의 경우는 굿을 해도 효험이 있지만, 정신에 이상이 있는 사람의 경우는 고칠 수가 없다. 우선 점을 통해서 환자를 판단한다.

우리가 그걸 알라카믄 점을 치는 거야. 괘를 빼보는 거야. 신으로 미치는 거하고 그냥 미치는 거하고 틀리(달라요). 신으로 미치는 거는 하는 짓거리도 틀리기니까 '신의 조화로 이렇구나' 싶어서 신으로 돌래부래여. 굿을 할 직에 굿의 방향을 바꾼다 이 말이야. 신이 아니고 미친 거는 잡신을 따내고 (떼어내고) 고치는 경우가 있고 여러 질이지 뭐. 때에 따라, 굿 할 때 마다 틀리(달라요). 그 집 조상이 다 틀리잖아여(다르잖아요). 굿하는 식은 똑같다고 볼 수 없어. 하마 그 집에 가서 굿을 해보마(해보면) 귀신 잡아야 될 집이 있고 그래여.
가끔씩 제정신 드는 사람들은 신이 와서 미친 사람이 있고. 그냥 잠을 자꾸 자는 신도 있고. 자꾸 돌아댕기는 신이 있고. 신이 열두 가지라. 신이 오면 밥은 잘 안먹어요. 몇 달이고 안먹어도 살긴 살더라고 (서보살)

무당은 환자에게 붙은 신을 확인하고는 분리시킨다. 그리고 나서 조상이나 선신인 경우에는 상으로 몰아 대접하고, 잡신의 경우에는 신장칼로 쳐서 물리친다. 그리고 나서 조상에게 빌어 환자를 낫게 한다.

잡신을 마카 풀어맥이고(풀어먹이고), 따로 분리를 해놓는다고. 잡신은 이리로 몰아넣고, 원신들은 저 상으로 몰아넣고. 그래 하다보면 잡신을 막 따내고 칼로 젖어(저어서) 내고, 새파란 거 따내고 하면 어느 정도 떨어져나가. 그래다가도 또 달라붙는 경우가 있어. 쳐내도 또 달라붙어요. 그러면 막 신장으로 처리를 하고, 장군을 실어가지고 처리를 하고. 그때 애먹는 거지.
그래 잡신을 다 해내고(쫓아내고) 나면 원조상들이 와가지고 "내가 이만저만 해가지고 이만저만 하다. 너는 어떻고 저떻고." 쥔네(주인)한테 들래주면은, "내가 누구다 누구다." 이렇게 해가지고 환자는 낫을 수도 있고

굿 순서

부정치기→산신·서낭거리→천존거리→칠성·산신거리→조상거리→귀신쫓기→뒤풀이

3) 재수굿

재수굿은 개인이나 집안에 운수나 재복이 깃들기를 기원하는 굿이다. 재수굿을 할 때는 돼지 한 마리를 마당에 놓고 시작한다. 먼저 굿을 하기 전에 혹시 있을지 모를 부정을 친다. 무당은 제가집의 바가지에 물·고춧가루·소금 등을 넣고 부엌칼을 들고는, "동해 부정, 서해 부정 하든지, 동해 부정 서해 부정, 남해부정 동서남북 날러들고 묻어드는 눈으로 보는 부정, 귀로 듣는 부정, 입으로 지끼는(말하는) 부정, 상문부정 진상문부정 살생부정이라." 하며 부정을 친다. 집안 곳곳을 다니며 부정을 친 뒤에는 삽짝거리에 가서 바가지에 든 것을 버린다.

부정을 친 뒤에는 산신(당산)축원을 한다. 산신상에 제물을 차려놓고, "대법천 당산신, 제석천 당산신, 삼신산 당산신, 이십팔산 당산신…." 하며 산신축원을 한다. 이렇게 산신 축원을 해 준 다음에는 공수를 받아준다. 공수라는 것은 언제, 무엇을 조심해야 할지 미리 알려주고 신이 재수와 복을 주는 것이다. 이렇게 공수를 받아 준 뒤에는 굿을 잘 받았는지 알아보기 위하여 돼지나 돼지머리로 사실을 세운다.

무당이 사실을 세운 뒤에 무당이 떡시루를 이고 놀다가 재수 받으라 하며 제가집에게 던져준다. 재수를 준 다음에는 오방기를 뽑는다.

재수 다 받아주지 뭐. 서서 뭐 떡시루를 이어가지고 재수를 받아주던지, 떡시루 이어가지고 재수 받아가지고 빌빌빌 돌려가지고 탁 던지면 자기가 받고. 오방기를 뭐 받아가지고, 막 돌려가지고 받으라 카고. 오방기 뽑고 낸중에 뭐 그러고 뭐 맹 똑같에. (장보살)

굿의 끝에는 뒤풀이를 한다. 뒤풀이는 환영받지 못하는 잡신들을 풀어먹이는 것이다. 음식 남은 것을 바깥에 놓고 북과 징을 두드리며 풀어먹인다.

"처녀 죽은 총각, 처녀 죽은 처녀, 물에 빠진 혼신, 약은 먹고 죽은 혼신, 무당 죽은 말명, 중이 죽어 송살망자, 뱀에 물려 보상 망자, 박수 죽어 우령 망자." 그런 걸로 풀어 나가는 거지. 음식 남은 거 한 대 가따 놓고. (장보살)

굿 순서
부정치기→산신축원→공수→사실세우기→재수 받아주기→뒤풀이

4) 동토잡기 · 상문살잡기

동토는 집을 신축 또는 개축할 때 발생한다. 동토를 잡을 때는 우선 부정 치고, 먼저 정화수를 떠놓고 삼신을 빌어줘야 한다. 장보살 같은 경우에는 삼신을 잘 잡아야 된다고 한다. 그리고 소금을 잡고 "다름탈 잡자, 다름탈 잡자." 하면서 소금으로 집안 여기저기에 뿌려 잡는다.
상문살喪門煞은 사람이 죽은 일로 생기는 살이다. 먼저 부정을 치고 조상거리를 한 다음 환자를 밖으로 데리고 간다.

상문살은 맹 조상거리로 들어가지고 상문살을 말하자면 벽사부라고 있어요. 맹 똑같애. 상문부정도 뭐 똑같애. 그러니 그것도 인제 조상거리로 들어가 가지고 한 대 갖다놓고. 조상 들어가고 한대 갖다놓고 "칠성에 부정 삼신에 부정, 상문부정." 들어서면 하지 뭐. 저기 인제 이렇게 길을 짚으로 풀어주는 사람도 있고, 한 대가지고 소금을 잡아가지고 소금으로 쳐주는 거도 있고, 삼베로 찢어주고 그렇지 뭐. 거 뭐 얘기를 하나하나 하자면 힘들어. (장보살)

짚에 불을 붙이거나 소금을 뿌려 환자 몸에서 상문살을 풀어준다. 그런 다음 환자 몸에 대고 베를 찢어 상문살을 떼어낸다.

Ⅲ. 굿의 내용과 절차

굿의 내용과 절차는 무당에 따라 다르다. 현재 문경지역 굿의 지역성을 알기 위해서는 1970년 이전부터 활동했던 무당을 접견해야 한다. 그러나 문경지역 토박이로 굿을 하던 사람들은 이미 고인이 되었거나, 활동을 중단한 경우가 대부분이다. 이 글에서는 서보살이 보았던 1970년 이전 굿의 모습과 직접 연행했던 굿을 중심으로 기술한다.

1. 굿 준비

문경에서는 주로 재수굿, 조상굿, 신굿, 미친굿, 병굿 등을 한다. 점을 보거나 굿을 의뢰하는 사람들도 집안에 우환이 생겼을 때 비로소 무당을 찾는다. 점을 봐서 굿을 해야 될 때에는 우선 좋은 날을 가려 받는다. 굿을 하는 당일 미리 제가집에 가서 굿을 준비한다. 무당은 굿에 쓰일 지화紙花나 지물紙物을 준비하고, 제가집에서는 굿에 쓰일 음식을 장만한다.

1) 지화제작

지화의 여러 가지 제작 기법이 있다. 도구를 사용하여 눌러서 만드는 것과 말아서 만드는 것, 그리고 가위로 오려서 만드는 것이 있다. 기법에 따라 국화꽃, 목단꽃, 함박꽃 등을 만들어 제상을 장식한다.

꽃 만드는 것도 여러 질(길)이라. 눌러 맨드는 것도 있고, 썰어도 되고 쉬워요. 이래 우그리는 것도 있고 보통 틀도 없고 접어가지고 가위로 해. 누르는 것도 손으로 하더라고 우리 보살들 일할 때 보믄. 꽃을 만들어 싸리대에다가 끼면 돼. 그래 가지고 뺑 돌래서 잎사구 맨들어서 끼워 놓믄 고마 국화꽃이 되고, 넙덕한 거는 목단꽃이 되고 함박꽃 같이도 맨들고 이래여.

그러나 지화는 무당들 누구나 만들 수 있는 건 아니고, 손재주가 있는 사람이 만들었다. 지화는 대를 이어 학습한 무당처럼 아래대에게 쉽게 전승되지 않았기 때문에 제작자의 창작이 더해져서 새로운 지화를 만들어 내기도 했다.

나는 그걸 못배와 가지고 선배 보살(마성 남호보살)을 내가 데리고 갔는데. 꽃 좀 갈캐달라고 하니께 안갈쳐주데. 그러면 내가 당신보다 더 이쁘게 만들 수 있다. 종이를 사다놓고 내 나름대로 막 접어가지고 이래도 비보고(베어보고) 저래도 비보고 하니까 꽃이 되더라고. 내가 멋있게 법당에다 만들어놓고 하니까, "야, 그거 사왔나." 이래여. 내가 만들어서 놔놨지. 갈캐달라니까 갈캐주지도 않고 더러와 죽겠네. 나보다 12년 되었어. 내가 일을 때서 이때까지 데리고 다녀도 자기 일은 내가 안먹어봤어. 이게 뭐 중한 거라고 갈케 주면 안될 게 뭐 있어.
자기는 그거를 실로 꼬매가지고(꿰매가지고), 뭘로 하고 그 어렵게 왜 해여. 쉬운 거를. 그래가지고 무신(무슨) 연필로 이래가지고 주름을 잡고 거북하게 하느냐 이기야. 쉽게 나 모양 이래도 오만 꽃이 다 나오는데.

현재는 이것마저 제작하지 않는다. 1980년대부터 만물상회에서 쉽게 구입할 수 있기 때문이다. 노력과 시간을 절약하기 위해 구입하는 것을 선호한다.

꽃 만드는 거 이제 못봐. 왜 뭇보냐 하면은 지금은 전부 돈 주고 사가지고 하기 때문에 쉽잖은(쉽지 않은) 어려운 거를 뭐하러 맨들어요. 하마 안만든 지가 15년 됐지. (불교상에) 배를 사면 꽃이 다 나와. 배도 예전엔 다 만들었지. 꽃도 나오고 사재도 오려가지고 다 나와. 어령(벽에 붙이는 장식물)도 배만 사면 다 들었어. 여 붙이는 기 다 나와여. 초롱 이런 것도 맨들어서 걸어놓고 했는데 다 나와여. 2만원이가 만원만 주면 다 나와여. 구태여 맨들 꺼 없잖아. 맨들라카믄 애를 먹고 시간이 얼마나 낭비가 되여. 하매 굿할려 하면 그 집에 미리 가서 맨들어야 되는데. 신장 맨들어야 되고 꽃도 떠야 되고 연사지도 떠야 되고 할께 무진장 많거든. 혼도 싸야 되고 말이지. 지금은 다 사놓고 해여. 맨드는 것도 품이 많이 들어가잖아.
옛날에는 맨들었는데 지금을 팔기 때문에 안만들어. 사면 더 편한 데 뭐. 옛날에는 다 맨들었지.

꽃도 맨들어 갖고 쓰고, 어령 같은 붙이는 거 맨들어서 붙이고.

굿당의 벽에는 줄을 걸어 초롱과 시왕번十王幡 등을 달아 장식하고, 배는 굿을 하는 방문 앞에 설치한다.

볕에다 다 해서 붙이여. 실을 꿰가지고 초롱도 다 걸고, 십대왕 글 쓴 게 있어. 십대왕 문 열고 들어가는 거. 글 쓴 걸 벽에 다 붙이여. 여기는 벌건 걸로 썼는 거, 말도 그래놓고 돈도 그래놓은(그려놓은) 게 있어 그 걸 벽에다 딱 붙이고. 배는 문 앞에다 놔두는 기라.

2) 제 상 차 림

무당이 굿당을 장식하고는 제가집이 제물 차리는 것을 돕는다. 제물은 제가집의 형편과 굿의 규모에 맞춰 장만한다.

서울에는 큰굿하믄 음식을 많이 채래놓고 하지만은 우리는 상 하나 두 개만 펴놓으믄 돼. 제사상 있잖아. 여기 식은 제사상 차리는 거와 똑같이 해. 과일이나 더 드가고 하는 거 뿐이지. 또 돼지머리나 소머리도 쓰고 큰굿에 드가면 소머리도 쓰고 소갈비도 쓰고 그래. 그건 그때에 따라서 그 집에서 돈을 많이 내놓고 하면은 소갈비짝도 쓰고 소머리도 쓰고 그래고. 형편에 따라서 돈 내놓는데 대로지.

제상은 신에 따라 따로 장만한다. 천존상(신상)·산신상·당산상·조상상·칠성상·삼신상·조왕상 등을 차린다. 천존상에는 생미生米와 초·신장·신장칼·방울·부채·염주 등을 놓는다. 천존상에는 쌀은 큰 양푼에 담아놓고 그 위에 신장을 꼽는다. 그리고 무당들이 쓰는 무구는 상위에 올려놓는다. 천존상은 가운데 놓인 조상상의 옆에 위치한다.

우리 신상(神床)도 하나 있어야 되거든. 우리가 그 집에 가서 굿을 하면은 신이 가야 되잖아. 그 기 천존상이라 해여. 거기에는 딴 거 안놓고, 쌀만 놓고, 신장 꼽아놓고, 신장칼(귀신 벗겨내는 칼)도 놓고,

방울 부채도 놓고, 염주 걸어놓고, 촛불 한개 켜는 거야. 둘이 가면 둘이껄 다 갖다 놔여. 우리도 가이께 신도 가야 되잖아. 신상이 있어야지, 그 집 상만 있으면 되겠어. 상을 이래 쭈욱 채래 놨잖아. 조상상도 채래놓고, 산신상도 채래놓고 이랬다 이기야. 그러면 우리 상(천존상)은 앉아서 뚜드리는 그 집상 옆에다가 채래.

산신상과 당산상은 마루나 마당에 차린다. 산신상에는 백설기를 시루 채 올리고, 돼지머리, 삼색과일 등을 진설한다. 당산상(서낭상)에는 검은콩을 넣은 마구설이와 돼지머리, 과일 등이 올라간다. 산신상과 당산상에는 동해안과 달리 어물은 쓰지 않는다고 한다.

산신상은 예를 들어서 그 집에 산을 위해는 집 같으면은 마루나 마당에다 채리고. 주로 마당에다 채리지. 돼지머리하고 백설기가 시루채 올라가. 삼색과일하고 또 옆에는 동네 들어가면 서낭이 있지. 당산상을 그 옆에다 채래여. 당산상에는 검은콩으로 마구설이해서 시루채 올리여. 또 돼지머리 하나 놓고 과일 놓고 시루가 산신상하고 틀리지. 산신상이나 당산상에 우리는 고기 같은 거는 안 올라가고. 저 바닷가 울산 가서 해보이께 오징어도 올라가고 다 올라가더라고. 여는 그런 게 안 올라가.

조상상은 기제사를 지내는 제상과 동일하게 차린다. 조상상에는 메·떡시루·조기·나물·전·탕·포·과일 등을 올린다. 조상밥은 집안의 조상에 따라 세 그릇 또는 다섯 그릇을 떠놓는다. 그 외에 제상 양쪽에 쌀 한 양푼씩 올려놓는다. 쌀 위에는 꽃을 꼽고, 종이로 사람 형태로 오려 만든 혼백을 얹었다. 그러나 현재는 혼백을 잘 놓지 않는다.

조상상은 제사지내는 거 하고 똑같이 해여. 조기 놓고, 나물 놓고, 포 놓고, 과일 배 이런 거 다 채래놓고, 전도 놓고 조상이니까 제사지내잖아. 격식이 많잖아. 메도 조상 웃대부터 다 떠놓믄 많잖아. 세 그릇을 떠놔여. 어떤 사람은 다섯 그릇을 떠놓고 상 양쪽에 쌀을 한 양푼씩 올리고 꽃을 양쪽에 꼽아. 꼽아가지고 귀신을 오래가지고 꽃종이에 올래놓는다고. 조상상에는 어령 나오는 혼백이라고 올려놓고 해야 되는데, 인지는(지금은) 그냥 놔두지 올리지는 않애. 원칙은 올래야 되는데.

제가집이 칠성부리가 있으면 칠성상을 차린다. 칠성상에는 백설기를 시루채 놓고 그 위에 청수를 옹가지에 떠서 올린다. 그리고 상 위에 한지를 깔고 쌀을 한 되 서 홉을 부어놓은 다음 그 위에 촛불을 켜서 올린다. 또한 실 한 타래도 놓는다.

그 집에 칠성부리가 세면은 조상상 옆에 칠성상을 하나 채리여. 상을 하나 채래가지고 백시루하고 물이 올라가여. 물은 옹가지에 떠서 시루 위에 올린다고 실 한 타래도 올리고 촛불을 키려면 창호지 깔아가지고 쌀을 한되 서홉 부어놔요. 그러면 (명)실은 창호지 거게 놓는다고

자손을 점지하는 삼신産神을 위해 메 한 그릇과 청수를 떠서 삼신상을 차린다. 삼신이 좌정하고 있는 곳에 촛불을 켜서 놓아둔다.

어느 집을 드가면 삼신할매가 있잖아. 자손을 점지했으니께 안당에는 삼신할매가 항상 있단 말이다. 거기다 또 밥 한 그릇, 제수 물 한 그릇 떠가지고 농 앞에다가 오봉에 담아서 촛불 켜서 또 바치놔요.

부엌의 조왕에게도 초를 켜고 물을 한잔 부어놓는다. 또한 우물이나 수돗가에도 초를 켜고 물을 떠놓는다.

맨 조왕에도 물 한잔 부어놓고 촛불 켜놓고 그래여. 요즘에는 싱크대 위에 물 한 그릇 떠놓고 술 한잔 부어놓고, 초 하나 키고 어떤 집은 가믄 마당에 수도가 있을 꺼 아이나. 옛날에 샘이라. 거도 불 키놓고 물 떠놓고 격식은 다 해여.

제가집에서 점심을 먹고 굿 준비를 하면 오후 3~4시쯤 굿을 시작한다. 그러나 굿에 따라 소요시간이 다르기 때문에 끝나는 시간은 일정치 않다.

하매 점심 먹고 시작이라. 점심 먹고 시작해서 걸고 준비하다 보믄 두서너 시간 걸리거든. 그러다 보면 오후 3시~4시쯤 된단 말이야. 다 준비가 되면 시작해. 시작하면 밤새도록 걸리는 집이 있고, 일

찍 끝나는 집이 있고 그래여. 그건 굿을 해봐야 알아여. 제한이 없어. 일찍 끝나는 집은 12시 안에 끝나고, 늦게 끝나면 밤새는 집도 있고. 일에 따라서 틀리(달라요). 그 꼼꼼하게 할려면 그렇게 안걸리겠어여. 시간이 많이 걸리고 목을 많이 팔아.

2. 굿 내용과 절차

1) 혼청

우선 '혼청魂請'으로 굿이 시작된다. 무당들과 제가집의 가족들이 모두 망자를 맞으러 간다. 맞으러 가서는 산신·서낭상, 망자상을 간단히 차린다. 산신·서낭상에는 북어·떡(백설기)·메·술 등을 올린다. 잘 차리는 경우에는 산신에게 바칠 돼지머리를 올리기도 한다. 망자상에는 메·조기·명태·부침개·나물·북어 등을 올린다.

혼청을 할 때 제가집의 주인에게는 '혼독'을 들게 한다. 혼독은 망자가 입을 옷을 넣고 만 자리를 말한다. 혼독은 소렴小殮을 할 때처럼 일곱 매듭으로 자리를 묶어놓는다. 무당은 혼을 청하는 사설을 하고 신장대를 들어 망자의 혼을 내린다. 신장대를 든 무당은 망자의 혼이 실려 죽을 때의 상황을 그대로 재현한다. 그러면 가족들과 무당은 망자의 혼을 달래고 신장대에 실린 망자의 혼을 '혼독'에 옮겨 집으로 모셔온다.

축원발원을 한참 하고 나면 신장을 들어. 내가 들던, 제자가 들던 들리면 내돠가지고 어디 가서 지체를 했는가. 귀신이 어디 가서 붙었을 꺼 아이라. 이래 붙으면 내돠가지고, 사고 난 자라부터 훌터와. 그때도 제정신이 아니라. (망자가) 꼬꾸래 졌으면 막 드리누워여. 대가리가 맞았으면, 머리에서 콰락콰락 소리가 난다든지. 내가 그걸 많이 잡아봐서 알아여. 대가 씨야(세야) 돼, 약하면 홀려 가서 죽어여. (망자가 교통사고로 죽은 경우) 받쳤으니께 구불었겠지. 그래가지고 어디 딱 멈췄다 이기야. 거기 가서 정지를 하더라고 말도 못하고 죽는 소리가 막 나와여. 식구들이 와서 빌고 막 절을 하고, 울고 붙들고 그래지. 우얘든지 아버지 가자카고, 어머이 가자카고 그렇게 아이나. 그때도 안간다하고 그래다가 빌고 달래고 이래믄 징 뚜드리는데 글로(그리로) 와여. 거기다 '혼독(조상옷이나 조상옷을 넣은 자리를 말아 일곱 매듭을 지어 묶은 것)'을 갖다 놨잖아여. 신장대로 거기다 붙이면 혼이 거기다(혼독에) 갔다 붙인다. 거기다 두드리면 (혼이) 떨어진다. 그러면 쥔네(주인네) 아들을 들리든지, 어마이를 들래여(들려요). 난 본인들 들래가지고 와여. 내가 들고 오믄(오면) 거짓 같으니 그 집 아들을 들리여. 저번에 아들을 들랬다. 아들을 들리니까 젊은 청년이 펄펄 뛰더니 내 굼불던 그 자리 가서 막 굼부려여(뒹굴어요). 그래도 우얘든지 집으로 가야지, 여기 있으면은 거리 귀신 되서 되겠느냐고. 막 빌고 달래가지고 해서 집 찾아 뻘뻘 걸어와여.

우리가 집에 와서 준비가 덜 되었으니께, 상을 하나 갔다 놓고 소창 깔아가지고 놓고는 거게 좌정하라고 하면, 상에 놓고 절을 해. 그래놓고 준비해서 (굿을) 하는 거야. 혼청해 오는 거 그래여.

집에 와서는 혼독을 상 위에 올려놓고 망자를 좌정시킨다. 혼청하는 것은 망자를 신장대에 실어 당시 상황을 그대로 재현해야 되기 때문에 쉬운 일이 아니다. 혼청은 신력이 없으면 하지 못하기 때문에 신장대를 잡는 무당을 따로 섭외해서 데려가기도 한다.

여기 굿이 어려와. 여는(여기는) 신장으로 다 알래 내놔야 하고 죽은 혼을 신장대로 실어와. 그럼 죽었은 행동을 흉내를 내지. 그러니 어렵지. 신이 영험해야 돼. 보통 신 가지고 힘들어. 암만 신이 밝다 캐도(해도) 안보고 모르는 자리 가서 하는 기 어려운 게 아이라(아닌가). 물에 빠진 거 혼청(魂請)하러 가면 애덕어요. 신장 드는 보살을 우리가 힘드니까 데꼬(데리고) 간다고 그럼 약해서 안들라 캐(들지 않으려고 해). 그럼 내가 나서. 안되는 건 내가 나서 버린다고. 그럼 혼독을 감아서 주인한테 인제 실래 주는 거야. 혼독을 맨들어 놨으니께.

그러나 혼청하는 방법도 무당들마다 차이가 있다. 현재는 간단하게 축원해서 혼을 모셔 오는 경우가 많다.

지금 보살들은 간단히 축원해가지고 저그들이 벌어서 가지만은 우리는 그래 한다니까. 그러니까 굿이 틀리지(다르지). 여 문경사람이라 해도 문경보살이 다 틀리요(달라요). 우린 그 혼신을 불러다가 거기다 실리는 거야. 또 주인한테 들리기 때문에 어렵지. 우리가 설렁설렁해서 보내면 편한데.

2) 부정치기

본격적으로 굿을 하기 전에 부정을 친다. 미리 사전에 부정한 것을 방지하기 위함이다. 무당은 바가지에 고춧가루 물을 집 주위에 뿌리며, "천하에는 천하 부정이요. 산신에는 산신 부정이요. 칠성에는 칠성 부정이요." 하면서 부정을 친다. 그런 다음 대문 밖으로 가서 부엌칼을 던져 칼끝이 밖으로 나가면 부정치기를 마친다. 그러나 칼끝이 집 안으로 향하면 재차 부정을 쳐낸다. 칼끝이 밖으로 향할 때까지 이러한 과정을 반복한다.

바가지에 고춧가루물로 그 집을 둘러서 대문바깥에 가서 칼로 젖어서(저어서) 던져보면 알아여. 칼끝이 나가면 갖다 버리지. 칼은 우리 칼이 있어도 그 집 부엌칼을 써여. 칼끝이 안으로 들면은 다시 훌터내야지. 그러믄 부정이 비께지지(벗겨지지). 옛날에는 재 넣고, 소금 넣고, 고춧가루 넣고 그러거든. 그래가지고 풀어내는데 지금도 그래여. 그래가지고 부정치고는 굿이 드가는 거라.

3) 산신·서낭거리

산신·서낭거리는 마당이나 마루에 상을 차려놓고 앉아서 굿을 한다. 제상은 손이 없는 곳을 향해 차리거나, 제가집에서 치성을 드리던 산을 향해 놓는다. 특히 서낭이 당산문을 열어야 굿을 할 수 있다고 생각하기 때문에 중요하게 여긴다. 점을 쳐서 어떠한 연유에서 가정에 탈이 났는지 알아냈어도 산신·서낭거리에서는 재차 신을 불러 확인을 한다.

산신·서낭을 부를 직에 뭐가 걸렸으만 우리가 축원을 해도 잘 안된다고. 그럴 직에 알기 위해서 신장을 들으라 한다고 신장을 들었으믄 물어봐여. 서낭당산문도 열어놓고, 산신문도 열어놨으니, 천하문도 열어놨으니까, "이 집에 꼬달이 어떻게 됐는지 모릅니다. 부디 신장님이 무슨 꼬달로 환자가 아픈지 잘 돌아보시고 말씀을 하시라."고 이래면은, 신장이 펄펄 뛰고 환자인테 갔다 오더라고. "이만저만 해서 이만하다. 이래이래 하고 나면은 삼사일만 있으면 나을 꺼다." 이래여. 그러면 우리가 그것을 믿을 수가 없잖아. "꼭 이래 잘하고 나면 낫겠습니까. 조상해내고 나면 저 환자가 낫겠습니까." "어, 낫는다." 그래믄 그대로 해.

우리 제자 시켜서 잘 모르면 서낭을 실려가지고는 문답을 받지. 신장을 들래가지고는 이 집 서낭에서 무신 탈이 났나, 산신에서 탈이 났나. 이 집 웃대 조부 할아버지가 지금 들어오고 있느냐. 무신 꼬달(탈이 나게 된 연유)로 가정이 이렇고, 환자가 왜 저래 아프나. 우리도 모르니까 물어 볼게 아이나. 신장이 내가 묻는 거에 그게(신장대가) 떨잖아.

"신장님요, 가만 섭시다." 이래고 무슨 일로 그런 지 물어봐여. 뭐가 걸리갖고 그리 아픈가 환자한테 한 번 둘러보고 오라케여. 가서 대로 막 훌터본다고 조상이 들었으믄 조상이 들었다고 훌터보고. 죽을병에 걸렸는가, 병원에 가야하는가 물어본다고. 병원에 안가도 이거 하면은 낫는다, 내가 들어서 그렇다고 꼬달이 나와. 그럼 고(그) 방식으로 따라서 하는 거야.

일 년 열두 달 삼백육십오일 환자를 드나가메 자꾸 축원을 하는 기야. 축원을 하다가 서낭이 와서 문답을 내리면, 서낭에서 탈이 났으면, 서낭에서 바람 자고 구름 자 달라고 하면, 조상들이 왕래를 한다고 서낭하면 조상이 와여. 와도 순서대로 비느라고. 서낭이 당산문을 열어줘야 귀신이 오잖아. 당산문을 여느라고 떡 해놓고 비는 거지.

탈이 난 연유가 파악되면 신을 풀어주고 달래서 제가집의 우환이나 병이 낫기를 기원한다. 굿은 무가를 유창하게 구연하거나 무악을 잘 연주하는 것만으로 되는 것이 아니다. 맺힌 고를 잘 풀어야 굿이 된다.

귀신없다 소리를 못해. 우리가 눈으로 확인을 못해 그렇지 있어. 그래이 가다가 잘못 걸리면 엎어져 죽고 하는 기, 귀신에 걸리면 병이 오고 죽는 거야. 옛날 유래가 있는 거는 맞아. 내가 해보니까 그건 (신이) 있긴 있더라고 상채래 놓고 하면 뭐가 낫겠소, 이걸 하면 되겠는가 싶은 게 걱정스럽더란 말이라. 열심히 신에 말문을 열어가지고 이래도 해보고, 저래도 해보는 거라. 우리가 가정을 잘 다루듯이 귀신을 잘 다뤄가지고 고를 잘 풀어야 돼.

굿을 하는 게 잘 뚜드린다 되는 게 아니라, 노래를 잘 부른다 되는 게 아니고. 옛날에 어른들 조상들이 어예되고 웃대부텀 아랫대까지 잘 훑터서 갈래를 잘 지워야 돼. 고를 잘 풀어야 된다 이거야. 왜 산신고에 걸렸다, 천신고에 걸렸다, 그게 고에 걸린 거라. 가시밭에 걸렸다 그래 거든. 그걸 풀어줘야 돼.

4) 천존거리

산신·당산거리를 마당에서 하고 나면 제가집 안당으로 와서 굿을 한다. 안당에 와서 처음 하는 것을 무당의 신명을 불러내는 일이다. 천존상에 촛불을 켜고 무당이 모시고 있는 몸주신을 모두 불러내어 좌정시킨다. 그런 다음, "제자는 몸만 왔지 아무 것도 모릅니다. 서인 선관님, 양인 선관님이 어애든지 이 집 가정에 불쌍한 사람 살리러 왔으니까 불쌍한 사람 살려주고 거둬주시오." 하고 축원한다.

그 집 산신을 밖에서 하고 나면 그 집 안당에 와서 굿을 해야 되잖아. 들어오면 이 집 조상상 차래 놔도 우리 신명을 먼저 불려야 해. 상(천존상)에 촛불을 키고 쌀을 받쳐놨으니께, 양인 법사 천상옥황 천신님, 선관들을 안정을 시켜.

무당은 천존거리를 하나의 거리로 인식하지는 않으나 중요한 거리 중의 하나이다. 천존거리를 한 다음 칠성·삼신거리를 한다.

5) 칠성·삼신거리

칠성·삼신거리는 산육신産育神에 대한 거리이다. 삼신·칠성을 안당에 좌정시켜놓고 제가집의 아픈 자손이 낫도록 축원한다.

칠성하고 삼신하고는 틀리거든. 옛날 칠성 우하던(위하던) 집이니까 할매가 산에가 공을 들였다 이기야. "할매요 우애든지 이 집에 자손이 아프니까, 칠성 조상님 백팔염주 목에 걸고 시주단주 나리신다. 칠성은 조상이 아닙니까. 우애든지 공 드리고 공 드려도 자손이 없어서 섭섭하지만은 이 자손이 아프니까 나서 주이소." 하고 자꾸 비는 거지 뭐.

칠성·산신거리에는 아픈 환자의 쾌유를 비는 축원하나, 신장대는 쓰지 않는다.

6) 조상거리

조상거리에는 제가집의 조상을 위한 굿이다. 조상을 윗대부터 차례로 불러내어 대접하고 천도시킨다. 조상에 대한 축원을 모두 하고는 병이나 우환의 원인인 귀신을 잡는다. 이때 다시 신장대를 사용한다. 조상거리를 하고 귀신을 쳐낸 후에는 모든 신을 보낸다.

신을 보낼 때 안당에서 방밖으로 광목이나 베를 늘어트려 놓고 양쪽에 여섯 개 씩 총 열두 개의 촛불을 켠다. 그리고 종이배에 지화나 지물을 싣고 나가며 베를 가른다. 이때 무당과 제가집은 염불을 하고 축원을 한다.

배는 문 앞에다 놔두면 끝에 나갈 직에 거다(거기다) 다 담는 거라. 귀신들 불러다가 다 처내잖아. 처내믄 거다 다 실어여. 거의 어지간이 다 되 가잖아. 나갈 적에 베 째가지고 나가잖아. 그때 (배를) 들어다가 째 나가는 거라. 그러면 식구들 보고 좋은 데 가라고 염불하라고 하지. 귀신들 다 몰래 있으니까. 그러면 귀신만 실고가지, 마당에 온 귀신(잡신)은 그냥 있어. 요거 딱 보내서 문 앞에다 세워놓고는 굿이 다 되어간다 이기야.

7) 뒤풀이 (마당거리)

모든 굿이 끝난 뒤에 따라온 잡신들을 위해 하는 굿이다. 바가지에 제물을 조금씩 떼어 놓고 물을 부어 짬밥을 만든다. 그런 다음 무당이 문 앞에 놓고, "물에 빠진 귀신, 목 매

죽은 귀신, 여 귀신, 남 귀신, 거리 위에 죽은 귀신, 성 다르고 가문 달라 오는 귀신들 전부 왔거들랑 이 집 가정에 우환질병 다 걷어가고, 동전 세 푼 줄터니 가다가 뒤도 돌아보지 말라." 하고 발원을 한다.

마당에 왔는 귀신, 성 다르고 가문 다른 거리귀신들이 몰래(모여) 있단 말이야. 그걸 잘 풀어야 돼. 그게 '뒤풀이'거든. 그러면 바가지에 물 떠놓고 조상상에 음식 따놓고(떼어놓고). 이 집 조상 먹고 갔으니까 뒤에 너줄이들이 먹어도 되잖아. 내 식은 그래여.

그런 다음 칼로 짬밥을 헤치고 나면 굿이 끝난다. 그러나 더 간단하게 하는 이는 바가지에 밥과 물을 담아가지고 갖다버리는 것으로 뒤풀이를 하기도 한다.

굿 순서
혼청→부정치가→산신·서낭거리→천존거리→칠성·산신거리→조상거리→뒤풀이

■ 무속 화보

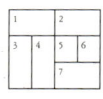

서보살
1,2 신단의 좌측과 우측
3 무악기
4 무구
5 종
6 신장대
7 신장칼

1	2	3
4	5	6

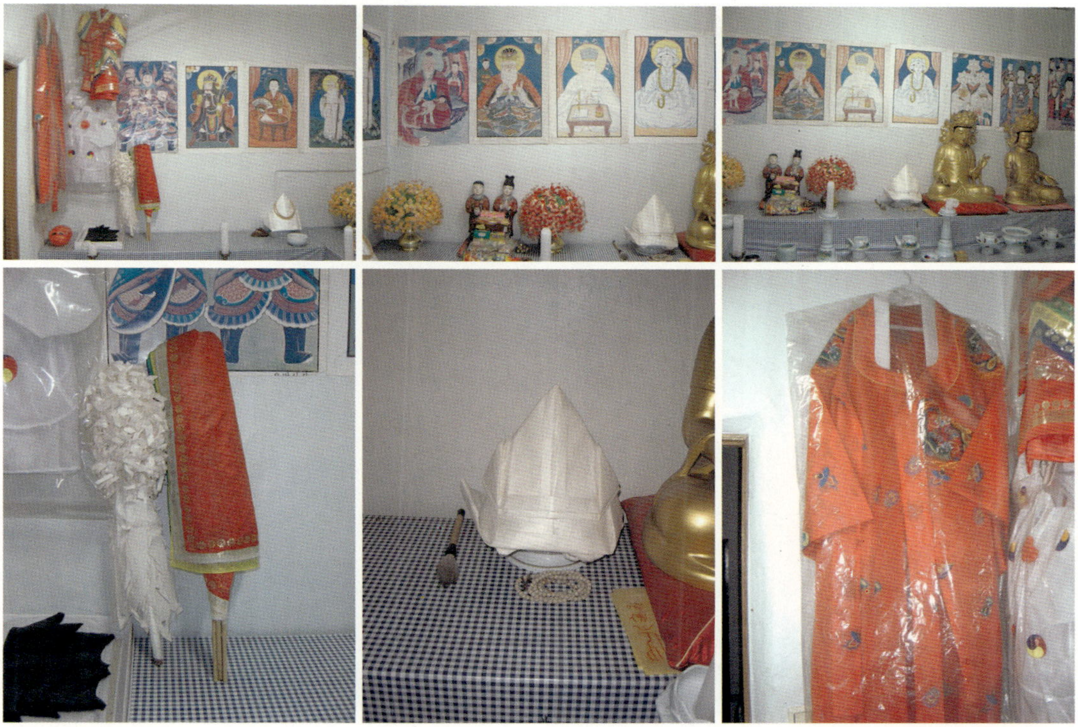

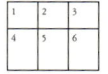

장보살
1,2,3 신단의 좌측과 중앙, 우측
4 신장대와 오방기
5 글문도사의 붓과 대신할머니의 고깔
6 산신옷

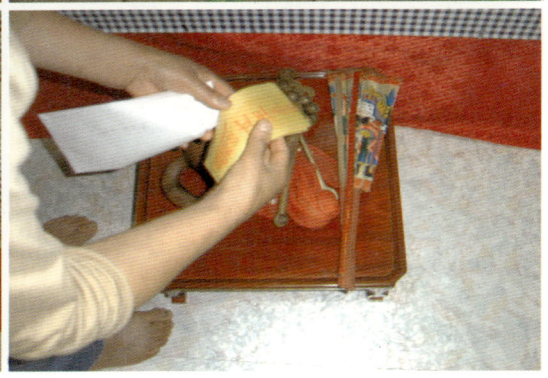

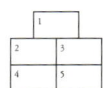

장보살
1 장보살의 집
2,3 터전을 위해 만들어 놓은 신전
4,5 장보살이 쓴 부적